Parlez-vous correctement français ?

Du même auteur

MémoBac, 1re ES (ouvrage collectif), Bordas, Paris, 2008.
Le Vade-Mecum du germaniste, Ellipses, Paris, 2005.
L'Année de la terminale (ouvrage collectif), Bordas, Paris, 2004.
Wirtschaftsdeutsch International, cours du Cned, Futuroscope, Poitiers, 2001.
Le Samu du germaniste, Ellipses, Paris, 1999.
Wirtschaftsdeutsch, tomes 1 et 2, cours du Cned, Futuroscope, Poitiers, 1994 et 1999.
Journal gastronomique (traduction de l'ouvrage de Daniel Spoerri), Metropolis, Genève, 1998.
Deutsch in der Presse, Belin, Paris, 1995.
La Littérature française au fil des siècles, tomes 1 et 2, Bordas, Paris, 1994.
La Correspondance commerciale allemande, Nathan, Paris, 1993.
Le Badminton (la technique, la tactique), Robert Laffont, Paris, 1992.
Titan (traduction en collectif du roman de Jean-Paul), éditions L'Âge d'Homme, Lausanne, 1990.
Dix siècles de littérature française, tomes 1 et 2, Bordas, Paris, 1984.
Rembrandt (traduction de l'ouvrage de Christian Tümpel), Albin Michel, Paris, 1982.
Lebendiges Französisch, Übungsbuch, Max Hueber Verlag, München, 1982.

LÉON KARLSON

Parlez-vous correctement français ?

Difficultés et pièges
de la langue française

l'Archipel

www.editionsarchipel.com

Si vous souhaitez recevoir notre catalogue et être tenu au courant de nos publications, envoyez vos nom et adresse, en citant ce livre, aux Éditions de l'Archipel,
34, rue des Bourdonnais 75001 Paris.
Et, pour le Canada, à
Édipresse Inc., 945, avenue Beaumont,
Montréal, Québec, H3N 1W3.

ISBN 978-2-8098-0194-1

Sommaire

III. Petit aperçu des figures de style et de rhétorique

IV. « Parler, c'est s'amuser ! » : vire-langues et autres friandises littéraires

Petit test de vocabulaire

Choisissez la formulation correcte :

1. La rupture d'*un* caténaire ou d'*une* caténaire ?
2. L'assassin de Ravaillac s'est vu *écartelé* ou s'est vu *écarteler* ?
3. Sa cousine a l'air *idiot* ou elle a l'air *idiote*.
4. Alois Alzheimer n'arrivait plus à se rappeler *de* son nom ou *son* prénom ?
5. Après vérification, sa déposition s'est avérée *fausse* ou *vraie* ?
6. Comment *pallier à* la perte de recettes si l'on supprime la publicité sur les chaînes publiques ?

Réponses :

1. C'est bien *une* caténaire.
2. On ne peut vraiment pas parler de l'assassin, son ou plutôt ses bourreaux sont morts dans des circonstances inconnues : c'est Ravaillac qui, ayant poignardé Henri IV, a subi ce sort ! Bon d'accord, la question était piégée, un partout, balle au centre.
   Les deux formules sont attestées.
3. Elle affiche peut-être un air idiot mais elle a l'air idiote.
4. N'étant pas victime de la maladie qu'il a identifiée, le docteur Alzheimer se rappelait parfaitement son nom *et*

son prénom. On se rappelle quelque chose et non pas de quelque chose. Nombreux sont ceux qui confondent se *souvenir de* et se rappeler.

5. Une déposition, une déclaration, une affirmation *peuvent être avérées*. Mais aucune ne peut s'avérer quoi que ce soit ; et sûrement pas s'avérer fausse (dans « avérer », il y a tout de même le mot *vrai* !) tandis que *s'avérer vrai* est une jolie redondance très contestable. Vrai de vrai !
6. Nul ne sait si les mécanismes dits de « compensation » seront suffisants, mais en tout état de cause, il s'agit bien de *pallier les lacunes* ; *pallier à* est une faute classique certes, mais une faute tout de même.

Et maintenant, testez vos connaissances lexicales. Que veulent dire les mots suivants ?

1. Même ailleurs que sous les tropiques, on peut rencontrer des *tropes* pas trop méchants.
2. Après avoir découvert que sa comptabilité était *scalène*, le comptable se fit *trémulant*.
3. Le style *melliflu* de cette auteure lui a permis de vendre des hectogrammes de papier.
4. Dans les ténèbres de la cave voûtée, on entendait un râle *sibilant*.
5. Traiter Paul Valéry d'*alopétique* est-il une description ou une insulte ?
6. Pourquoi peut-on évoquer sans crainte de poursuites la *canitie* d'une candidate à la mairie d'une grande ville ?
7. Quels services peut-on attendre d'un *sirvente* ?
8. Pourquoi Harry Potter est-il confronté à des *goéties* ?

9. La scientologie est *simoniaque*.
10. L'*onomastique* peut-elle servir à calfeutrer ou jointoyer des vitres ?
11. Connaissez-vous une personne atteinte de *coprolalie* ?
12. L'ancien magicien et prestidigitateur James Randi pratique la *zététique* : qu'est-ce donc ?
13. En se rendant à Bruxelles, le chef de l'État a dû une fois de plus essuyer des *mercuriales*.
14. Comment réagiriez-vous si on vous traitait de *nyctalope* ?
15. Quand tu entends les *vaticinations* d'Élizabeth, t'es scié !
16. Que sous-entendent, avec une innocente malice et entre les murs, certains enseignants traitant leurs élèves de *palimpsestes* ?
17. Que veut-on dire quand on taxe une personne ou une institution d'*impéritie* ?
18. Qu'arrive-t-il à une personne prise d'*acouphènes* ?
19. Pourquoi a-t-il dû changer de chemise après son *épistaxis* ?
20. Lors de la rencontre au sommet, le président russe a réitéré sa position *irréfragable*.
21. Au dire de sociologues et psychologues avertis, la *procrastination* est une maladie typique de notre époque ; certes, mais de quel type d'affection s'agit-il ?
22. La carrière de certains artistes et de certaines musiques mérite indubitablement le qualificatif d'*immarcescible*.
23. Les trois colauréats américains du prix Nobel d'économie 2007 n'ont pas vu venir la crise bancaire, il faudrait un vrai *thaumaturge* pour la résoudre.

24. Certaines poudres et épices ont de fortes propriétés *sternutatoires*.

25. La *logomachie* est enseignée dans les grandes écoles d'administration qui se piquent de formules comme « art de la nouvelle gouvernance ». Quelle est donc cette « faculté » que personne ne nous envie ?

26. En montagne ou pas, l'*écholalie* peut avoir de quoi agacer : de quoi s'agit-il ?

27. Les amateurs de Georges Brassens seront à l'aise pour définir ce qu'est un *sycophante*, personnage et attitude fustigés par l'impérissable artiste.

RÉPONSES :

1. Même ailleurs que sous les tropiques, on peut rencontrer des *tropes* pas trop méchants : le *trope* est une figure de rhétorique qui consiste à détourner un mot de son sens premier. C'est le cas dans cet ouvrage pour la *métaphore*, la *métonymie*, la *synecdoque* et pour toute une tribu d'autres mignons petits mots « mis en tropes » !

2. Après avoir découvert que sa comptabilité était *scalène* (bancale, louche), le comptable se fit *trémulant* (il fut agité d'un tremblement).

3. Le style *melliflu* (doucereux, fade, destiné à endormir la méfiance) de cette auteure lui a permis de vendre des hectogrammes de papier.

4. Dans les ténèbres de la cave voûtée, on entendait un râle *sibilant*, c'est-à-dire qui produit un sifflement digne de Darth Vader (dans le roman éponyme du film où il s'appellera Dark Vador).

5. Traiter Paul Valéry d'*alopétique* : c'est une description car on dit simplement de la personne qu'elle a perdu ses cheveux complètement ou partiellement.

6. On peut évoquer sans crainte de poursuites la *canitie* d'une candidate à la mairie d'une grande ville car elle arbore fièrement des cheveux devenus blancs avant l'âge.

7. Ce *sirvente* ne rend pas à proprement parler de services puisque c'est le nom d'un poème ou d'un texte à portée morale ou satirique dont la matière est fournie par l'actualité.

8. Harry Potter est confronté à des *goéties* dans la mesure où l'apprenti sorcier doit lutter contre une magie incantatoire permettant de faire surgir des esprits malfaisants.

9. La scientologie est *simoniaque* car il s'agit d'une entreprise achetant ou vendant des prestations spirituelles contre des euros ou des dollars qui n'ont rien de spirituel...

10. L'*onomastique* n'est pas une marque de mastic, il s'agit de ce que certains appellent une science, d'autres une occupation intellectuelle complémentaire de la généalogie : c'est l'étude des noms propres.

11. Une personne atteinte de *coprolalie* présente un symptôme que les spécialistes rapprochent du syndrome de Tourette (maladie de Gilles de la Tourette pour être exact), à savoir une tendance irrépressible à utiliser des mots scatologiques en toute situation.

12. L'ancien magicien et prestidigitateur James Randi pratique la *zététique* : il a transformé en métier une attitude d'esprit devenue maintenant branche de la recherche, visant à démasquer les supercheries, à traquer le pseudo-surnaturel, à démystifier des faux miracles à coup d'analyses scientifiques.

13. En se rendant à Bruxelles, le chef de l'État a dû une fois de plus essuyer des *mercuriales*, c'est-à-dire des remontrances, des réprimandes.

14. On vous traite de *nyctalope* ? C'est une forme de compliment puisque vous avez manifestement fait la preuve de votre aptitude à vous repérer dans l'obscurité ; le nyctalope a une meilleure vision nocturne que tout un chacun.

15. Une *vaticination* est une prophétie, une prévision, un pronostic. Avec un infaillible talent, une professionnelle, entre autres de la prédiction, avait prévu pour septembre 2001 que le 11 serait « favorable... aux transports » ; désireuse d'assèner la preuve définitive de ses aptitudes, la même Élizabeth récidive en 2008, franchissant « allègrement » un pas pour « conclure que la France va gagner l'Euro ». Avec le succès que l'on sait.

16. Les enseignants traitant leurs élèves de *palimpsestes* ne les insultent nullement : un *palimpseste* est, au sens propre, un manuscrit dont on a gratté le texte original pour pouvoir écrire un autre texte sur le même support. Concernant les élèves, cette appellation évoque la précieuse faculté des cerveaux juvéniles à faire le tri pour laisser la place à d'autres informations, plus utiles, en clair : la capacité à effacer un cours pour être prêt à en oublier un nouveau.

17. Quand on taxe une personne ou une institution d'*impéritie*, on met en cause son incompétence professionnelle.

18. Si elle a des *acouphènes*, c'est qu'elle a en permanence des bourdonnements d'oreille.

19. Après son *épistaxis*, sa chemise blanche était tachée de rouge car il a saigné du nez.

20. En qualifiant sa position d'*irréfragable*, le président russe laisse entendre qu'elle ne souffrira pas la contradiction, qu'elle est irréfutable.

21. La *procrastination* consiste à remettre au lendemain une tâche ressentie comme une corvée. C'est la propension à différer un travail.

22. Qu'il s'agisse de cantates de Bach ou, dans le registre plus populaire, d'airs d'Édith Piaf ou de Luis Mariano, ces créations sont *immarcescibles* car elles ne subissent que peu l'outrage du temps, elles ne se fanent pas.

23. En effet, nombreux sont les politiques qui cherchent l'expert capable de sauver miraculeusement le système : le *thaumaturge* est une personne – qui se dit – capable d'accomplir des miracles.

24. Le poivre, par exemple, est fortement *sternutatoire*, c'est-à-dire qu'il fait éternuer.

25. La *logomachie* consiste à se montrer capable d'un degré d'abstraction si élevé dans l'expression – en apparence – que l'auditoire ne s'aperçoit pas que le discours n'est qu'une accumulation de mots creux, abstraits. Comme le disait le regretté Michel Colucci dans un de ses sketches pourfendant les technocrates : *« C'est des mecs que, quand tu leur poses une question, une fois qu'ils ont fini de répondre, tu comprends plus la question que t'as posée. »*

26. En montagne ou pas, l'*écholalie* peut avoir de quoi agacer. Certains malades mentaux, ou personnes sous l'influence de substances susceptibles de modifier l'état de la conscience, adoptent parfois une attitude irritante : ils répètent mécaniquement les paroles (ou fins de phrases) ; le théâtre de boulevard se sert de cette

manie pour faire rire :
« Je te demande de me répondre.
— De me répondre. »

27. Dans le troisième couplet de la chanson intitulée « Les Quatre Bacheliers » (1966), Georges Brassens vilipende les *sycophantes*, à savoir les mouchards, les délateurs : « Les sycophantes du pays, / Sans vergogne, / Aux gendarmes nous ont trahis, / Nous ont trahis. »

I

LES PHÉNOMÈNES DE LANGUE : LOCUTIONS ET TOURNURES EN USAGE

1. Abréviations, acronymes, sigles et mots-valises

Hergé, CQFD, maths, ovni, Velcro et globish

Qu'y a-t-il de commun entre les divers éléments de cette macédoine de lettres ? Que veulent-elles dire ? Et que sont-elles ? Des sigles, des abréviations ? Tentons de distinguer ces éléments qui pullulent dans notre vie quotidienne.

Les *maths*, vous l'aurez évidemment déchiffré sans hésitation, constituent une **abréviation** de *mathématiques*, que d'aucuns abhorrent à tort. Autres exemples usuels : *par ex.* pour *par exemple* bien sûr, *c-à-d* pour *c'est-à-dire* ou encore *fam.* pour *familier*. L'abréviation est commode pour gagner de la place sans trop perdre de sens car le lecteur, même moyennement formé, la comprend intuitivement, on la trouve à hautes doses dans les dictionnaires.

Chacun saisit et utilise quotidiennement *n°*, *Dr.*, peut-être même *r°* et *v°* : dans l'ordre, *numéro*, *docteur*, *recto* et *verso*. Qui n'a jamais entendu parler de l'adresse *IP* de son ordinateur ? *IP* = *Internet Protocol.* Et celui de nos lecteurs qui n'a pas déjà été tenté de maudire son opérateur Internet, pas toujours capable d'assurer un flux constant de sa **l**igne **n**umérique à **p**aire **s**ymétrique, a droit à un décryptage anonyme et gratuit : ce que nous, francophones, appelons *LPNS* donne en anglais ***A**symmetric* ***D**igital* ***S**ubscriber* ***L**ine*, soit *ADSL*. Le siglage *HTML* correspond au langage des pages Internet : ***H**ypertext* ***M**ark-up* ***L**anguage*.

Autrement dit, l'**abréviation** est un raccourci de mot ou de groupe de mots, une réduction, un peu comme en pâtisserie, à la différence du **sigle**. Les *bobos*, dont il est plaisant de se gausser en croyant ne pas en faire partie, est une abréviation désignant les « **bo**urgeois s'encanaillant dans une attitude de **bo**hèmes ».

CQFD est la version francisée du latin *QED* (= ***q**uod* ***e**rat* ***d**emonstrandum*), il signifie donc : « ***C**e* ***q**u'il* ***f**allait* ***d**émontrer.* » Il faut reconnaître qu'il fait une plus belle carrière dans cette tenue gauloise que sous la toge romaine. Un autre latinisme est *ie* (soit en latin ***i**d* ***e**st* : « c'est-à-dire »), et n'importe qui identifie aisément *CD* ou *BD*, respectivement *Compact Disc* et *bande dessinée*. La *SNCF* est très familière à ses usagers sous cette appellation fleurant bon la France d'antan : Société nationale des chemins de fer français. Le ***F**ederal* ***B**ureau* *of* ***I**nvestigation* est un des acronymes les plus parodiés (curieusement, surtout par les étudiants des écoles de commerce) ; la traduction de ce service de police judiciaire et de renseignements est transparente. Il a fêté ses cent ans d'existence en 2008. Il s'agit là de **sigles**. Un **sigle** se forge à partir des lettres initiales d'un groupe de mots.

Laser et *ovni* sont bien sûr également très connus (même si les seconds n'ont pas été observés par une majorité de personnes…). Mais on s'aperçoit en les lisant et en les entendant que, à la différence des sigles purs, ils peuvent se lire comme s'ils étaient de vrais noms en parfait état de marche. En effet, le sigle *SNCF* par exemple donnerait phonétiquement « seuneuceufeu », ce qui n'est guère heureux ou alors constitue une recherche délibérée d'effet comique.

Quand le sigle acquiert cette propriété, il devient ce qu'on appelle un **acronyme**. *BD*, pour reprendre cet exemple, se prononce aisément *bédé*, à telle enseigne que la transcription de ce qui, à l'origine, était une réduction, redevient un mot : une *bédé* (bilan : il est plus court que *bande dessinée*, mais plus long que les lettres *BD*).

Un **acronyme,** c'est par exemple *Sernam* (= **ser**vice **na**tional de **m**essagerie), autrement dit un **sigle** qu'on peut lire phonétiquement comme un mot. Évidemment, le monde du commerce et de la publicité en général ne pouvait manquer de se servir des acronymes :

- Le nom d'une marque connue de sucreries se constitue à partir des deux premières lettres du prénom du fondateur allemand, **HA**ns, de celles de son nom **RI**egel, et enfin de la ville où siège la maison mère, **BO**nn (= Haribo)…
- Un grand marchand et fabricant de meubles suédois : le fondateur s'appelle **I**ngvar **K**amprad, il est né dans la ferme d'**E**lmtaryd, près du village d'**A**gunnaryd. À vous de trouver (= Ikea) !
- Après quelques péripéties, les assemblées constituées finissent par adopter, en mai 2009, une **l**oi **C**réation et **I**nternet, qui peut générer soit l'abréviation *LCI*, mais qui a été désignée rapidement dans les médias par l'acronyme *Hadopi*, soit, en toutes lettres : **H**aute **A**utorité pour la **d**iffusion des **œ**uvres et la **pro**tection des **d**roits sur **I**nternet.

Décryptez les acronymes ci-dessous

(dont beaucoup sont d'origine anglo-saxonne) :

- Cern
- laser
- Nato et Oton
- Nylon
- ovni et ufo
- radar
- RAS
- TGV
- Unesco

Solutions :

• *Cern* : à l'origine, en 1952, cet acronyme signifiait **C**onseil **e**uropéen pour la **r**echerche **n**ucléaire. Il sert aujourd'hui à désigner l'**O**rganisation **e**uropéenne pour la **r**echerche **n**ucléaire. Mais *Ocern* est nettement moins rock'n roll que *Cern* – qui offre en outre l'avantage de désigner le noyau (*nucleus*, d'où vient nucléaire) en allemand (assimilation phonétique Cern / Kern), ce qui explique la survivance de l'acronyme originel.

• *Laser* : ***L**ight **a**mplification by **s**timulated **e**mission of **r**adiation*, soit : amplification de la lumière par émission stimulée de rayonnement.
Autre acronyme de notoriété mondiale, la *Nasa* est plus jeune et elle a fêté ses cinquante ans d'existence en 2008. Cette agence spatiale américaine se décrypte en ***N**ational **A**eronautics and **S**pace **A**dministration*.

• *Nato* : ***N**orth **A**tlantic **T**reaty **O**rganization*, soit : **O**rganisation du **t**raité de l'**A**tlantique **N**ord (autant dire Otan).

• Si le sigle *Nylon* désigne la fibre synthétique connue, il est symptomatique que la postérité ait retenu une explication farfelue donnée *a posteriori* (en décembre 1941 pour être précis, quelques semaines après l'attaque japonaise contre Pearl Harbor), à savoir *Now you've lost old Nippons* (« Maintenant, z'avez perdu, vieux Nippons »), voire *Now you lousy old Nippons* (« Maintenant, c'est votre tour, vieux Nippons tout pourris ») ; c'est beau comme du Verlaine, mais c'est faux, n'en déplaise aux tisseurs de mythes ! La version officielle de la société DuPont veut qu'un des patrons de la marque ait proposé *norun* (= tissu « qui ne file pas »), mais que, pour des raisons de compatibilité phonétique, cet acronyme soit devenu *Nylon*. Ce qui du reste en fait une **abréviation**, et non plus un sigle ou un acronyme.

- *Ovni* : **o**bjet **v**olant **n**on **i**dentifié (dans le monde anglo-saxon et germanique, désigné par l'acronyme *ufo* = ***u**nidentified **f**lying **o**bject*).
- *Radar* : ***Ra**dio **d**etection **a**nd **r**anging.*
- *RAS* : **R**ien **à** **s**ignaler.
- *TGV* : **T**rain à **g**rande **v**itesse : certes, à l'origine c'est un sigle, par sa formation lexicale, mais sa prononciation « TéGéVé » l'identifie comme un acronyme. Sigles et acronymes ne sont pas incompatibles !
- *Unesco* : ***U**nited **N**ations **E**ducational, **S**cientific and **C**ultural **O**rganization* : Organisation des Nations unies pour l'éducation, la science et la culture.

D'illustres artistes, comme le père de Tintin et Milou, ont même utilisé le procédé pour se doter d'un pseudonyme : il est connu que le dessinateur et scénariste belge a tiré de son patronyme d'état civil **G**eorges **R**emi les initiales *G* et *R*, pour ensuite inverser celles-ci et finalement transcrire leur prononciation en *Hergé*. D'autres célébrités n'ont même pas eu à « sigler » leur patronyme, la postérité, l'usage, les médias s'en sont chargés ; chacun sait qui est désigné par les sigles suivants :

BB / BHL / DSK / MAM.

(Réponses dans l'ordre : Brigitte Bardot, Bernard-Henri Lévy, Dominique Strauss-Kahn, Michèle Alliot-Marie.)

Paradoxe du monde des médias et des célébrités, bref, des têtes qui n'aspirent qu'à une chose : être réduites ! On n'est un grand que si l'on a droit à un petit nom !

Certains **acronymes** étrangers peuvent, suite à une mauvaise prononciation, se transformer, pour ne pas dire se déformer : ainsi peut-on entendre certains chroniqueurs de rubriques *people* (massacré en « pipole » ou « pipeule ») sur certaines chaînes privées de télé (qui mériteraient d'être privées de télé justement !) parler des soirées durant de « vieilles pies », quand il est question de VIP, donc de ***v**ery **i**mportant **p**erson.*

JEU

1. Classez les séquences suivantes puis décryptez-les, selon le modèle :

	abréviation	acronyme	sigle	décryptage
M^e	×			*Maître*
etc.				
sida				
ESB				
PDG				
ABS				
CD-Rom				
fam.				
énarque				
RMiste				
Caf				
pacs				
AUDI				

2. Corollaire : Parmi celles-ci, savez-vous lesquelles sont prononçables et ont généré des mots devenus autonomes ?

Solutions :

1.

	abréviation	acronyme	sigle	décryptage
*M^e^*	×			*Maître*
etc.	×			*et cetera*
sida		×		syndrome d'immuno-déficience acquise
ESB			×	encéphalopathie spongiforme bovine
PDG		×		président-directeur général
ABS			×	Antiblockiersystem (allemand, comme l'invention)
CD-Rom		×		compact disc read only memory
fam.	×			familier
énarque		×		élève ou ancien élève de l'Ena
RMiste		×		personne bénéficiaire du revenu minimum d'insertion
Caf		×		Caisse d'allocations familiales
pacs		×		pacte civil de solidarité
AUDI				aucun des 3 ; c'est du latin ! ☛ explication ci-dessous.

2. pédégé – cédérom – érémiste – pacs (très proche de *pax*, « paix » en latin, une fine allusion à la paix des ménages ?... En tout cas, cet acronyme a engendré des *pacsés, se pacser*, voire même *se dépacser*.)

Velcro n'a pas manqué de vous accrocher dans le titre de ce chapitre ? Il vient de la contraction de **vel**ours et **cro**chet.

Parlez-vous *globish* ? Peut-être, mais déjà que nous avons du mal avec le français, alors pensez, une langue aussi bizarre dont le pays est totalement inconnu… Justement, le *globish* a une dimension planétaire. Il désigne le ***glob**al engl**ish***, en somme la variante mondialisée de l'anglais.

Vous connaissez sans doute d'autres créations du même acabit, comme *motel* et *modem.* Ce sont des **mots-valises** : réalisés à partir de la contraction de mots déjà existants, ils ont tout à fait leur place dans une telle rubrique, car ils permettent de faire des économies, des raccourcis, sans être de réelles abréviations ; *motel* (= ***mo**torway* + *ho**tel***), *alicament* (= **ali**ment + médi**cament**) et *modem* (= **mo**dulateur + **dém**odulateur) font partie de notre quotidien. Le mot *franglais* (= **fran**çais + an**glais**) génère les mêmes avatars (☛ ce mot p. 81), par exemple en allemand, *denglisch* est la contraction de ***d**eutsch* + ***englisch*** et exprime la même protestation contre l'invasion de termes anglais quand ceux-ci ne sont pas justifiés. Nombre de nos lecteurs ont sans doute participé à des activités de solidarité dans le cadre du *téléthon* (sorte de marathon non pas montré mais réalisé par la **télé**vision ; l'inversion apparente vient de l'anglais, où l'ordre normal des mots est *television marathon*) ou du *sidaction.*

Jeux de mots (volontaires ou non)

Des administrations facétieuses (comme l'Éducation nationale…) font preuve d'inventivité en « acronymisant » des nouveaux systèmes de gestion quand il ne s'agit pas carrément de nouveaux dispositifs éducatifs : ainsi *Sagaces* désigne-t-il les **s**ystème d'**a**ide à la **g**estion **a**utomatisée des **c**oncours et **e**xamens **s**colaires.

Les enseignants d'histoire titulaires du *Capes* savent qu'un *capétien* n'est pas forcément un descendant de la lignée d'Hugues Capet, mais qu'il peut s'agir d'un candidat ou d'un titulaire du *Capet*, soit **C**ertificat d'**a**ptitude au **p**rofessorat de l'**e**nseignement **t**echnique. Les titulaires du *Capes*, eux, sont qualifiés pour l'**e**nseignement **s**econdaire et sont donc logiquement des *capésiens.*

Sous la menace de compressions budgétaires, les *Rased* ont engagé un mouvement de protestation : ces *Rased* recouvrent les **r**éseaux d'**a**ides **s**pécialisées aux **e**nfants en **d**ifficulté.

Depuis peu, il existe une formation trilingue équivalente à notre Ena, mais comme elle se situe au niveau européen, sa grande dimension est suggérée par l'acronyme *Mega*, soit ***M**aster of **E**uropean **G**overnance and **A**dministration.*

Ne voulant pas être en reste, des services dits de renseignements particuliers – mais aussi et même surtout généraux – rivalisent d'inventivité. Ils ont ainsi créé fin 2007 *Edvige* ; cette charmante dame était censée remplacer les anciens *RG* (**R**enseignements **g**énéraux) puisque cet acronyme recouvre l'**E**xploitation **d**ocumentaire et la **v**alorisation de l'**i**nformation **g**énérale. Nous voilà renseignés ! En 2008, des démocrates vigilants ont déshabillé *Edvige* de ses atours les plus provocants.

Des humoristes (doublés d'acteurs, comme Alain Chabat pour le génial acronyme suivant) s'en donnent à cœur joie : face à la jungle tarifaire des opérateurs, « il ne faut pas se l'*sfr* » (= se laisser faire).

Des esprits chagrins s'en prennent à des confréries syndicales en affirmant que « les militants ont tout *fo* » (= faux).

Abréviations risquées

La **C**ommunauté **u**rbaine de **L**ille a dû veiller à ne pas utiliser la méthode classique pour choisir son sigle, à savoir recourir aux simples initiales… Les édiles lyonnais ont évité cet écueil en optant pour la *Courly* (= **Co**mmunauté **ur**baine de **Ly**on).

De la même façon, le projet du *Cuc*, soit **C**ontrat d'**u**nion **c**ivile, pour officialiser les unions entre homosexuel(le)s, a-t-il subi maintes vicissitudes ; on a échappé de justesse au **C**ontrat d'**u**nion **l**ibre et, surtout, à un sigle qui n'aurait eu ni queue ni tête…

Quand un Français apprend, au hasard de la lecture de médias étrangers ou d'un journal comme *Courrier international*, qu'il doit se méfier du *Pet*, il pense à une émission malodorante. Que nenni ! Pour un étranger, le *Pet* évoque les bouteilles plastique dont nous Français sommes si friands : le **p**oly**é**thylène **t**éréphtalate est bien connu des marchands d'eaux, qu'elles contiennent du gaz ou non…

Abréviations, acronymes et sigles de la langue sms

(*sms* qui est justement un sigle, celui de ***s**hort **m**essage **s**ystem* = système fondé sur des messages brefs.)

Qui ne connaît les acronymes *asap* (= ***as** **s**oon **a**s **p**ossible*, soit en français : « dès que possible ») ? Qui peut passer à côté du fameux, immortel et inoxydable *lol* (= ***l**aughing **o**ut **l**oud*, soit : « rire à gorge déployée » ? (D'ailleurs souvent francisé à son tour en *mdr* pour « **m**ort **d**e **r**ire ».)

Dans le même monde de l'informatique, les acronymes et abréviations sont fréquents :

*LAN (**L**ocal **A**rea **N**etwork)*, le réseau local sans fil (noté *WLAN* pour ***W**ireless **L**ocal **A**rea **N**etwork*), est un réseau permettant de couvrir l'équivalent d'un réseau local d'entreprise.

DÉCRYPTEZ :

(Cette rubrique est *réservée aux plus de cinquante ans*, les juniors ne comprendraient même pas où est la question, tant leur maîtrise *ès* sms est acquise.)

sms	**traduction**	**notes**
b1sur	bien sûr	mais c'est bien sûr !
J'tapl Dkej'pe	Je t'appelle dès que je peux.	
jSpR ktu va bi1	J'espère que tu vas bien.	
kwa d'9	Quoi de neuf ?	
2m1	demain	
2L8	trop tard	anglais : *too late*
kl1	câlin	
NRV	énervé	
jtm ou jet'M	Je t'aime.	romantique, non ?
5pa	sympa	
HT	acheter	et pas « hors taxe »
boC	bosser	
abiT	habiter	
OQP	occupé	
KC	cassé	
osef	on s'en fout	
cul8r	à plus tard	On devine une déception, mais il ne s'agit pas – forcément, mais rien n'est exclu – de sexe ou de couverts (cuillère), c'est simplement la transcription de l'anglais ***c*** = *see*, ***u*** = *you*, ***l 8*** = *l eight*, ***r*** *(later)*.

Bien sûr, les « anciens » ne manqueront pas de faire remarquer, à juste titre, qu'il n'y a rien de si nouveau ; un procédé humoristique très connu depuis fort longtemps consistait à crypter des phrases sous forme d'abréviation censée faire réfléchir l'auditeur : *GLLOQ* en est une déjà répertoriée (« j'ai deux ailes au… »).

Dans le même ordre d'idées, si l'on peut parler d'idées, on connaît le titre que Marcel Duchamp a donné à l'un de ses tableaux où il revisite la fameuse Monna – souvent abrégée en Mona-Lisa et explique son sourire énigmatique par le titre *L.H.O.O.Q.* (soit « elle a chaud au… »). On trouvera d'autres résurgences de ce qui s'appelle alors un **allographe alphabétique** dans le chapitre « Les jeux de sons », p. 273.

Rétro-acronymie

Pour être un peu plus complet à défaut d'être complètement exhaustif, il convient d'évoquer un jeu très pratiqué dans la presse, les lieux de rencontres et d'échanges comme les cafés, bref, un amusement très populaire, au sens noble du terme. Il consiste à décrypter *a posteriori* des abréviations, sigles et acronymes en leur donnant une intention polémique, satirique, humoristique, voire explicitement sexuelle… On appelle alors ce procédé une **rétro-acronymie** et nul doute que nos lecteurs seront assez inventifs pour en créer de nouvelles !

Que ceux qui n'ont jamais décrypté *RATP* en ***r**este **a**ssis **t**'es **p**ayé* (ou, en cas de grève : ***r**entre **a**vec **t**es **p**ieds*) nous jettent le premier rétro-acronyme.

Cela dit, la **rétro-acronymie** ne sert pas seulement la cause des humoristes et pornographes. Elle est également utilisée par des entreprises qui voient là un moyen très commode de faire de la publicité. Nous citerons l'exemple de cette publicité allemande faite à l'aide d'un acronyme détourné et recyclé : la société *IBM* produisait, il y a quelques années encore, des machines à écrire, soit en allemand *Schreibmaschine* ; un publicitaire inspiré a constaté qu'il suffisait d'écrire en majuscules trois lettres au milieu du mot composé, soit Schre***IBM***aschine. Était ainsi gravée dans l'esprit du consommateur potentiel l'équation : *IBM* = LA machine à écrire.

Une société française chevronnée dans l'art de concevoir des automobiles a ainsi utilisé, dans les années 1950, le sigle *DS* pour désigner une voiture à la ligne exceptionnelle, suggérant par là qu'elle était au sens figuré du terme une « déesse » ; ladite société a décliné à l'envi les différents modèles sous des appellations de divinités du panthéon grec : Athéna, Pallas…

Pour rester dans le registre automobile, citons une marque de prestige allemande dont le nom évoque à première vue un sigle évident. Demandez à votre voisin de table de décrypter *Audi* et, pour corser le tout, proposez par exemple *Automobil Union deutscher Industrie* (ce qui donnerait quelque chose comme « Union automobile de l'Industrie allemande ») ou encore *Allgemeine Union deutscher Industrieproduktion* (Union générale de la production industrielle allemande). « Tout faux », rétorquerez-vous.

En fait, ce nom provient de la latinisation du nom de l'ingénieur qui a créé la firme : il s'appelait Horch, ce qui en allemand correspond à l'impératif du verbe « écouter » (*horchen*, à l'impératif : *horch*). Dépossédé de son nom par des vilains méchants pendant les années sombres de l'Allemagne, il a recréé une société en Suisse et a simplement traduit son patronyme : l'impératif de *audire* étant *audi* en latin ! *CQFD*.

Les publicitaires ayant pour mission de « vendre » au public une radio en principe nouvelle et destinée aux jeunes ont trouvé finaud de proposer, pour ces trois lettres *N*, *R* et *J*, un rétro-acronyme débordant d'*énergie*. À tel point qu'on a pu confondre *NRJ* et *Radio Énergie*, appelée justement *Energy* dans les avatars qu'elle a créés dans d'autres pays européens.

Parfois, la **rétro-acronymie** est judicieusement utilisée pour entériner en quelque sorte un état de choses : le fameux *FAQ* anglo-saxon des sites Internet signifie à l'origine : *__F__requently __A__sked __Q__uestions*, soit « questions fréquemment posées » ; il s'agit pour l'utilisateur d'un site de renseignements, par exemple. Il dispose d'un raccourci efficace lui évitant de poser une question standard que des millions d'autres personnes ont déjà posée et dont la réponse est immédiatement accessible. Des internautes subtils ont retranscrit ce *FAQ* en *__f__oire __a__ux __q__uestions*, tout aussi lumineux en français.

Dans le domaine éducatif, une étude comparative du niveau des élèves entre différents pays a été lancée en 2000 et se poursuit régulièrement tous les trois ans. Elle est baptisée du doux acronyme *Pisa* qui signifie, *__P__rogramme for __I__nternational __S__tudents __A__ssessment* (soit en français : « programme international d'évaluation des élèves »), il a été recrypté pour l'usage des francophones en **p**rogramme **i**nternational pour le **s**uivi des **a**cquis des élèves.

ESSAYEZ DE TROUVER DES DÉCRYPTAGES POSSIBLES (OU DE RETROUVER LES RÉTRO-ACRONYMIES EXISTANTES) POUR :

1. Certains clubs de football comme *PSG, OM.*

2. Des grandes écoles ou autres institutions dont la grande masse des citoyens se sent exclue, d'où un désir de vengeance, au moins verbale : *Ena, Math Sup.*

3. Des innovations ou ce qui est supposé être un privilège indu dans le monde du travail comme *DDE, EDF-GDF, PTT, RTT.*

4. Les associations patronales / syndicales sont elles aussi vilipendées à coup de rétro-acronymes : *Medef.*

5. Le domaine informatique, générateur de tant d'états d'âme proches de la crise de nerfs, pour parodier le titre d'un film d'un génial Espagnol, est un grand pourvoyeur de rétro-acronymies féroces : *IBM, PC*, etc.

Soluces :

1. *PSG* = Parisiens Super Glandeurs / Participe Sans Gagner / Petit Score Garanti.
   OM = Ordinairement Mauvais / Oublié de Marquer.
2. *Ena* = Être Né Aristo.
   Math Sup = Maternelle Supérieure.
3. *DDE* = Dix Doigts Engourdis.
   EDF-GDF = Équipe De Fainéants / Gars Déjà Fatigués.
   PTT = Petit Travail Tranquille.
   RTT = Remets Tes Tongs / Remets Ta Tournée / Rentre Très Tôt.
4. *Medef* = Mission Express : Diminuer l'Emploi en France.
5. *IBM* = Il Boote Mal / Inutile et Bon Marché.
   PC = Plante Constamment.

2. Les antiphrases

Il est beau, le pouvoir d'achat !

Vous l'aurez compris, indulgent lecteur, l'**antiphrase** est un procédé ironique consistant à exprimer exactement le contraire de ce que l'on pense. En apparence, le message est positif, c'est d'ailleurs au plan formel ce qui distingue l'antiphrase de la

litote : cette dernière ne fonctionne quasiment qu'avec des négations, tandis que l'**antiphrase** se passe justement de termes « anti », elle ne contient – ou plutôt a l'air de ne contenir – que du positif. Elle surabonde, pour ne pas dire dégouline, de termes appréciatifs.

L'antiphrase permet de se venger des situations infligées par les puissants ou des situations subies, elle permet de supporter des réalités provisoirement figées, elle est une arme contre certains groupes de pression ou contre les vicissitudes du sort. Il est donc parfaitement logique que dans le parler très populaire l'antiphrase soit bien représentée : *« Cause toujours, tu m'intéresses »* s'inscrit parfaitement dans le registre de l'antiphrase.

Un compliment exagéré, surtout après une prestation lamentable, constitue le domaine de prédilection de l'antiphrase : certains *Et encore bravo*, *Félicitations* ou autres *Mes compliments !* peuvent plus sûrement assassiner la performance d'une personne qu'un reproche explicite. Quel parent ou pédagogue n'a pas lancé à un enfant un faux encouragement, lourd comme un ultimatum : « *Continue comme ça…* » ?

« *C'est du propre !* » manifeste un mécontentement certain. Et quand on lance à quelqu'un « *Faites comme chez vous !* », l'interlocuteur, sauf s'il a le cerveau lent, doit se rendre compte qu'il a péché par excès de familiarité. C'est le contexte qui permet de dégager si l'emploi est ironique ou non.

Jolie également, la double valence d'un terme très courant et récurrent, nous avons nommé « *d'accord* » et ses variantes du style : « *Ah ben d'accord !* » ou le doublement : « *D'accord, d'accord.* » Ils expriment souvent exactement le contraire ! Que les parents qui n'ont jamais donné cet assentiment apparent en découvrant l'état de la chambre de leurs enfants se manifestent : *« C'est ça que tu appelles ranger ; ah ben d'accord ! »* signifie bien le contraire exact.

La formule *« Bien fait ! »* a fait une telle carrière qu'il est difficile maintenant de la comprendre autrement que comme antiphrase : « *C'est bien fait !* » ou sa variante plus simple : « *Bien fait !* » (Quand on ne rajoute pas plus explicitement encore : « *C'est bien fait pour lui !* ») Pour dire vraiment et authentiquement, sans intention ironique, qu'un travail est bien fait, on en arrive à être obligé de préciser : « *C'est un travail bien fait* », « C*'est de la belle ouvrage* » (le mot « ouvrage » qui est normalement masculin, ami lecteur soyez rassuré, vous ne vous êtes pas trompé, est du genre féminin dans cet emploi populaire). C'est dire si l'antiphrase fait aussi partie de l'arsenal linguistique courant.

Pour illustrer notre propos, une question simple : quel mot de cinq lettres attribué au vaillant général Cambronne fait également figure de talisman verbal ? Que lancez-vous à un enfant qui passe un examen, à un acteur qui va entrer en scène ? C'est aussi une manière d'antiphrase.

Quand un interlocuteur dit, lors d'une négociation / transaction avec des proches, que *la confiance règne*, il traduit implicitement le sentiment d'indignation devant une méfiance injustifiée de la part de ses proches. On n'est jamais trahi que par les siens.

Ces chanteurs de la Star Ac', quels artistes incomparables ! Cet énoncé est normalement une antiphrase, car on le prononce avec une nuance délicieusement ironique ; mais évidemment cette phrase peut aussi – si l'on y tient à tout prix – constituer un éloge.

Les médias ne sont pas très tendres à l'époque actuelle avec les banquiers, traders et autres experts en économie, et s'en donnent à cœur joie dans l'antiphrase sévère : *« Avec un flair infaillible, les dirigeants de la Satiété géniale* (ou tout autre nom d'institut financier imaginaire) *ont prévu la crise... »*

Même une phrase comme : *« Nous vivons une époque formidable ! »*, qui a l'apparence d'un enthousiasme sans bornes, constitue de fait, la plupart du temps, une **antiphrase**, teintée d'une ironie gentille marquée par une compréhensive indulgence pour les travers humains.

3. Citations réelles

Parfois amusantes, souvent irritantes, profondément humaines, trop humaines, les citations qui suivent ne sont qu'un mince échantillon qui n'a pas la prétention d'être représentatif. Chacun de nous en a déjà entendu ou repéré une, preuve que l'imagination des (beaux) parleurs n'a pas de limites. On peut les prendre pour des « perles », mais elles constituent à coup sûr l'insupportable intrusion de la novlangue énarchique (ou ce que certains anciens de l'Ena prennent pour une référence) dans le monde honnête et réel. Pour éviter toute suspicion de parti pris, les exemples cités puisent dans le carquois des politiques et informateurs de tous bords, privés, publics, droite, gauche, centre et même ailleurs...

La gesticulation de l'actionnisme

D'un certain Gilles de R..ien, anciennement ministre (entre autres) de l'Éducation : « *Il faut acter le changement* » (France Inter, le 10 octobre 2006).

Emporté par l'élan, pour ne pas dire l'euphorie, de l'usurpateur Grenelle de l'Environnement (qui, faut-il le rappeler, n'a pas eu lieu rue de Grenelle, mais boulevard Saint-Germain, et qui n'a strictement rien de commun avec les accords dits de Grenelle de 1968), Nicolas H.lot parvient à émailler quatre fois son discours, entre 20 h 10 et 20 h 11, du faux verbe « *acter* ».

C'est l'énoncé, « *Le processus a été acté* », hautement polluant pour la langue française, qui a déclenché cette avalanche d'« actitudes » (France 2, le 24 octobre 2007). L'usage abusif de ce verbe, qui constitue au passage un barbarisme caractéristique, est d'ailleurs un symptôme éclatant : moins on travaille, plus on se vante d'« acter ».

L'impacteur gadget

Impacter : ce verbe, directement réimporté du jargon commercial anglo-saxon, semble particulièrement séduire les responsables des pannes, déficits de balance commerciale et autres traders incontrôlables.

Le département Communication de la SNCF affirme lui aussi en juillet 2008 que « *des serveurs accessibles depuis Internet ont été attaqués, l'intégrité et la confidentialité des données ont été impactées* » (*sic*).

« *La situation des Français a impacté les achats de voitures* », ce qui signifie en français normal : la vente des véhicules neufs a baissé !

D'une dirigeante du PS, le même jour : « *Il faut booster le problème.* » Après réaudition, cette ancienne ministre tentait pathétiquement de dire qu'il faut *activement chercher une solution à* ce problème (France 2, le 2 janvier 2007).

Pourquoi faire simple…

Gilles de R., décidément orfèvre du lexique faussement expert, promet que « *les heures de remplacement seront budgetées* » (France Inter, le 10 octobre 2006).

D'un pilote alsacien de rallye , cette assertion sans doute due à la griserie de sa victoire au rallye de Chypre : « *[…] Des mécaniciens qui viennent complémentariser notre équipe.* » La pratique automobile contribue manifestement à complémentarisitionner la vocabularitude automobilidantesque ! (France Info, le 25 septembre 2006).

Dans une émission sur l'art pictural, la journaliste recevant des spécialistes authentiques se croit obligée de surenchérir en demandant comment ils ont « *investigué sur* » *La Joconde* ; dire simplement *mener une enquête* semblait sans doute trop prolétaire... En attendant, le barbarisme « *investiguer sur* » n'anoblit pas son auteur (France Info, le 25 décembre 2007).

D'une responsable d'organisme officiel de santé français : « *Pour donner un titre d'exemple.* » Certains étrangers préféreraient sans doute qu'on leur donne un titre de séjour (France Inter, le 24 mai 2007).

À défaut d'être capable d'inciter les PME françaises à exporter des produits à forte valeur ajoutée, une certaine pseudo-responsable préfère brader le patrimoine culturel et artistique national. Mais avec beaucoup de métier, elle sait habiller cette manipulation en parlant d'exporter « *notre ingéniérie culturelle* » vers des pays que le hasard et la nature ont dotés de gisements de pétrole (France Inter, le 8 janvier 2008).

Incapacité

Interrogé le 7 février 2006 à propos de la perte de crédibilité des syndicats, Bernard Th....lt croit bon de préciser que sa confédération saura « *être en capacité d'organiser* » la lutte. En tout cas, pas celle contre le mépris des mots !

Même si ce dirigeant syndical s'érige d'ordinaire en grand pourfendeur des réalités anglo-saxonnes, il faut bien reconnaître qu'il n'est pas le seul à utiliser cette locution verbale. Cela dit, même en anglais correct – pas celui des écoles de commerce qui concoctent un sabir angloïde très personnel –, on ne trouve pas trace de « *to be in capacity to do something* ». Il semblerait que l'expression trop compréhensible, donc trop bassement populaire, « être capable de » doive être supplantée par ce monstre lexical.

Les images hardies

Comment vas-tu… yaux ?

Que diable un étranger amateur de notre savoureuse langue française peut-il bien comprendre à un énoncé tel que : « *La réforme est dans les tuyaux* » ? Or, ce type de métaphore, empruntée à des sous-mariniers agressifs se disposant à lancer une torpille, représente un raccourci peut-être commode pour les présentateurs, mais peu efficace en termes de communication. Or, ce qui est tout de même, faut-il le rappeler, la mission essentielle d'un journaliste dit d'information (France Inter, le 13 juin 2007).

Comment éviter (l'emploi de) *la récession ?*

Dans la recherche frénétique d'un euphémisme permettant d'éviter le terme « récession », considéré comme un gros mot, les responsables se veulent rassurants en rivalisant de néologismes lénifiants et se livrent à la surenchère verbale.

Un nouvel axiome semble se vérifier : plus la croissance est faible, plus elle est riche en adjectifs ! Elle peut ainsi être, tour à tour, simultanément, chronologiquement et instantanément « *molle* » et « *très faible* » (Woerth), carrément « *négative* » (Lagarde) ou se situer « *aux alentours de 1 %* » (Chatel) ; que dire de l'« *inextricable* » dont les donneurs de leçons prompts à jeter de l'huile sur le feu affublent la pauvre croissance. Elle n'en demandait pas tant !

Une métaphore aéronautique permet à une ministre de minimiser les répercussions de la crise en évoquant de simples « *trous d'air* ». L'économie en général et le monde des finances en particulier sont ainsi assimilés à un avion dont le pilote, forcément compétent, est malencontreusement victime d'un caprice céleste, d'une fatalité imprévisible.

Jamais en panne d'inventivité, la même personne décrit de façon très rassurante la situation en la réduisant à un léger problème de plomberie : « *La nécessité absolue, c'est de se tourner vers cette question de la crise financière internationale et de réparer toute la tuyauterie.* »

Elle rejoint en cela une autre image à très haute fréquence, celle de la « purge » nécessaire. Des finances présentées comme un organisme aux tripes en folie ou un réseau de distribution de fluides provisoirement affecté de fuites, voilà qui est de nature à rasséréner les marchés !

Une autre métaphore, évoquant l'idée d'une mécanique folle qui se serait emballée, sert également beaucoup. En parlant de la « *croissance qui cale* », Éric Dubois, chef du département de la conjoncture à l'Insee, suggère que le conducteur/pilote a commis une faute d'embrayage.

Le jeu continue…

Valse-hésitation

D'un porte-parole de la Ficib (Fédération internationale des comités Ingrid Betancourt) qui déplorait un « *recul dans les avancées* » pour la libération de Mme Betancourt (France Inter, le 14 août 2007). Gageons que, Mme Betancourt étant libre à présent, ce genre de va-et-vient rhétorique nous sera peut-être épargné.

Un Tour de force

De Jean-Marie L……, ex-directeur du Tour de France, cette image hardie : « *Le Tour va avoir un gros poids en moins sur ses épaules* », commentant la courageuse élimination de certains célèbres coureurs cyclistes dopés qui ne risquent plus de participer à aucune compétition sportive. Il n'en reste pas moins une superbe image qu'on aimerait voir illustrée par un Topor : comment se représenter les épaules du Tour ?! (France 2, le 30 juin 2006)

Un autre compagnon d'échappée (de style), Jean-François Bernard, affirme à qui veut l'entendre (et même à ceux qui préféreraient ne pas entendre écorcher ainsi la langue) qu'un quelconque cycliste « *a le style pour gagner des victoires* ». C'est en effet préférable à remporter des défaites… (France Inter, le samedi 19 juillet 2008).

Des bras comme des manches

De Jean-Marie Ca.a.a, vêtu jadis des oripeaux du MoDem, nouvellement costumé de la veste UMP en attendant d'autres étiquettes : dans le cadre de la campagne électorale pour les élections municipales, cette virile affirmation qui mérite un vrai coup de pinceau pour l'illustrer : « *Il faut que nous nous retroussions les bras…* » (France Inter, le 14 janvier 2008 à 13 h 16) C'est ce qui s'appelle faire un effet de manche… Il faut dire que *se retrousser les manches* était une expression favorite (et correcte) chez ce brillant orateur, mais sans doute, sous l'effet de la rupture, l'image se devait d'être plus ramassée.

Le même sur France Info, le 17 janvier 2008, se propose de « *mettre à l'air… toutes ces choses* ». Vérifications faites, cet ancien journaliste tentait de dire qu'il se fixait la mission consistant à *exposer publiquement* les problèmes pour lesquels il a des solutions. Pas des solutions linguistiquement viables, manifestement.

Bulles ascendantes

À propos des hausses brutales du prix des matières premières et notamment du pétrole, cette image floue décrivant, de bon matin, une « *bulle qui va bien finir par descendre* ». On connaissait les bulles spéculatives qui éclataient, voici à présent les bulles qui baissent… (France Inter, le 5 octobre 2007)

Pêcheurs sous-marins

Un délégué syndical de pêcheurs bretons se félicite d'avoir décroché l'accord du gouvernement (concernant le prix du carburant), car la concession faite permet aux pêcheurs « *d'avoir la tête hors de l'eau... quand on a la tête dans le guidon... pour ne pas dire le nez dans la..., enfin on a la tête dans l'eau...* ». À pratiquer la pêche en apnée, sûr que ces hardis travailleurs ne risquent pas la noyade ! (France Inter, le 7 novembre 2007)

Décidément en verve, puisque fiers de recevoir le président de la République qu'ils décrivent comme leur idole et « *un des leurs* » (France Inter, le samedi 18 janvier 2008 à 19 heures), les délégués pêcheurs ramènent aussi dans leurs filets d'audacieuses métaphores miraculeuses : ils sont sceptiques car, « *même s'il veut nous sortir la tête de l'eau...* », il se heurtera à l'immobilisme ambiant. Nos lecteurs constateront que, entre novembre et janvier, l'image est restée la même : les pêcheurs français ne manquent pas d'air et détiennent à coup sûr le record du monde.

Micro-ondes

Sur les ondes de France Inter, mardi 7 août 2008, un journaliste souffle le chaud et le froid dans son micro en déplorant que les négociations du G8 sur le réchauffement de la planète n'aboutiront pas plus que les fameux Grenelle de l'environnement : « *Au mieux, on aura du réchauffé.* »

Couleurs profondes

Un spécialiste en économie de France Inter déplora que « *le Cac 40 reste profondément ancré dans le rouge* ». Pour ne pas dire **e**ncré dans le rouge...

Comment se bananer outre-mer ?

Le 8 avril 2008, un secrétaire d'État croit utile, pour saluer le courage des producteurs de bananes de Guadeloupe qui ont réussi à redresser leur filière sinistrée par le cyclone Dean, de préciser que le consommateur de métropole n'aura pas longtemps à

« *attendre que la banane soit à son plein régime* » (sur France Inter, à 16 heures).

Perpetuum automobile

Sur France Inter, à 6 h 59 le 16 juillet 2008, ce réveil en fanfare à propos d'un carambolage de masse où l'auditeur apprend que « *l'accident est toujours en cours* », ce qui en clair signifie, comme dans le film *Trafic* (1971) de Jacques Tati, que les véhicules continuent de s'entre-percuter en une sorte de *perpetuum* automobile.

Sur France Info, le 8 novembre 2008, à 7 h 46, on apprend que Grenoble serait une ville génératrice de troubles circulatoires : la brève et péremptoire information « *Collision en provenance de Grenoble* » est certes immédiatement compréhensible ; elle n'en constitue pas moins un brutal accident sémantique.

Confusions

Le 16 juin 2007, sur France 3 un sous-préfet responsable des recherches pour retrouver deux personnes disparues suite à un glissement de terrain a déclaré : « *Les deux corps ont sans doute été emportés dans le lac de retenue en contrebas, mais la turpitude du lac gêne les recherches.* »

Rappelons que *turpitude* est un terme désignant une bassesse morale pour ne pas dire un étiage moral. Ce qu'incriminait cet innovateur était la *turbidité* de l'eau.

Le 22 décembre 2008, dès 8 heures du matin, M. Cambadélis bat de l'aile sur France Inter en affirmant péremptoirement que « *c'est une similitude de négociation* » (*sic*), à propos des discussions opposant / réunissant M. Darcos et les syndicats de lycéens. Certes, le suffixe *-itude* ne porte pas cette fois sur une chinoiserie pleine de bravitude, mais on aurait préféré entendre un *simulacre* de bon français.

Les pluriels (☛ p. 158)

Le lexique n'est, en effet, pas la seule victime des informateurs et désinformateurs pressés, la grammaire est pareillement mise à mal. Nos lecteurs n'auront aucun mal à repérer d'innombrables « *Aucun travaux* », au pluriel manquant, dans les kilos de papiers et tracts immobiliers qui encombrent régulièrement les boîtes aux lettres.

Le même sort est dévolu à *chacun* et on a pu entendre, sur les ondes de France Inter que « *chacun veulent* séduire leur électorat potentiel » (janvier 2007) !

Dans le même domaine du chiffrage et de la quantification, même des experts semblent avoir des problèmes, comme ce technocrate de Bercy affirmant le 28 août 2007 à la radio que la cellule concernée parviendrait à « *diminuer par deux* » les prix. *Diviser* par deux n'aurait pas diminué la portée de l'énoncé.

Une sous-ministre pas tout à fait soumise suppute doctement sur France Inter, le mardi 22 janvier 2008, que « *les un milliar**d** serviront* » à financer son plan de sauvetage des banlieues. Certes, dans un milliard il y a beaucoup de zéros, inutile donc d'y ajouter une nullité !

Les fluctuations de genre (☛ « Le bon et le mauvais genre », p. 115)

À la décharge des auteurs de fautes de genre, il faut avouer que certains mots peuvent induire en erreur : le terme *gens* présente en effet une curieuse versatilité. Selon que l'adjectif qui complète et accompagne ces *gens* est *devant* ou *derrière* ces *gens*, le genre varie :

À gauche = féminin	Les bonn**es** gens
À droite = masculin	Les gens attent**ifs**

C'est sans doute par assimilation à ce genre de facéties de la langue que certains se croient autorisés à parler *d'**un** autoroute saturé*. Rappelons que *autoroute* est toujours du féminin, pour éviter tout déroute, pardon toute déroute future.

Le 30 septembre 2008, sur France Inter, l'auditeur apprend de la bouche même d'un spécialiste que les banques ont très mauvais genre, puisque M. Laurent Wauquiez affirme sans sourciller, à 8 h 5, que « *Dexia est **une** banque sur **le**quel on peut compter...* ». Parole d'expert ! Cette péremptoire dénonciation du mauvais genre des banques est bien sûr vérifiable : les podcasts sont impitoyables et conservent la mémoire des paroles...

Les amphibologies

À force de faire des raccourcis, on en arrive à ne plus être totalement compréhensible :

« Si l'incendie du navire a été violent, on ne comprend pas qu'il ait pu sombrer si vite. » Tout auditeur ou lecteur attentif aura rectifié : « Malgré la violence de l'incendie, on ne comprend pas que le navire ait pu sombrer si vite. » C'est au moins aussi clair et plus économique, puisqu'il y a un mot de moins dans la solution.

Les approximations drolatiques

Une dame sans doute sympathique nous apprend sur France Info (le 17 février 2007, de bon matin, mais la nouvelle étant rediffusée, l'auditeur est gâté plusieurs fois), à propos des Amap (sorte de collectivité coopérative écologiste qui achète des produits « garantis » bio) : quand « *le fermier* » (*sic*) a une mauvaise récolte, l'acheteur Amap opte manifestement pour une généreuse abnégation et « *fait fonction de c'qu'y a* ». (re-*sic*).

Si l'expression *faire fonction de* existe bien, ce n'est sûrement pas dans ce sens qu'il faut l'entendre ; on pourrait avantageusement dire que le consommateur Amap *fait fonction de* « subventionneur » peu regardant.

Le 7 avril 2008, un ancien champion d'escrime français reconverti en politique affirme, à propos des menaces de boycott ou boycottage pesant sur les jeux Olympiques de Beijing, qu'il faut « *tenir contre* » des droits de l'homme. Une attentive réaudition des deux phrases prononcées dans la même entrevue confirme la persévérance dans le « sabrage » de l'expression correcte *tenir compte de.*

Sur France Inter, le jeudi 8 mai 2008 à 17 heures, à propos des réticences criminelles de la junte militaire au pouvoir en Birmanie (dont l'appellation imposée par les dictateurs en 1989 est Myanmar) à accepter la venue des secours humanitaires après le cyclone Nargis et les inondations : « *Ils ont entrouvert la porte mais ce n'est qu'une goutte d'eau… Il faudrait un vrai pont humanitaire…* » On reste sec devant tant d'à-propos…

4. Ces étrangers venus d'ailleurs

Sous le sapin, le renard et la mésange écoutaient les cris bizarres de la gerboise et du chinchilla qui donnaient l'alerte...

TEST 1 :

Nous n'avons pas la prétention ici de présenter une liste exhaustive des mots français d'origine étrangère ; de plus compétents s'y sont essayés, et y travaillent toujours. Mais sauriez-vous, en relisant la phrase ci-dessus, restituer à chacun de ces mots leur origine ?

- sapin
- renard
- mésange
- écouter
- bizarre
- gerboise
- chinchilla
- alerte

Pour vous aider un peu dans cette tâche ardue, voici la liste des communautés linguistiques dont ils sont issus (dans l'ordre alphabétique !) :

Arabe / Basque / Gaulois / Germanique / Italien / Latin / Quechua

SOLUTIONS :

- Le *sapin* est gaulois.

- Le *renard* et la *mésange* sont germaniques (germanique ancien, ce qui ne veut pas dire forcément allemand, l'auteur sachant que « renard » se dit *der Fuchs* en allemand moderne).

- *Écouter* est latin.

- L'adjectif *bizarre* vient du basque.

- La *gerboise* est arabe.

- Le *chinchilla* sent bon le quechua.
- L'*alerte* est italienne.

Pour ceux qui déploreraient l'absence parmi ces mots de langues importantes, nobles et impérissables : ce n'est qu'un jeu. L'anglais par exemple est sous-représenté, mais se taille la part du lion britannique plus bas. Patience donc. Il s'agit modestement de souligner que notre langue, comme la plupart des autres d'ailleurs, est le résultat souvent heureux d'un métissage constitué d'apports, d'intégrations, d'assimilations (parfois forcées). Les mots étrangers nous enrichissent. Sans eux, le français ne serait pas ce qu'il est. De plus, la vision centralisatrice de la France nous fait souvent oublier l'apport des langues, parlers et dialectes régionaux qui, souvent pour de mauvaises bonnes raisons (l'apprentissage d'un français « pur »… par exemple), ont été limés et élimés, lissés et policés jusqu'à disparition presque totale.

Traquons maintenant ensemble des mots, de tous les jours ou presque, dont l'origine a de quoi nous surprendre, tant nous les avons adaptés et faits nôtres.

TEST 2 :

Voici un deuxième test pour mettre votre savoir étymologique/encyclopédique à l'épreuve. D'où viennent les mots suivants et qui nous les a transmis ?

- orange
- ruche
- trésor
- riz
- pyjama
- alambic
- algèbre
- boussole
- coyote
- robot
- mammouth
- escarpin

SOLUTIONS :
(dans l'ordre alphabétique)

MOT ÉTRANGER (OU RÉGIONAL)	D'OÙ IL VIENT ET QUI NOUS L'A TRANSMIS
alambic	du grec par les Arabes
algèbre	de l'arabe
boussole	de l'italien
coyote	de l'espagnol
escarpin	de l'italien
mammouth	du russe
orange	du sanscrit par les Arabes
pyjama	du persan
riz	de l'hindi par les Arabes
robot	du tchèque (*rabotar* = travailler)
ruche	du gaulois
trésor	du grec (*thesauros* = le trésor)

Qui n'a jamais *arnaqué* (terme **picard**), *cafouillé* (re-picard), *pioncé* (encore), *roupillé* (re-re-picard) nous traite de « *biloute* de première » : l'heureuse surprise du film *Bienvenue chez les Ch'tis* a remis à l'honneur cette langue régionale. D'autres ont une notoriété plus « facile » : les parlers méridionaux jouissent traditionnellement d'un capital sympathie que les innombrables pagnoleries ne démentent pas.

Au **basque**, nous ne devons bizarrement pas le *béret*, qui vient du… Béarn.

Une *ambassade*, la *braguette*, le *carrosse*, la *cervoise* et le *galet* sont des vestiges plus ou moins directs de nos ancêtres les Gaulois. Le *bouge* a refait surface après plusieurs siècles d'oubli sous la forme du… *budget*.

Le *massepain*, cette pâte d'amandes prisée des gourmands, présente deux étymologies : l'une, **arabo-italienne** (*martaban/martazane*), daterait de l'époque des croisés ; l'autre, plus populaire, ferait dériver le mot d'un pain latin, le pain de saint Marc *(marci panis)*. Le goût reste.

Dans la cité maritime, emblématique du protestantisme qu'est La Rochelle, le passé huguenot reste très vivace : le mot *huguenot* vient de la déformation d'un terme **suisse,** *Eidgenossen* (soit « fédérés par un serment »). Cette idée de fédération a ensuite été reprise dans la dénomination officielle puisque la Suisse porte le nom de Confédération helvétique.

À la langue **arabe**, nous devons une foule de mots, très évocateurs d'un savoir-vivre, d'un goût et d'une culture faite d'ouverture que d'aucuns renient aujourd'hui à tort : le *chiffre*, le *matelas*, le *divan*, le *sofa*, mais aussi le *magasin*, le *sorbet*, la *carafe*, la *nacre*, le *benzène*, la *gazelle* (la vraie, mais aujourd'hui surtout la touriste occidentale qui marchande dans les souks), la *girafe* et l'*abricot*. Un cas à part, l'étymologie contestée du mot *assassin* : selon certains, le terme viendrait d'une secte chiite dont le grand maître (surnommé « le Vieux de la Montagne ») commanditait des assassinats spectaculaires et dissuasifs car publics ; les tueurs acceptaient avec allégresse le verdict de la foule qui immanquablement se vengeait (leur indifférence viendrait de leur habitude à fumer du *haschich*, d'où serait tiré le nom) ; une autre étymologie est plus doctrinaire car elle dérive de *assas*, le codex religieux des fondamentalistes. Des termes plus modernes entrés dans notre quotidien, comme *couscous* et *toubib*, montrent que les emprunts du français à l'arabe restent fréquents.

Respirant le raffinement, l'**italien** a enrichi le français de nombreux termes dont la profusion n'est plus à démontrer : les vêtements (et chaussures) comme *pantalon, costume, veste*, mais aussi les arts : le *dessin* et l'*esquisse*, le *solfège*, la *sérénade* et le *virtuose*.

Sans parler de l'incomparable cuisine : sans l'italien, aurions-nous des *banquets*, des *festins*, nous faudrait-il nous contenter de *saucisson* et de *fromage* ? Saurions-nous nous amuser *(burlesque)*, témoigner notre affection *(caresser)* et comment voyager *(valise, parasol)* ?

Voyants car mangeables, la *quiche* lorraine et la *choucroute* alsacienne sont des emprunts d'autres régions ; on notera d'ailleurs que le terme **allemand** d'origine (*sauer* + *Kraut*) parle bien de *chou* et de *saumure* : le *sauer* allemand nous a bien donné notre (hareng) *saur* ; en Lorraine subsiste l'appellation de *saurcraute* bien plus logique que le pléonasme culturel français qui en rajoute en ajoutant au *Kraut* allemand (chou) un *chou* français. En somme, l'impérialisme linguistique français a « chouchou »-té les Alsaciens…

Le *boulevard* : encore un mot d'origine germanique, que n'aurait pas renié un certain Haussmann, qui en fit percer plusieurs dans la capitale en son temps. Le terme de départ est *das Bollwerk*, le bastion, le rempart.

Quoi de plus accueillant qu'une *auberge* ? Pourtant, le terme allemand d'origine, *die Herberge*, qui a effectivement présidé à la construction de notre auberge nationale, est composé de *das Heer*, l'armée, et du verbe *bergen*, qui signifie « abriter ».

L'**espagnol** est bien sûr une langue latine à l'origine, mais mâtinée d'arabe (plus de sept siècles d'occupation laissent des traces) et de langues sud-américaines. De l'espagnol viennent la *cédille*, le *camarade*, le *gitan*, mais aussi le *moustique*. Par des tours et détours, les conquistadors ont rapporté le *chocolat*, le *cacao*, la *cacahuète*, la *tomate*, le *caoutchouc*, le *hamac*, le *caïman*, mais aussi la *pirogue*.

Le **portugais** nous a fait don du *caramel*, de la *marmelade* et de la *pintade*, mais aussi des *caravelles* qui évoquent bien sûr Vasco de Gama.

L'hégémonie (apparente) de l'anglais

Tout et son contraire a déjà été dit au sujet de l'anglais. Avant de porter un jugement trop souvent péremptoire, il faudrait d'abord définir ce qu'on entend par « anglais » : si c'est la version rudimentaire, réductrice, simplifiée à outrance, cet anglais peut se voir accorder le statut de parler mondial. Mais il n'a que peu de chose en commun avec la langue anglaise, qu'elle soit *british* ou non. Toute l'illusion vient de ce que l'accès à l'anglais vernaculaire (les trois cents mots « universels » que même les non-linguistes baragouinent) est aisé ; dès qu'on entreprend le voyage au cœur de l'anglais comme langue de culture, on entend une autre musique, on découvre une intense complexité et une richesse prodigieuse, insoupçonnées au regard de la version chétive que nous en proposent les commerciaux et les politiques.

L'auteur de ces lignes se défend d'anti-américanisme (souvent dit primaire). L'anglais est une langue très riche et expressive, une langue raffinée qui vaut bien plus que l'image qu'en donnent les médias de divertissement.

Il s'agit plutôt dans la page suivante de rectifier certains emplois incorrects assez fréquents de termes étrangers ou supposés tels, ou de remettre « en selle » des termes français parfaitement opérationnels et totalement équivalents. Seule la paresse intellectuelle peut servir d'excuse à la prolifération d'anglicismes que les anglo-américains eux-mêmes désapprouvent.

On trouvera donc par exemple des anglicismes et leurs contraires : des années durant, sur France Inter, un grand donneur de conseils a sévi. Évoquant l'indice boursier américain, il parlait du *Dow**n** Jones* (☛ « Les pièges de la phonétique », p. 150). Inversement, un avocat français au service d'un grand cabinet américain évoque sans sourciller « la position consommateur *versus* producteur ». Certes, on pourra rétorquer – cette précaution rhétorique s'appelle une prolepse, ☛ p. 70 – que si on cherche *versus* dans un dictionnaire, on s'apercevra que ce latinisme signifie « contre » et qu'il est spécifique à la langue juridique. Mais tout orateur de bonne foi sait que le grand public n'utilisera peut-être pas spontanément *versus* quand il veut dire *contre* ; surtout quand le pro de la langue prend la parole dans un média très grand public !

Comment libelleriez-vous, face à un étranger venu d'un ailleurs anglo-saxon, une adresse Internet, du genre : www.zetetique.ldh.org ?

Le premier réflexe consiste à penser que, dans toutes les langues de la Voie lactée et au-delà, tout locuteur, même s'il est pourvu d'antennes et ressemble à un artichaut, ânonnera ses trois *w*, puis *zetetique* et ensuite *point ldh point org*. Or, le point séparant les éléments d'un site Internet se dit *dot* (à prononcer *dotte*) et surtout pas *point* (même avec la prononciation *british*).

TEST :

Comment diriez-vous, en français « normal », quotidien, compréhensible ?

- addict (de)
- attaché-case
- briefer quelqu'un
- drive-in
- un meuble en kit
- c'est un must

RÉPONSES :

Elles ne sont pas toujours plus crédibles que leur pendant anglais et, honnêtement, il vaut mieux parfois risquer un mot franchement anglais qu'un mot français qui sonne faux !

Voici une liste non exhaustive et évolutive (la langue est un matériau fugace car vivant) :

comportement addictif	dépendance
attaché-case	porte-documents, mallette
faire un backup	faire une sauvegarde
best of	florilège, anthologie, compil(ation)
*best-seller**	livre à forte vente, gros tirage, succès de vente
body-building	culturisme**
booster	stimuler**
brainstorming	remue-méninges
faire un break	marquer une pause, prendre du repos**
briefing	réunion d'information
(et son alter ego, le débriefing)	bilan de la réunion
car-jacking	piraterie de la route
*se présenter à un casting**	se soumettre au jugement de la distribution artistique
*challenge**	défi
clean	sobre, en état de désintoxication
coach	mentor, entraîneur
come-back	retour**
compétiteur	concurrent
cool	calme, décontracté
deal	négociation, marché, accord
digitaliser	numériser**

---

* Les termes affectés d'*un* astérisque ne gagnent pas forcément à être francisés…

** Les termes affectés d'un astérisque double (presque d'un obélisque en somme) méritent mieux que leur avatar angloservile !

disc-jockey	animateur de discothèque
dispatcher	répartir**
drive-in	service au volant, station restaurant (*rendons* à M.Do.... ses hamburgers, rarement verbe n'a été aussi juste et descriptif que... *rendre*)
duty-free	hors-taxe, boutique franche
*e-mail**	courriel (les avis sont partagés)
fair-trade	commerce équitable**
fast-food	restauration rapide
*flash-back**	rétrospective, retour en arrière (avis partagés)
hit-parade	palmarès**
*home-trainer**	banc de musculation à domicile
initier un projet	lancer, démarrer un projet**
*meuble en kit**	meuble prêt à monter
avoir un certain know-how	posséder un savoir-faire, une compétence**
*le leadership**	le fait d'être chef de file, d'être en tête
leasing	crédit-bail
ce papier peint a besoin d'un lifting	d'être changé*
live	en direct, en public
lobby	groupe de pression
login	code d'accès, identifiant de connexion (il est aussi vain et stupide de refuser le premier que d'ignorer le second)
quel look !	quelle apparence, quelle allure !
relooker	rafraîchir, rénover, revisiter**
*marketing**	mercatique
*c'est un must**	c'est un élément indispensable
one-man-show	spectacle en solo

en pole position	en position de tête, en première ligne*
en prime time	à une heure de grande audience
faire un remake	réaliser une nouvelle version, revisiter
décrocher un scoop	obtenir une information en exclusivité, avoir la primeur
le software	le logiciel
il le sponsorise	il le parraine**
il a réuni son staff	il a rassemblé son personnel**
*une start-up**	une entreprise débutante, une jeune pousse
*pratiquer le surbooking**	pratiquer la surréservation
c'est un bon timing	un bon minutage, réglage
tour-opérateur	voyagiste, organisateur de voyages**
*zapper**	changer de chaîne

5. Les latinismes

Tu quoque, mi fili ! Alea jacta est et *Dura lex sed lex.*

Le latin, langue « morte » ? Pas même ancienne ! Tout amateur et fervent lecteur des impérissables aventures de deux héros gaulois qui n'ont eu besoin ni d'astérisques ni d'obélisques pour monter au firmament des célébrités aura identifié et compris la première formule du titre : ce reproche – « Toi aussi, mon fils ! » – aurait été adressé par Jules César à son fils adoptif Brutus qui lui *aussi* (en latin : *quoque*) aurait ajouté un coup de poignard à ceux assénés par les conjurés.

On notera au passage (*nota bene* = *NB* est une autre abréviation latine illustrant la vitalité et l'utilité de cette langue fondatrice de notre culture) que le terme même de *César* est devenu, par **antonomase** (☛ p. 171) un synonyme d'*empereur* ; c'est si vrai que la langue allemande a transcrit phonétiquement *César* pour en faire un *Kaiser* en parfait ordre de marche.

Lors de visites dans les cimetières, le *quidam* moyen (encore un latinisme) ou simplement l'amateur de western (beaucoup ont des cimetières pour cadre) ont certainement remarqué sur les tombes les trois lettres *R.I.P.* : les latinistes avertis décrypteront : *Requiescat in pace,* « Qu'il repose en paix ».

« Les dés sont jetés » (*alea* rappelle bien sûr *aléa*toire) et « La loi est dure, mais c'est la loi » sont vraiment des formules latines classiques qui ont survécu au passage du deuxième millénaire. Dans un film de Peter Weir datant de 1989, *Le Cercle des poètes disparus*, la figure éminemment positive de M. Keating, professeur de lettres incarné par Robin Williams, a popularisé ou entériné la connaissance de l'injonction épicurienne *Carpe diem* (« Mets à profit le jour présent ») : cet extrait d'un poème d'Horace a acquis le statut de proverbe à part entière.

La langue latine est donc toujours aussi créative, entre autres pour forger de nouveaux mots… et pour formuler imprécations et sortilèges dans certaines écoles de sorciers ! On aurait tort de la cantonner au petit territoire du Vatican. De fait, les amateurs peuvent écouter, auditer serait sans doute plus exact, un bulletin hebdomadaire de « niouzes » en latin diffusé par une radio finlandaise ; effectivement, les Scandinaves ont compris que l'apprentissage du latin fournit la clé des langues latines (comme le français) et il faut bien dire que, lorsqu'on voit les résultats des élèves finlandais dans les évaluations comparatives internationales comme le Pisa, on est tenté de leur donner raison. Alors que même nous, Français, y perdons notre latin…

Il existe un site d'information actuel sur Internet, Nuntii Latini. On peut aussi accéder à la Bibliotheca Augustana qui se définit comme une *collectio textuum electronicorum.*

Pour les amateurs, une des *nuntii* du 10 avril 2008 était intitulée « *De usu telephonulorum* » et annonçait comme contenu « *Telephonulis in æroplanis uti iam per Unionem Europæam licet* ».

Certains latinismes sont utiles et surtout usités. Les ignorer revient à s'exposer à des déconvenues. Dans le monde anglo-saxon, le siglage des heures en latin est constant :

am = *ante meridiem*, soit *avant* midi
pm = *post meridiem*, soit *après* midi

On mesure ce qui peut arriver à quiconque interprète *am* comme « **a**près **m**idi » !

Tout postulant cherchant à décrocher un emploi ne manquera pas d'envoyer son… *CV*, c'est-à-dire son *curriculum vitæ* (= le parcours de la vie).

Dans le même registre, il est très commode pour remplir un formulaire ou un questionnaire fastidieux d'user de l'abréviation *id.* pour *idem* (= la même chose). À la fin d'un document, fût-ce un courriel un peu soigné, il n'est pas rare de trouver un *PS* (= *post-scriptum*, soit « après ce qui est écrit »).

Même si elle pose souvent de menus problèmes phonétiques, l'abréviation *etc.* (*et cetera* : « et entre autres choses », « et pour le reste »…) est une autre trace de la survivance très forte du latin ; rappelons que la prononciation du *c* équivaut à un *k* en latin (donc *ette-kétéra* en principe), les *ette-chétéra* et autres *ette-sétéra* sont fautifs. Mieux vaut se taire que d'infliger le dyslexique *aix-se-taira* !

Le recours au latin peut servir de raccourci mais aussi, il faut bien le reconnaître, de tactique pour étaler sa culture et se démarquer du *vulgum pecus* (les ignorants, le commun des mortels). Très à la mode en ce moment dans la bouche des puissants : *in fine*, pour dire « tout compte fait, tout bien pesé ». Cet emploi est évidemment fautif, comme souvent chez les cuistres : normalement, *in fine* signifie « *en fin* de chapitre ou de livre » ; cet emploi moderne peut être rapproché du pseudo-anglais de pacotille parlé dans les milieux de la mercatique.

Au lieu de dire « textuellement » ou « mot pour mot », les mêmes usagers de la langue latine préconisent l'adverbe *verbatim.* La mode américanisante du *versus* – fréquemment abrégé en *vs* pour évoquer un duel (sportif entre autres, mais aussi… « McCain *versus* Obama ») – essaime de ce côté de l'Atlantique. Par un curieux effet de *feed-back*, le terme « *versus* », d'origine latine, revient aux Latins que nous sommes par le biais des États-Unis.

Quoi de plus tentant que de se réfugier derrière l'autorité incontestable des anciens ? Le grec et le latin sont tout indiqués pour glisser une paillette culturelle dans un discours ou une présentation qui manque d'étoffe.

Tel vieux beau *has been*, prenant un bain de mer ou simulant un crawl devant une foule… de caméras, ne manquera pas de rappeler que les anciens déjà le disaient : *« Mens sana in corpore sano. »*

Or le sens de cette maxime est loin d'être univoque. On lui prête généralement une signification flatteuse : faites travailler vos cellules grises, mais ne négligez pas l'exercice physique. Ou encore : vos neurones se muscleront mieux dans un corps de chippendale. Si l'on consulte le père de la formule, à savoir le poète latin Juvénal, on s'aperçoit que la formule intégrale disait : *« Orandum est ut sit mens sana in corpore sano »*, soit, en français contemporain : « Prions pour que ce corps sain soit habité par un esprit sain. »

Notre poète avait en effet pris en grippe la manie du *fitness* (déjà !) en vogue à son époque et, loin d'admirer ces beaux corps de gladiateurs (dont une étude récente tend à démontrer qu'ils étaient bien plus gras que dans la flatteuse vision filmée par Ridley Scott), il souhaitait au contraire que ces pectoraux puissent aussi, de temps en temps, être traversés de pensées et de réflexions !

Le *statu quo* ?

Passons sur le pléonasme classique (pas si grave que ça d'ailleurs) consistant à évoquer le *statu quo* actuel. L'expression latine complète est : *in statu quo ante*, ce qui signifie « dans l'état des choses tel qu'il était avant » – ou « telles qu'elles étaient avant[1] ». Dans l'optique d'une réforme ou d'une négociation visant à instaurer un ordre ou un système nouveau, le *statu quo* décrit la situation de départ, celle qu'il s'agirait de changer.

Une société de téléphonie a déposé, pour désigner une marque qu'elle diffuse, un mot qui sonne (c'est le cas de le dire) comme un ablatif ou un datif latin désignant le *texte* : n'ayant pas envie de citer de marque ni de faire de publicité, surtout lorsque le terme a été volé à une langue fondatrice, nous rappellerons que le datif de *textum* consisterait à remplacer la terminaison *-um* par *-o*. Il n'en reste pas moins que c'est une preuve *a contrario* de la présence rémanente du latin en français. Sans *a priori* !

1. Mais ce genre de variation est traité au chapitre « Antanaclase et syllepse », p. 168.

6. Pléonasme, redondance, tautologie, truisme et lapalissade

Cette réforme n'est pas la panacée universelle.

PETIT TEST :

Afin de vous sensibiliser aux pléonasmes qui font notre quotidien, et le facilitent même parfois, nous vous proposons les énoncés suivants. Débusquez, puis corrigez le pléonasme :

- La déclaration du témoin B s'est avérée vraie.
- Ce genre de propriété est l'apanage exclusif des très grandes fortunes.
- La performance de Tsonga force le respect : on l'applaudit des deux mains !
- Avertissez-moi à l'avance la prochaine fois.
- En entendant le bip sonore, il réalisa qu'il s'était trompé de jour.
- C'est un pléonasme, comme par exemple de dire qu'il faudrait commencer par définir les priorités.
- Ils se sont cotisés à plusieurs pour la retraite de leur collègue.

RÉPONSES :

- La déclaration du témoin B *s'est* ~~avérée vraie~~ *vérifiée / a été reconnue pour vraie.*

• Ce genre de propriété est *l'apanage* ~~exclusif~~ des très grandes fortunes.
Un apanage est déjà en soi un privilège exclusif ; le même usage fautif se retrouve pour le *monopole* ~~exclusif~~ qu'aurait telle ou telle société.

• La performance de Tsonga force le respect : on *l'applaudit* ~~*des deux mains*~~ !
Essayez d'applaudir avec une main dans le dos...

• Avertissez-moi ~~à l'avance~~ la prochaine fois.
Avertir présuppose un conseil donné *avant*.

• En entendant le bip ~~sonore~~, il réalisa qu'il s'était trompé de jour.
Un bip, de surcroît entendu, peut difficilement être pictural ou sculpté dans le bronze.

• C'est un pléonasme, comme ~~par exemple~~ de dire qu'il faudrait commencer par définir les priorités.
On emploie soit *comme* soit *par exemple*, mais on ne panache pas les deux !

• Ils se sont cotisés ~~à plusieurs~~ pour la retraite de leur collègue.
Par définition *se cotiser* suppose l'existence d'un groupe, même réduit.

Le **pléonasme** vaut mieux que sa réputation ou plutôt que le sens que lui prête la majorité. Il vient d'un mot grec qui veut dire « surabondance ». C'est un effet de style consistant à doubler ou renforcer une image, une désignation, bref, c'est une débauche de moyens que l'on peut contester, mais ce n'est pas en soi un emploi fautif : *« Je l'ai vu de mes propres yeux. »*

On peut décider de recourir au pléonasme en connaissance de cause, pour exprimer une forte implication (une forme d'insistance à caractère émotionnel, pourrait-on dire ; c'est le cas pour

« Je l'ai *vu*, de mes yeux *vu* ! »), afin d'obtenir un effet de style (capter ou ranimer l'attention du public ou du lecteur « dans la *conjoncture actuelle...* ») ou par volonté humoristique ou ironique (la caricature d'un ancien président de la République par l'équipe des « Guignols de l'info », répétant à qui veut l'entendre : « Mon Lionel *à moi que j'ai.* »)

Hélas, il faut bien reconnaître que la plupart du temps le pléonasme est une franche et massive erreur ; dans ce cas, on lui donne le nom savant de **périssologie.** Comme la **redondance**, qui, elle, consiste à redire maladroitement et fautivement deux fois la même chose, souvent en martyrisant la syntaxe ; *descendre en bas* en est un exemple.

Cela dit, la frontière entre les deux est parfois affaire d'interprétation et de style.

Plus subtile, la **tautologie** n'est pas vraiment une faute, elle est toujours vraie mais, justement, elle a trop l'apparence de la vérité. Une publicité connue d'une centrale de jeux affirme péremptoirement que 100 % des personnes qui ont gagné ont joué. Ce qui ne peut pas être exact, puisqu'il est déjà arrivé que des amis ou familiers bien intentionnés aient offert un billet à un être cher (qui n'a PAS joué), et que ce cadeau se révèle gagnant. Première contrevérité. Et pourtant, formulée telle quelle, cette tautologie semblait en première lecture s'imposer comme une vérité intangible.

La tautologie travaille également sur le registre de la persuasion insidieuse : à force de ressasser une formule, l'auditeur / lecteur / consommateur finira bien par y croire, « c'est *sûr* et *certain* » et autres « c'est la *vérité vraie* ».

La tautologie s'apparente au **truisme** (autre forme de vérité qui répète de manière différente une évidence ou une assertion présentée comme allant de soi mais qui, en soi, n'est pas fausse), voire ce qu'on appelle une **lapalissade**. Ce mot est dérivé du nom du chevalier de La Palice (en français modernisé : Lapalisse) dont la nécrologie aurait dit, selon une rumeur longtemps colportée, que « s'il n'était pas mort, il **f**erait encore en vie ? » ; suite à une erreur de lecture du français ancien (on est au XVe siècle, et le *f* et le *s* ne sont pas très distincts), quelqu'un a entendu, ou a cru entendre, « s'il n'était pas mort, il **s**erait encore en vie », ce qui en aurait effectivement fait une lapalissade, c'est-à-dire une affirmation indiscutable, mais sans aucun intérêt.

Évidemment, les humoristes n'ont pas manqué de se servir de ce procédé, comme le regretté Pierre Dac : « *Quand les bornes sont franchies, il n'y a plus de limites.* »

Mais le bipède français moyen n'est pas le seul à « pléonasmer » dans son coin. De grands experts s'y emploient de façon quasi professionnelle : dans un rapport remis aux ministres respectifs de la Culture et de l'Éducation, un inspecteur général suggère, le 26 décembre 2007, de « *revisiter la visite scolaire* » dans des musées, par exemple ; renseignement pris, il était question d'optimiser et de faciliter l'accès des scolaires aux musées et institutions culturelles de la République. Le rapport ne précise pas s'il faut aussi « scolariser les scolaires ». En tout cas, il y a urgence à inspecter les inspecteurs généraux…

Les manies et tics

Les indications de temps (chronologiques) semblent fertiles en redondances et pléonasmes :

• Le secrétaire d'État a déploré que les négociations aient duré « *deux heures de temps* ». Ce *de temps* s'explique par le vécu de la personne qui tient à insister sur la durée jugée inhabituelle.

• Faut-il coûte que coûte maintenir le *statu quo actuel* ? Rappelons qu'un *statu quo* décrit justement une situation ou un état de fait *actuel*. Étymologiquement, l'expression est un peu plus complète et complexe (☛ « Les latinismes », p. 54)…

• Lors de l'entretien avec les journalistes, on ne pouvait s'empêcher de penser que les questions et réponses étaient *préparées à l'avance.*

• Les météorologues auraient intérêt à confirmer après coup le temps qu'il aura fait plutôt que d'usurper la capacité de le *prédire à l'avance.*

• Lors du triathlon, les participants avisés seront bien avisés de *prévoir* une tenue de rechange *d'avance.*

Dans ces deux dernières expressions, on constante la présence d'un verbe comportant le préverbe *pré-,* qui signifie justement « à l'avance, d'avance » ; il est donc superfétatoire de confirmer ce *pré-* par un bavard « à l'avance ».

La même remarque s'applique aux nombreux verbes exprimant une répétition à l'aide du préverbe *ra / re / ré* : **re**dire de nouveau, **ré**péter encore une fois, **re**battre sans arrêt, **ra**bâcher encore et encore…

Le travail sera effectué *incessamment sous peu* est devenu un classique, avec souvent une pointe auto-ironique (☛ « Les associations automatiques », p. 234). Il est préférable, de toute manière, d'utiliser *sans délai, immédiatement, très bientôt, sans retard,* au lieu du très pompeux et cuistre *incessamment.* Mais lui adjoindre le groupe prépositionnel *sous peu* a la légèreté de l'enclume !

Au jour d'aujourd'hui

Dans une logique tout actuelle, où les mots creux et redondants sont préférés, le pléonasme *au jour d'aujourd'hui* fait florès. Le pronom adjectif latin *hujus* (pour les amateurs, il s'agit du génitif singulier), déformé en *hui,* signifie « de ce » ; combiné à *dies,* il équivaut à « de ce jour ». Le terme contracté *aujourd'hui* est donc déjà redondant puisqu'il veut dire mot à mot « au jour de ce jour » !

La panacée universelle

Comme pour l'expression bavarde *au jour d'aujourd'hui*, certaines redondances ne sont pas manifestes : on entend souvent parler de *panacée universelle* par exemple ; or, le *pan* de *panacée* signifiant déjà « tout » – en grec –, le rajout de l'adjectif *universelle* est une vraie belle grosse faute.

La même chose vaut pour *alternative.* Ce terme décrit le *dilemme* dans lequel on peut se trouver assez souvent au cours d'une existence ; or, *alternative* exprime déjà une situation où l'on est confronté à deux choix également difficiles. La propension de nombreux francophones à l'inflation trouve toute sa mesure ici, puisque l'on peut souvent lire *entre deux alternatives* : ce qui revient à mettre la même personne dans le crucial problème du choix entre quatre options ; en effet, *une* alternative = *deux* solutions ; *deux* alternatives = logiquement et même mathématiquement *quatre* solutions !

Pour le dire correctement, on est *confronté à deux choix* également difficiles, on a du mal à *choisir entre deux options,* on est *confronté à l'alternative suivante.* Il y a, on le voit, une alternative.

Sans doute parce qu'ils sont tenus de payer de leur personne et de leur parole, les Premiers ministres semblent être de grands pourvoyeurs de « paroles verbales » (qui constitue un pléonasme classique), comme le montre le florilège suivant :

• « *Quand le moment est venu, l'heure est arrivée.* » (Raymond Barre)

• « *La droite et la gauche, ce n'est pas la même chose.* » (Pierre Mauroy)

• « *Tant que le navire n'a pas heurté l'iceberg, la croisière continue.* » (Jean-Pierre Raffarin)

• « *Les jeunes sont destinés à devenir des adultes.* » (Jean-Pierre Raffarin)

Ironique création médiatique, le terme de *raffarinade* constitue néanmoins une sorte d'hommage d'orfèvres de la langue à ce qui pourrait s'apparenter à un collègue, un frère d'armes mal armé. Les médias n'hésitent plus à l'étendre aux collègues de l'ancien Premier ministre. Le néologisme fait l'unanimité : les politiques le récusent, à commencer par celui qui leur a prêté involontairement son nom.

• « *Les veuves vivent plus longtemps que leurs conjoints.* » (Jean-Pierre Raffarin)

• « *Que l'on soit pour ou contre la Turquie, on ne pourra pas changer l'endroit où elle se trouve.* » (Michel Barnier)

Les images aberrantes

Qui ne s'est amusé en lisant les fameux discours du maire de Champignac immortalisé dans les albums de *Spirou* ? Ce fier et brave élu était réputé pour émailler ses allocutions d'images hardies et surtout entremêlées. Il existe d'ailleurs même un Grand Prix du maire de Champignac, que nous devons à nos amis francophones helvètes, amoureux de la langue française et manifestement grands humoristes devant l'éternel, immortalisant les « perles » produites par des « responsables » (pas tous maires car les images et formules aberrantes ne sont bien évidemment pas l'apanage des maires). Nous renvoyons nos lecteurs facétieux au site correspondant…

Exemple :

• « *[…] des circonstances mystérieuses qui seront éclaircies lorsque la lumière sera faite.* » (album *Le Dictateur et les Champignons*)

Exemples lus et entendus, mais dans des publications qui ne ressemblent en rien à *Spirou* :

• « *Tourner en rond* » : pas en carré ?

• « *sous un faux prétexte* » : il faut dire *sous un prétexte trompeur, fallacieux.*

Les pléonasmes pas méchants (qui facilitent la vie)

Dans un sketch intitulé « Ici, on vend de belles oranges pas chères », Fernand Raynaud (1926-1973) réhabilite d'une belle et juste façon le pléonasme. Il y joue le rôle d'un marchand de fruits et légumes qui se voit donner une leçon de commerce par un pseudo-spécialiste et conseiller mal intentionné. Ce dernier récuse l'un après l'autre tous les éléments du texte affiché : *ici* est rejeté car le lieu de vente des fruits n'est que trop évident, *on vend* est réfuté parce que, évidemment, le vendeur ne va pas offrir gracieusement les fruits, *belles* parce qu'aucun commerçant ne songerait à proposer des fruits pourris et ainsi de suite, pour finir par une pancarte… muette. À force de traquer le pléonasme, on tombe dans le mutisme.

Parfois, il faut redonder, et souvent il n'est pas inutile de donner dans le pléonasme !

Pour finir en beauté, l'auteur vous offre en pâture ces pléonasmes clés en main, prêts à servir car, s'il faut redonder, redondons :

- construire une maison neuve
- avoir son avenir devant soi
- un don gratuit
- s'entraider mutuellement
- par un hasard des plus imprévus
- au grand maximum
- une paire de jumelles
- porter une fausse perruque
- un bref résumé
- la topographie des lieux
- tout le monde était unanime
- le moindre petit détail

7. Prétérition et chleuasme

J'te dis pas !

On a tous eu entre les mains, ou entraperçu dans un kiosque à journaux, un magazine ou un journal satirique publiant, souvent en dernière page, des dessins ou caricatures réputés impubliables. Cette astuce, consistant à montrer au lecteur tout en disant qu'on ne va pas le lui montrer, a un nom : **la prétérition**. En langue familière, qui n'a déjà entendu *J'te dis pas* ou, une autre variante annonciatrice d'une logorrhée fastidieuse, *J'te raconte pas !* Et frémi aussitôt parce que, d'expérience, quand quelqu'un annonce qu'il ne *va pas dire*, on sait que son temps de parole sera illimité. On retrouve bien entendu aussi la prétérition dans le domaine de l'écrit.

« *Sans parler des glaces réputées de la maison Untel sur l'île de la Cité* » est une arme commerciale retorse : on affirme ne pas vouloir faire de publicité tout en nommant dans cette non-annonce la marque en question.

Botte fatale entre toutes, la prétérition est une subtilissime et ô combien perfidissime technique. Il s'agit pour un orateur de dire qu'il ne dit pas quelque chose, tout en sachant que la chose (en général, un sous-entendu insidieux, une insulte, une calomnie, une critique) est dite néanmoins. Et qu'elle restera dans les mémoires. Sans risque de se voir intenter un procès en diffamation.

« *Je ne prétends pas que vous soyez malhonnête, mais…* » met l'auteur à l'abri tout en lui permettant de suggérer, sans sous-entendu : au contraire, on pourrait qualifier la prétérition de « sur-entendu » !

L'intérêt, me direz-vous[1] ? Comme on nie qu'on a dit quelque chose, c'est comme si on ne l'avait pas dite, non ? Eh bien, justement, non !

---

1. Ça, c'est une prolepse, ☛ p. 70.

Les recherches en neurosciences ont permis d'établir que le cerveau réagit en fonction de signaux plus que de significations : utiliser une négation pour interdire quelque chose, par exemple à un enfant, est aussi utile que d'uriner dans un stradivarius. La personne à qui l'on intime de *ne pas* garder son baladeur sur les oreilles en entrant en salle de cours ne capte justement pas le *ne pas.* Ce qui reste, c'est *baladeur sur les oreilles.* La prétérition fonctionne tout pareil : un politocard assénant à un rival *Je ne dis pas que vous êtes un…* sait pertinemment que ce qui restera dans les oreilles des spectateurs, c'est l'injure, le soupçon, l'insinuation perfide…

Dans le cas des dessins humoristiques et satiriques (comme dans *Hara-Kiri* ou *Charlie Hebdo…*), l'intention est à la fois de se protéger de toute poursuite, mais aussi d'allécher le lecteur / acheteur et peut-être aussi de ne pas voir perdu un travail de méditation et d'artiste. Car on aurait tort de tenir pour quantité négligeable et pour activité futile et facile le dessin dit « de résistance ».

Vous trouverez ci-dessous des exemples réutilisables avec des variations à l'infini, qu'il s'agisse de critiques (à peine) voilées, de menaces (à peine) retenues, mais aussi de compliments, quand la prétérition ne permet pas simplement de masquer son ignorance (un présentateur qui n'aurait pas lu une seule ligne d'un écrivain qu'il doit néanmoins interviewer) ou de raccourcir (le prompteur rappelant à l'animateur que le temps de l'émission risque d'être dépassé) :

- *On ne présente plus la carrière littéraire de Jean-Marie Gustave Le Clézio…*

- *Je ne vous rappellerai pas votre rôle interlope dans l'affaire de…*

- *Je tairai son attitude peu reluisante sous l'Occupation et ne mentionnerai pas la francisque qu'il a arborée avec fierté en son temps…*

• *Je ne veux pas vous faire de reproche, mais vous m'avez trompé.*

• *Je ne te dirai pas que tu me dois des excuses, mais tu as été blessant.*

• *On n'a pas besoin de rappeler le brillant curriculum de cet acteur...*

Une variante, de plus en plus répandue de ce type de manipulation de l'auditoire, mais que l'on retrouve également dans certains écrits, consiste pour l'orateur/auteur à (faire semblant de) se dévaloriser soi-même, alors qu'il est une sommité reconnue dans le domaine concerné. Un spécialiste de l'écologie « grand public » peut minimiser son influence pour en fait imposer cette thématique dans une campagne électorale, sur le thème : « On me fait l'amabilité de me prendre pour un spécialiste, or je ne suis qu'un simple intervenant, un citoyen du monde qui ne veut qu'apporter sa petite pierre à l'édifice. » (Cette image de la « petite pierre à l'édifice » est d'ailleurs récurrente dans ce type de figure rhétorique, qui a un nom dangereux à prononcer – pour le vis-à-vis – quand on a la gorge un peu chargée : c'est un **chleuasme**.)

Il ne faudrait toutefois pas donner au **chleuasme** une connotation foncièrement négative : c'est aussi un « truc » pour capter ou relancer l'attention du lecteur quand celle s'est volatilisée. Dans une présentation d'un ouvrage, un éminent chercheur français use du chleuasme à des fins tout à fait honorables : *« Chers amis, je ne suis pas un enseignant professionnel – mais bon, il m'est arrivé de faire des séminaires, des cours – je suis un chercheur, comme on dit. Et je suis de plus en plus convaincu que le problème central est celui de la réforme de pensée*[1]. »

1. Edgar Morin, *Les Sept Savoirs nécessaires à l'éducation du futur*, Paris, éditions du Seuil, 2000.

Née dans les années 1990, une formule générée par un trio de comiques pas très inconnu fait partie de la culture « patrimoniale ». Dans une de leurs saynètes, les trois *Inconnus* (c'était le nom de scène de Didier Bourdon, Bernard Campan et Pascal Légitimus) parodièrent certains commentateurs sportifs (retraités depuis quelque temps) qui avaient pour coutume de mêler à des commentaires techniques et spécifiques, par exemple sur l'art du football, des remarques et des sous-entendus assassins et indiscrets sur la vie privée et les mœurs des champions. Et les trois comiques de ponctuer chacune de leurs perfidies insinuant qu'Untel avait suborné l'épouse de tel autre d'une formule magique : *« Mais cela ne nous regarde pas. »* Il est surprenant de constater que celle-ci a survécu au passage du millénaire, mais cela est révélateur en même temps de l'utilité juridique de la prétérition.

8. Prolepse et épanorthose

Vous allez encore me dire : « Il en fait trop… »

On aura reconnu dans cette formule une tactique caractéristique des bateleurs de foire professionnels. De fait, s'il est une arme rhétorique préconisée par les faiseurs de promesses et annonceurs de rasage gratuit[1], c'est bien la **prolepse**. Son deuxième nom, sans doute plus immédiatement compréhensible, est **antéoccupation** (on occupe le terrain pour faire semblant de travailler et jouer la comédie de l'omniscient qui maîtrise le sujet).

1. ☛ l'expression *Demain, on rase gratis*, p. 72.

L'intention est toujours la même : anticiper des objections futures, prévenir des contradictions attendues et garder l'initiative de la parole. Il n'est donc pas étonnant que le *futur* soit un outil typique de la prolepse ; par *futur*, on entend un futur classique avec des jolis petits *-ra* (*On me dira que j'en fais trop...*) et de mignonnes petites *-rez* de côté (*Vous me rétorquerez que...*) ou des ersatz de futur (des formes combinant *aller* conjugué avec un infinitif : *Mesdames et Messieurs, j'entends d'ici vos objections : vous allez me dire : « Vous promettez une réduction d'impôts maintenant, mais après les élections ce sera une autre chanson... »*).

Fort logiquement, la présence d'adverbes de temps renvoyant à un futur improbable la réalisation des surenchères est également constitutive de la prolepse.

Un exemple très récent, mais typique de la prolepse, date du 3 janvier 2008, énoncé lors du premier Conseil des ministres de l'année : *« On va peut-être encore me dire que je suis impatient. Je réponds que je suis un président impatient à la tête d'un pays impatient. »* Anticipation et réfutation par avance, en l'absence de contradicteurs, la démonstration est lumineuse (cité *in Le Canard enchaîné* n° 4550 du 9 janvier 2008).

Citons également un exemple emprunté à un succès littéraire relativement récent, prix Goncourt et grand prix du roman de l'Académie française, *Les Bienveillantes* de Jonathan Littel (2006). La page 1 du chapitre 1 intitulé *Toccata* commence par une superbe prolepse : *« Frères humains, laissez-moi vous raconter comment ça s'est passé. On n'est pas votre frère, rétorquerez-vous, et on ne veut pas le savoir. Et c'est bien vrai qu'il s'agit d'une sombre histoire, mais édifiante aussi, un véritable conte moral, je vous l'assure. »*

Pour rester dans le registre de la manipulation de l'opinion, il faut encore citer l'**épanorthose** ; elle consiste (car l'épanorthose est une féminin) à faire semblant de s'être trompé de mot ou de vouloir rectifier (on retrouve le sens de *ortho* qui est caché dans *épanorthose*, à savoir « droit, juste, correct », en grec). Cela permet de rebondir dans sa propre phrase pour lui donner plus d'impact. Dans la panoplie de l'épanorthose, *Que dis-je* a une place de choix : *Cette attitude de l'opposition est injustifiée, que dis-je, proprement scandaleuse.*

9. Les références

(qui ne font plus recette et dont personne ne sait (plus) d'où elles viennent)

Il a pu retirer son épingle du jeu

Nous avons tous entendu ou utilisé cette expression pour dire que quelqu'un a su se tirer d'un mauvais pas, qu'une personne a eu l'habileté de se sortir d'une situation *a priori* pas favorable, d'une situation où sa personne était en jeu, voire dont elle était l'enjeu. D'où vient l'expression ? Selon toute vraisemblance, de jeux prisés au XIXe siècle (ce qui ne nous rajeunit pas) où il s'agissait, en lançant une balle, de faire ressortir d'un cercle des épingles qu'on y avait placées.

Une lecture plus psychanalytique suggère une dimension nettement plus sexuelle, l'*épingle* étant dans ce cas le sexe masculin qu'il s'agit de *retirer* pour éviter certains inconvénients incompatibles avec la poursuite du jeu de la séduction…

Demain, on rase gratis

Selon certaines sources, cette expression serait une référence aux écriteaux des barbiers du Moyen Âge faisant miroiter que le rasage serait gratuit ; approché par le candide client, le barbier précisait alors *demain*, restant ainsi fidèle à l'annonce et cohérent dans sa pratique commerciale !

Elle est à rapprocher d'une astuce linguistique à haute fréquence dans certains pays d'Afrique du Nord, où le chaland, affublé du compliment de *gazelle*, s'il est femelle, ou *gazou*, s'il est mâle, se voit appâté par une promesse quasi électorale : *C'est gratuit, pas cher.* Le « jusqu'à la caisse » tempérant la frénésie acheteuse étant souvent sous-entendu.

Le rideau de fer

Attribué à l'incontournable Churchill, qui n'a fait que le réactiver au moment opportun (☛ « La frime des citations », p. 247).

Depuis quelques mois, les commentateurs avisés qui ne cessent – à juste titre – de déplorer la baisse du pouvoir d'achat illustrent leur démonstration avec la métaphore de la *peau de chagrin* : l'épargne du Français se réduit comme peau de chagrin, entend-on par exemple. Contrairement aux apparences, le terme *chagrin* n'a rien à voir dans cette expression avec l'affliction, la tristesse, le souci ; le *chagrin* qui a une peau désigne en l'occurrence un animal (âne ou mulet en général). Or, on tannait cette peau pour en faire des objets en cuir. On doit l'association de l'idée de réduction à celle de la peau dite de chagrin à l'un de nos plus prolifiques auteurs, à savoir Honoré de Balzac (1799-1850), qui l'a magistralement imposée dans un roman philosophique intitulé… *La Peau de chagrin.* Le héros, Raphaël de Valentin, ruiné et prêt à se donner la mort, découvre chez un antiquaire une peau de chagrin magique qui peut exaucer tous ses vœux, mais en contrepartie réduit son espérance de vie. On retrouve là le mythe du pacte avec le diable, comme celui de *Faust* (celui de la tradition populaire allemande, revisité par l'Anglais Marlowe, mais surtout immortalisé par Goethe) avec Méphistophélès.

Ce qui ne me tue pas me rend plus fort

Voilà encore une expression réutilisée, variée et transformée jusqu'à en être dénaturée. Elle est immédiatement compréhensible, ce qui explique sans doute son succès. Médicalement parlant, elle est une illustration de ce que peut être un vaccin et, pour les amateurs d'homéopathie, elle peut résumer laphilosophie de la thérapie. On la doit au philosophe allemand Friedrich Nietzsche, injustement décrié parce que des méchants nazis, qui auraient eu bien du mal à le lire et plus encore à le comprendre, ont capturé et détourné son message. Il est d'ailleurs caractéristique que cette expression soit une déformation de la citation réelle de Nietzsche, qui se trouve dans le deuxième livre de *Ecce homo*, intitulé *Pourquoi je suis si sage* (au sens de « la sagesse »), en VO *« Warum ich so weise bin : was ihn nicht umbringt, macht ihn stärker »*, soit : « Ce qui ne *le* tue pas, *le* rend plus fort. »

La personne ainsi définie par Nietzsche a atteint le stade de la *Wohlgeratenheit*, soit l'accomplissement ultime, la plénitude de la formation.

Parler français comme une vache espagnole

Pourquoi les bovidés ibères parlent-ils mal français ? Cette expression désobligeante s'applique à quelqu'un qui parle très mal notre langue. Jusqu'ici, tout va bien. Mais quel est le rapport entre la langue française et le bovidé ? Le français est-il soluble dans la langue de bœuf ? Comme souvent, les étymologistes proposent des théories diverses, variées, complémentaires et contradictoires, souvent aussi exactes que des prévisions météorologiques.

Une première explication voudrait que *vache* ne soit en fait qu'une déformation du mot « basque » (c'est vrai qu'en espagnol de Castille, le *b* et le *v* ne sont séparés que par l'épaisseur d'une *muleta*), donc passer de « vasques » à « basques » n'est pas si aberrant. Ce n'est pas plus flatteur pour les Basques que pour les vaches, mais cette hypothèse a le mérite d'exister.

Une seconde explication réside dans la charge sémantique négative des deux mots *vache* et *espagnol* : on ne compte plus les expressions dépréciatives évoquant les bovins (l'insulte consistant à dire à quelqu'un qu'il est « vache » ou qu'il a commis une

« vacherie » est devenue bien inoffensive, mais tout de même) ; quant aux Espagnols, ce sont des étrangers et donc *a priori*, dans l'esprit franchouillard, ils ne peuvent maîtriser une langue sophistiquée comme la nôtre. Comme n'importe quel autre étranger. Il va sans dire que l'auteur ne partage pas ce jugement à l'emporte-pièce.

D'où vient l'expression qui estime que *le jeu n'en vaut pas la chandelle* ? Tout d'abord, elle signifie qu'une activité (pas forcément ludique), un engagement, n'est pas rentable ou que le bénéfice retiré ne justifie pas l'énergie et le temps consacrés.

Il semblerait que l'expression date d'une époque reculée où le paysage audiovisuel était désert, faute d'électricité ; ceux qui ne lisaient pas s'adonnaient aux jeux de société. Or, ils s'éclairaient à la lueur des bougies ou chandelles et chacun versait une modeste contribution pour cette source de lumière. On comprend donc aisément que certains renonçaient parfois en estimant que les gains attendus au jeu ne compensaient pas ces dépenses.

Pourquoi dit-on de quelqu'un qui échoue dans une tentative, qui rate un essai, qu'il a *fait chou blanc* ? Le chou rouge est-il plus prometteur de succès ? Que nenni. Ce chou-là est en fait une orthographe approximative (dialectale) du mot *coup*. Or, au jeu de quilles, très répandu dans la France d'antan, un « coup blanc » était un coup nul.

Comme toujours, il y a d'autres hypothèses, tout aussi crédibles : le « coup blanc » serait une allusion à la fumée blanche d'un coup de feu (qui aurait manqué sa cible).

10. Sophisme, syllogisme, amphibologie

Tout ce qui est rare est cher
Un cheval bon marché est rare
Donc un cheval bon marché est cher.

On a affaire ici à un **sophisme**. Il s'agit d'un raisonnement logique ou du moins qui se donne l'apparence de la logique, alors que ses conclusions ne sont pas forcément valides. Souvent, le sophisme s'appuie sur une sorte de mécanique comme celle citée plus haut, qui porte le nom de **syllogisme.** En plus, pour le même prix, vous avez droit à un **syllogisme** dit **contradictoire** : articulé autour de deux prémisses (à ne pas confondre avec les prémices, ☛ « Le bon et le mauvais genre », p. 115), il permet de vérifier la véracité d'une affirmation.

En réalité, une analyse approfondie permet de déterminer que l'une ou l'autre prémisse (parfois même les deux) est fausse ; dans d'autres cas, c'est la conclusion qui n'est pas acceptable ; l'exemple en exergue l'illustre parfaitement, puisque la conclusion est parfaitement absurde.

Les philosophes grecs ont été les grands maîtres du sophisme, habiles à en bâtir ,mais pas moins habiles à les démasquer. Vous trouverez ci-après quelques sophismes et syllogismes réputés, d'autres qui le sont moins. À vous de vous forger votre propre idée. Tentez de débusquer la partie du raisonnement qui est fausse. En fait, la plupart du temps, une prémisse est totalement fausse, délibérément ambiguë ou incomplète ; parfois aussi, le sophisme est construit sur une variation de sens du mot clé.

Woody Allen en a proposé aussi :

> *La mort est un état de non-existence*
> *Ce qui n'est pas n'existe pas*
> *Donc la mort n'existe pas.*

Un presque classique, hérité de la tradition grecque :

Tous les chats sont mortels
Or Socrate est mortel
Donc Socrate est un chat.

Encore un syllogisme contradictoire :

Plus il y a d'emmental, plus il y a de trous
Plus il y a de trous, moins il y a d'emmental
Donc plus il y a d'emmental, moins il y a d'emmental.

Ou bien :

Tout homme est un animal
Or nul cheval n'est homme
Donc nul cheval n'est animal !

L'**amphibologie** (comme pour tous les mots en *-logie*, le genre est féminin) a sa place dans cette rubrique car il s'agit d'une phrase formulée de telle sorte que l'on pourrait l'interpréter de deux façons différentes.

Dans les discussions sur la grande Toile du cyberespace (forums de discussion pour l'essentiel), on trouve un bel exemple récent d'amphibologie, il s'agit d'un titre du magazine d'information *Marianne* : « *Royal n'était pas au Zénith pour éviter Hollande.* » On peut comprendre soit que Mme Royal *n'est pas allée* au Zénith justement pour ne pas devoir rencontrer M. Hollande, ou alors *qu'elle y est bien allée*, mais qu'elle ne redoutait absolument pas de devoir retrouver dans cette salle M. Hollande, au contraire.

L'amphibologie fonctionne souvent sur le registre de l'inversion des mots dans la phrase ou sur des constructions verbales ou prépositionnelles ambiguës : c'est le cas par exemple de tournures avec *pour* suivi de l'*infinitif* justement. L'énoncé : « Pour être champion, il ne s'est pas fait que des amis » peut être lu comme : « Sur la route menant vers le statut de champion, il n'a pas hésité à affronter une franche hostilité », mais aussi comme : « Bien qu'il soit champion, il se retrouve isolé, sans amis. »

L'ambiguïté peut être involontaire parce que l'orateur ou le rédacteur n'a pas pensé à toutes les implications d'un raisonnement (statistique notamment, comme dans les exemples ci-dessous) ou au contraire parfaitement voulue, car elle vise à influencer l'opinion d'autrui.

Exemples de manipulation statistique :

• *100 % des personnes atteintes d'une affection cancéreuse ont mangé des fruits au moins une fois dans leur vie ; par conséquent, on peut dire que les fruits sont cancérigènes.*

• *Ma voiture est tombée en panne sèche quand la pluie s'est mise à tomber. Donc la pluie a provoqué l'immobilisation de ma voiture.*

L'actualité juridico-politique bruyante de la fin 2008 a montré que l'amphibologie peut conduire devant un juge. Un débat oppose en effet partisans et détracteurs d'un pistolet à impulsion électrique paralysante dont nous tairons le nom. L'argumentation parfois utilisée contre cette arme dite non létale s'appuie sur des statistiques qui font l'objet de contestations : certains décès sont survenus un quart d'heure après une décharge. À l'inverse, ceux qui sont favorables à ce type d'armes soulignent qu'en France, en 2007, plusieurs cas de décès ont été constatés chez des personnes… ayant absorbé un verre d'eau un quart d'heure avant leur mort ! La corrélation entre l'effet – le décès – et la cause ne semble pas évidente. On a pu lire dans la presse française ce type de raisonnements amphibologiques, et il est vraisemblable qu'il en sera de même lors du procès en diffamation opposant M. Olivier Besancenot au directeur français de la société commercialisant le produit.

En les torturant, on peut faire dire aux chiffres ce que l'on veut ! L'exemple n° 1 (fruits cancérigènes) rappelle fortement une publicité partiellement mensongère d'une société faisant le commerce très lucratif des jeux. Ce que les sophismes ont d'amusant, c'est qu'il est tout aussi aisé de « démontrer » l'exact contraire : personne ne peut contester que 100 % des joueurs perdent.

Tant que les sophismes et autres raisonnements fallacieux restent un jeu d'oisifs, grecs ou non, ils ne sont pas dangereux. Mais quand les commerciaux et autres politocards en font un outil de persuasion (dans une campagne électorale par exemple), on commence à mesurer l'importance de l'analyse.

On peut trouver plaisant un « raisonnement » comme :

> *Chaque année, quand le goudron de la chaussée commence à fondre, les gens meurent de coups de chaleur.*
> *Il semble donc que les émanations de goudron causent des coups de chaleur.*

Ou encore :

> *Des études incontestables prouvent que 83 % des personnes mortes dans des accidents de la route l'an dernier avaient consommé du sorbet fraise le mois précédent. Donc le sorbet fraise cause des accidents de la route.*

Mais quand des bretteurs professionnels de la politique établissent une relation entre la surreprésentation d'immigrés dans la population carcérale française et la criminalité, presque atavique des étrangers (des personnes *visiblement* étrangères, s'entend), l'amphibologie n'est plus drôle du tout.

En revanche, lorsque des humoristes patentés s'emparent du sophisme et de l'amphibologie pour faire rire de bon cœur et non aux dépens d'un groupe social fragile, il n'y a rien à redire, comme l'illustre l'exemple d'Hervé Le Tellier, cité par Wikipédia : « *Un enfant sur trois naît indien ou chinois. C'est bien embêtant : ma femme en veut un troisième, et je ne parle aucune des deux langues.* »

Dans la rubrique des jeux de logique oiseux pour oisifs, on trouve des énoncés qui se contredisent eux-mêmes. Quand on lit : *Cette phrase est fausse*, que doit-en penser ? Si l'affirmation qu'elle est fausse est vraie, alors la phrase est vraie. Or, elle dit d'elle-même qu'elle est fausse. Donc elle est fausse…

Il en va de même pour les énoncés : *Cette phrase comporte sept mots* et son corollaire *Cette phrase ne comporte pas sept mots.* La première a l'air fausse puisqu'il n'y a que cinq mots ; la seconde a l'air fausse puisque si l'on compte, il y a bel et bien sept mots. Or, elle affirme le contraire…

Avant de sombrer dans la folie, tentez de déterminer la véracité des deux phrases complémentaires suivantes portant un jugement critique sur l'opuscule que vous tenez dans les mains :

- *Tout ce qui est écrit dans ce livre est vrai et vérifiable.*
- *La phrase ci-dessus n'est ni vraie ni vérifiable.*

II
QUELQUES LEÇONS

1. Au plaisir des sens… des mots

achalandé, avatar, agonir

Les *avatars* d'Achille ? Évoque-t-on ainsi les différents clones d'un cirque ou les difficultés qu'il connaît ?

Beaucoup d'entre nous utilisent ou reprennent à leur compte des mots entendus dans les médias ou lus dans les colonnes d'un journal auquel on croyait pouvoir faire confiance. Les termes suivants ne sont qu'un échantillon de ces expressions que l'on a tendance à confondre avec d'autres ou dont le sens n'est pas assuré. Vous trouverez évidemment aussi la suite des aventures des *avatars.*

Bien *achalandé,* ce magasin, dites-vous ? Certes, mais il faut savoir de quoi l'on parle. Le *chaland* désigne un client régulier, pour ne pas dire fidèle. Une boutique *bien achalandée* est donc une boutique qui peut se targuer d'avoir de nombreux (et *-breuses,* pour parodier un tic verbal, une spécificité lexicale d'une inoxydable candidate à la présidence de la République…) clients fidèles. On entend (et lit) encore trop souvent cet adjectif *achalandé* au sens de « bien approvisionné, pourvu de marchandises abondantes et variées », ce qui constitue un usage fautif.

On entend de plus en plus souvent parler de l'*anamnèse* de tel ou tel événement. Renseignement pris et après analyse, on se rend compte qu'il s'agissait simplement de relater l'*historique* d'un événement. Mais *historique* est si banal et désespérément populaire que certains en oublient le souvenir et mobilisent l'*anamnèse*. Un médecin qui retrace l'*anamnèse* d'une maladie fait réellement et correctement son travail, le psychologue aussi, quand il tente de faire émerger dans l'histoire du patient les raisons de son mal-être.

Mais quand un politicard se permet d'évoquer l'*anamnèse* des boycottages des jeux Olympiques, il fait œuvre de cuistrerie.

C'est sans doute l'adjectif le plus employé par tous les médias depuis que la réalité de la crise financière s'est imposée même aux champions toutes catégories de l'euphémisme : en septembre-octobre 2008, tout a été *anxiogène*. Évidemment, quelle vulgarité de dire que l'incompétence des banquiers et la perplexité des responsables du marché sont de nature à « faire peur ». *Anxiogène* arrive à point nommé pour diluer et anoblir cette crise et ses conséquences sur le moral des Français. D'ailleurs, même les étrangers qui ignorent le terme *anxiogène* ne savent pas, les inconscients, qu'ils ne peuvent lui échapper.

Une *vraie apocalypse* ! Tout le monde pense immanquablement à un cataclysme, à une catastrophe, quand ce n'est pas carrément à la fin du monde. Pas faux, évidemment. Mais partiellement juste seulement. Le terme vient d'un mot grec qui se rapproche de la *vérité* puisqu'il signifie *révélation*. Dans le Nouveau Testament, saint Jean l'Évangéliste aurait eu, sur l'île de Pátmos, une série de visions et de prédictions, aboutissant notamment au Jugement des nations (plus connu sous l'appellation « Jugement dernier »), mais surtout à la vision du monde nouveau, du millenium, règne de mille ans de Jésus ressuscité. Sans entrer dans des détails théologiques, précisons toutefois que l'Apocalypse n'est PAS une fin, mais est écrite pour annoncer un nouveau début. Par un fatal glissement de sens, on ne retient plus que le sens négatif. Les langues étrangères sont moins radicales – en allemand, par exemple, le terme consacré est : *die Offenbarung*, qui signifie nettement « ouverture, révélation ».

Un *avatar* est à l'origine l'apparence que prend un des multiformes dieux dans la mythologie hindoue lorsqu'il lui prend la fantaisie de descendre sur terre et de se mêler aux hommes. Nos lecteurs auront reconnu Vishnou, qui, pour sauver des humains de la noyade, prend l'apparence d'une tortue et s'appelle alors Kurma. Et, en plus, il compte neuf autres avatars dans son répertoire.

Par un glissement somme toute compréhensible, *avatar* a fini par désigner toute métamorphose ou processus de transformation de l'apparence.

Le **contresens**, dont *avatar* est souvent victime, consiste à l'assimiler à une mésaventure, un ennui petit ou grand, une contrariété. Ce qu'il n'est pas.

En langue moderne, *avatar* est utilisé par les internautes qui se fondent dans l'univers virtuel de mondes fictifs – mais ô combien lucratifs ! – comme Second Life, il désigne alors l'identité et l'apparence que choisit de prendre l'internaute. On ne compte plus par exemple les avatars féminins pour lesquels optent… les garçons. Les psys du XXIe siècle ont là un champ d'exploration intéressant…

À propos de Vishnou, nous ne résistons pas au plaisir de rappeler l'un de ses rôles (celui de dieu pacificateur) en citant une autorité en la matière, Pierre Dac, qui ,dans son immortel sketch avec son partenaire Francis Blanche sur le Sar Rabindranath Duval, précise qu'en Inde il y a, entre autres, *« Brahma la guerre et Vichnou la paix »* (« fiche-nous la paix »).

L'adjectif *conséquent*, lui, a toute la place… qu'il ne revendique souvent pas ! En effet, en énarc'lang', il semble de bon ton de l'utiliser au sens de « considérable, important ». Mais, ces adjectifs étant jugés trop communs, on peut entendre les (futurs anciens) ministres se gargariser des « avancées *conséquentes* dans le domaine de l'écologie ». Il faut dire, à leur décharge (et c'est le cas de le dire, s'agissant d'écologie), que même certains dictionnaires dits « en ligne » – comme mediadico, pour ne pas le nommer – le proposent sans sourciller, mais surtout sans vérifier, « conséquent » comme deuxième sens de l'adjectif « important ». Seule une certaine paresse ou une candeur ingénue (ou les deux associées ?) peut expliquer que l'on se jette aussi aveuglément dans les pièges de la grande Toile, où se tapit la vilaine et velue lexentula, grande amatrice de **barbarismes**. (☛ p. 89).

Rappelons donc que quelqu'un de *conséquent* est quelqu'un qui suit avec *logique* et *cohérence* son projet, qu'une action *conséquente* est une action conforme aux objectifs fixés sans qu'aucun obstacle ne fasse dévier celle ou celui qui l'engage.

Les responsables d'entreprise qui préfèrent payer en mots plutôt qu'en espèces avancent, des larmes de crocodile à l'œil, leur incapacité à lutter contre le *différentiel* des salaires. Ce terme, *différentiel*, fait carrière en tant que succédané de *différence*, recalé sans doute pour excès de simplicité, pensez donc, un mot que tout le monde peut comprendre, c'est d'un vulgaire !

Or, neuf fois sur dix, à la décimale près, les locuteurs se gargarisant de *différentiels* veulent tout banalement exprimer une *différence*, à la rigueur un *décalage*. Rappelons que le *différentiel* est un système mécanique permettant d'assurer une vitesse stable de rotation des roues : en effet, dans un virage, la roue intérieure tourne moins vite que celle située à l'extérieur, qui a – évidemment – plus de chemin à parcourir.

En langue philosophique, on peut légitimement utiliser *différentiel* pour caractériser un phénomène, comme le temps, auquel cas cet adjectif signifie que le temps induit, provoque des variations. En revanche, dire de telle réforme qu'elle « réduira le *différentiel* entre ceux qui veulent travailler plus et les autres » relève de la supercherie et/ou de la frime pure, c'est-à-dire de la pire forme d'ignorance.

Inutile de vous rendre dans une ville méridionale connue pour ses arènes : **éponyme** n'a rien de géographique, même s'il s'emploie tous azimuts. Cet adjectif n'est pas à proprement parler une figure de style, ni de rhétorique. Mais sa fréquence dans les médias est telle qu'il a sa place dans cette rubrique. En principe, *éponyme* signifie « qui donne son nom ».

Dans la pièce de Corneille intitulée *Polyeucte*, le héros est justement un type qui s'appelle comme ça. *Le Seigneur des anneaux* est le célèbre livre de J. R. Tolkien, il est donc éponyme du non moins fameux film de Peter Jackson.

La société détentrice de plus de 30 % des actions du groupe VAG (Volkswagen, Audi, Skoda et j'en passe) est l'entreprise Porsche : son fondateur, Ferdinand Porsche, lui ayant, au sens fort, donné son nom, l'illustre ingénieur est *éponyme* de la société de Zuffenhausen (c'est le nom de la commune dans la banlieue de Stuttgart où sont conçus les bolides convoités).

Vous l'aurez compris, on ne peut, en principe, affecter cet adjectif *éponyme* qu'à la source, pas aux produits dérivés ! Le film *L'Amant de lady Chatterley* n'est pas éponyme ; en revanche, le roman de David Herbert Lawrence est bien *éponyme* du film (en l'occurrence d'un des nombreux films qui en ont été inspirés). Évidemment, cette stricte orthodoxie est battue en brèche par les plumitifs des médias…

Les bilans de weekends ont souvent tirés à coup d'*hécatombes.* Étymologiquement, un accident se terminant par une *hécatombe* se solde par cent morts (*hekaton* : « cent » en grec). Le penchant des médias pour l'hyperbole est responsable de cette macabre approximation inflationniste.

Les Français ont été ravis d'apprendre que la croissance sera *pérenne* en 2008 (juste avant que les mêmes irresponsables ne la requalifient en croissance *négative*, tout compte fait). Face à l'inflation de cet adjectif dans des situations où le plus souvent un bon vieux *durable* ou *permanent*, pour ne pas dire *chronique* suffirait, on se demande comment les journalistes faisaient AVANT. Effectivement, *pérenne* a ce sens, mais il appartient au registre littéraire ; ah, s'il suffisait de saupoudrer ses textes/discours de tels termes pour se donner un vernis culturel !

Non content d'infliger sa présence souvent indue, *pérenne* opère un regroupement familial envahissant sous la forme du verbe *pérenniser* : au lieu de dire, comme les stylistes obsolètes du XXe siècle le faisaient, que tel accord devait être *maintenu*, que telle convention méritait d'être *reconduite*, plus moyen à l'époque actuelle d'échapper à des énoncés où « les accords *se pérenniseront* », voire où « le ministre responsable veillera à *pérenniser* cette réforme ».

Même un bilan comptable permet de remplacer le décidément obsolète *durable* par le plus noble (?) *pérenne* : il s'agit du bilan des retombées très commerciales de la tenue sur le territoire national de la plupart des épreuves de la Coupe du monde de rugby fin 2007, puisque celle-ci aurait « généré des emplois et équipements *pérennes*... qui vont perdurer ». Les deux termes dans le même énoncé avaient une allure de « pack » décidément bien lourdaud (France Inter, le 22 octobre 2007 à 7 h 21).

Dans le même ordre d'idées, il ne se trouve manifestement plus beaucoup de vrais locuteurs français pour utiliser l'adjectif *fréquent* ou simplement *répétitif* : il semble plus porteur, ou plus vendeur en l'occurrence, de donner dans le *récurrent*. Ainsi, à son grand effroi, le président de la Fédération française de l'habillement a-t-il pu entendre, le 8 janvier 2008 (sur France Inter, à 7 heures du matin), une « économiste » suggérer « une pratique *récurrente* des soldes » comme facteur accroissant le pouvoir d'achat.

Quand un politique amer adresse une pluie de reproches vigoureux aux députés de sa majorité, on peut certes dire qu'il les enguirlande. Dire qu'il les *tance* (sous la pluie de réprimandes), c'est user d'un niveau de style plus relevé. Littéraire en diable, ce verbe connaît effectivement un regain de faveur ces dernières années. Il est synonyme de *gronder, réprimander* (pour donner des équivalents simples), et, pour des conventions littéraires justement, on le trouve souvent épaulé par l'adverbe *vertement* : « Son grand-père *le tança vertement* pour sa mauvaise conduite. » D'un journaliste servile qui se joindrait à ses confrères pour lancer ses reproches à l'encontre d'un groupe de presse concurrent, on pourrait ainsi dire qu'il tance avec les loups…

Des mots aux sonorités ambiguës

Certains termes qui fleurent bon leur origine hellène (en clair, on comprend qu'ils viennent du grec) ont des sonorités qui peuvent induire en erreur le locuteur le mieux intentionné. Nous avons nommé, à titre d'exemples, les quelques termes suivants :

• Connaissez-vous les *cénobites* ?

Il faut les laisser tranquilles, évidemment[1] ; en effet, ces religieux vivent reclus dans une austérité et une sobriété choisies. Un *cénobite* qui étudie n'aspire qu'à une chaste quiétude.

• Que dire alors du *nyctalope* et de son ami de la banlieue (d'Athènes), le *nycthémère* ?

Est *nyctalope* quelqu'un qui a des facultés de vision nocturne situées au-dessus de la norme : un animal peut être

1. Jeu de sons classique, « *les cénobites tranquilles* » font toujours les délices des amateurs de ce type d'humour… (= Laissez nos b.tes tranquilles.)

nyctalope sans qu'il soit besoin de lui prêter des mœurs contre nature, c'est le cas du chat, qui a la capacité de bien voir la nuit. En revanche, il y perd, comme ses compagnons de nyctalopie humains, la précision dans la perception des couleurs. En résumé, le chat nyctalope voit mieux dans la nuit qu'un chien, mais, si ça se trouve, il croit percevoir des congénères roux alors que chacun le sait : la nuit, tous les chats sont… (☛ p. 238, où vous trouverez d'autres formules de ce type).

Le *nycthémère* est d'abord un nom, pas un adjectif (et encore moins une insulte dans les zones dites défavorisées des grands sites périurbains…). Il désigne une *période de vingt-quatre heures* dans laquelle sont forcément inclus un jour et une nuit.

• Quand un journaliste évoque les vertus du *syncrétisme*, il ne désigne pas un quintet de personnes intellectuellement démunies ; il évoque bien au contraire une fusion, une vision harmonieuse permettant de combiner des systèmes (politiques, religieux, culturels…) en apparence inconciliables. Le *syncrétisme* religieux met par exemple en lumière les points communs, il rassemble ce qui paraît désuni. Dans la pièce de G. E. Lessing intitulée *Nathan le Sage*, la fameuse *parabole des trois anneaux* illustre, dans le plus pur esprit et la plus noble tradition du siècle des Lumières, la filiation entre les trois principales religions monothéistes tout en préservant leurs différences légitimes. Dans ce sens, il constitue un *syncrétisme.* Message de tolérance, invitation au dialogue, *Nathan le Sage* ne peut que s'attirer les foudres de certains milieux intégristes et, là, on est mathématiquement bien au-delà des cinq et saints crétins…

2. Les barbarismes

*Il a fait un inf**ra**ctus à l'**aré**oport*

Après relecture, ami lecteur, vous aurez bien sûr rétabli les formes correctes : c'est bien d'un *inf**ar**ctus* qu'il a été victime et le lieu du malaise – on l'espère passager – était l'*a**ér**oport.* Ce type d'approximation/confusion est plus fréquent qu'on ne l'imagine, il peut avoir pour origine la fatigue, le stress, l'agitation trépidante, bref, nul n'est à l'abri du **barbarisme**.

On l'a vu, cette faute consiste pour l'essentiel à :

• employer des mots qui n'existent pas ;

• déformer un mot existant ;

• employer des mots qui existent mais dans un sens qu'ils n'ont pas.

Tout le monde en commet. En revanche, quand les barbarismes sont solidement ancrés dans le patrimoine lexical de certains donneurs de leçons, il convient de les dénoncer et de les corriger. Qui ne s'est jamais emmêlé dans la prononciation de termes comme *infarctus* et *aéroport* ? Le rapprochement phonétique avec la *raie au port* relève plus du jeu de mots facile qu'il ne fournit une explication plausible à cette approximation.

Ne seront pas traités ici les confusions ni les barbarismes simplement dus à de fâcheuses homonymies ou homophonies, comme le classique *prémices/prémisses* (☛ « Homophonies », p. 124).

Déjà tout petits, nous avons une tendance instinctive au barbarisme, innocent et mignon : les enfants déguisés en *cro**cro**-dile* (pour *crocodile*), se préparant fébrilement pour le ***pes**tacle* (pour *spectacle*, évidemment) de fin d'année de leur école, sont touchants.

L'archéo-barbarisme (ou quand les politocards sont accros aux fausses ais*ances*)

Il est facile d'ironiser sur les fautes d'autrui, ce qui vaut aussi pour l'auteur de ce génial mais modeste opuscule ; certains, mal intentionnés, répertorient les err*ances* linguistiques de leurs adversaires. Ainsi cancane-t-on abondamment sur la paille « bravitude » (en picto-charentais), sans voir la poutre des *gouvernances* et autres *-ances* : certains responsables prévoient, à propos du dépistage précoce des troubles du comportement chez le jeune enfant, un programme de « *guidance* » parentale.

Mais les jeunes loups des médias et de la politique ne sont pas les seuls amoureux de ces fausses ais*ances* : le 16 février 2007, dès 7 h 30 du matin, sur une chaîne nationale de service public, la responsable d'un groupe de seniors dames, intitulé « Babayaga », fait montre d'innovation en évoquant ses « enfants en mouv*ance* conjugale ».

Il suffit de se reporter au site Internet d'une école dite « grande » pour apprendre qu'il s'agirait d'une école de « *la nouvelle gouvern**ance*** » : ceux qui ont déniché ce terme au fond de la pochette de naphtaline ont incité tous ceux qui n'ont pas pu entrer à l'Ena à le réutiliser jusqu'à plus soif. Fer de l*ance* d'un ancien champion de rhétorique, la *gouvernance* a suscité toute une enge*ance*.

À l'heure actuelle, ce terme – et ses avatars en *-ance* – typiquement « frime », prolifère à longueur de colonnes (on le trouve sous la plume d'un écologiste dans *Le Monde*, et il est carrément inflationniste sur les ondes radio et sur le oueb, blog y compris, ce qui est un comble, puisque nombre de blogueurs se veulent les pasionarias – orthographe nouvelle des anciennes pa**ss**ionarias – d'un parler-vrai, sans copeaux de langue de bois ; tout en reprenant servilement, en bons petits laquais, la terminologie officielle !). Bien sûr, le terme de *gouvernance* existe, il a même ses entrées dans *Le Robert*, ouvrage de référence. Mais il a plutôt été créé pour les protagonistes des souverains damnés dans la série romanesque *Les Rois maudits* : ils peuvent, avec pertinence, eux, évoquer la gouvern*ance*, c'est-à-dire les bailliages de l'Artois et de Flandre. Mais n'est pas Druon qui veut. Les Canadiens français se l'arrogent, les Sénégalais s'en attribuent la paternité... juste quelques siècles après la naissance du terme en Flandre et Artois !

En revanche, il est sûr que ce terme directement emprunté à l'anglais *governance*, qui l'avait jadis adopté et adapté, est très utilisé en franco-canadien : nos dirigeants subiraient-ils la *gouvernance* anglo-saxonne que par ailleurs ils se complaisent à pourfendre au nom de la francité ?

Dans une conférence de presse du 8 janvier 2008, le terme *gouvernance* ne pouvait pas ne pas figurer, mais, même avec la meilleure et plus indulgente volonté, il est difficile de l'interpréter au sens de « gestion et administration » d'une entreprise, pas plus que comme « manière de gouverner un pays », sens tolérés dans l'édition 2008 du *Nouveau Petit Robert*. La *gouvernance* dont il s'agit concerne « le problème des 35 heures » en relation avec « l'hôpital ». Citation officielle : « L'hôpital est en *déshérence*. Je veux en faire l'une des priorités de 2008. Je veux que soit réglé le problème des 35 heures qui l'a si profondément désorganisé. Je souhaite qu'on en change la *gouvernance*, qui n'est plus adaptée aux réalités d'aujourd'hui. »

Il est vrai que les médias ont donné une patine culturelle et sociologique aux fausses aisances, abusant de *déshérence*, se gargarisant de *résilience* et autres *récurrences*. Quand ils veulent parler de misère, de détresse matérielle, pour ne pas dire simplement de pauvreté (mais ce terme semble avoir perdu droit de cité), les plumitifs recourent systématiquement à *déshérence*. Rappelons que l'on parle – normalement – de *déshérence* quand un bien ou un patrimoine n'a pas de propriétaire légal, lorsque celui-ci est décédé sans laisser d'héritier connu. Un emploi que l'on préfère voir réservé aux vrais gens de plume et de talent fait de *déshérence* un synonyme distingué de « délaissé, oublié », mais Théophile Gautier n'est pas à la portée du premier beau (?) parleur venu.

S'agit-il de célébrer la réussite et le talent d'un artiste ou d'un sportif que pourtant ses origines ne prédisposaient pas à une telle gloire ? Aussitôt les journalistes et reporteurs, pour montrer qu'ils ont entendu dire qu'il fallait avoir lu les ouvrages et communications de Boris Cyrulnik, ne parlent plus de courage ou de ténacité, mais veulent à toute force voir dans le succès une preuve de *résilience*. Les vrais psychologues parlent de *résilience* pour décrire la capacité à résister, voire à rebondir, de la part d'un individu ayant subi un traumatisme, par exemple dans son enfance.

Quant à la *récurrence* (répétition de phénomènes, apparition répétée de certains mots dans un texte ou un discours par exemple), elle a quasiment supplanté le terme jugé sans doute trop simple et vulgairement populaire de « répétition ».

L'*aréopage* est souvent prononcé « *a**éro**page* » par assimilation avec *aéroport, aérogare, aérosol*... et il faut bien avouer que les termes en *aéro-* sont bien plus fréquents, d'autant que *ar**éo**page* est bien un terme typiquement « frime » que le bipède moyen (vous et moi) n'utilise quand même pas tous les jours ; un *aréopage* était dans la Grèce antique le nom d'un conseil qui constituait un véritable contre-pouvoir et jouissait à juste titre d'une excellente réputation. À l'heure actuelle, les médias recourent à ce terme pour désigner une assemblée ou un groupe d'experts au-dessus de tout soupçon.

Sous l'effet euphorisant de l'élection présidentielle américaine, certains journalistes ont cru bon de se démarquer du français correct, mais trop simpliste à leurs yeux, en évoquant la fin de la *brisure raciale.* Fracture, clivage ou barrière pouvaient être utilisés à moins de frais. D'autant que *brisure* existe, certes, mais il évoque une fente, une fissure dans un matériau (les races sont-elles des matériaux dans l'esprit de certains ?) ou alors un fragment (les brisures de riz par exemple).

L'adjectif *conséquent* signifie « cohérent, logique » ; l'usage fautif qui voudrait qu'il décrive quelque chose d'important ou de considérable est à proscrire ou à réserver à des pseudo-élites qui se paient de mots au lieu de travailler.

Faisant leur miel dans le même alvéole lexical (car on dit bien ***un*** *alvéole*, ☛ p. 115), des innovateurs en barbarismes butinent des « réflexions sur les questions *mémorielles* » (février 2008). Renseignements pris, certains démagogues évoquent sous cette appellation le *devoir de mémoire.* Rend-on mieux hommage aux résistants (français, mais aussi étrangers) avec cet adjectif barbare ? L'avenir en jugera.

Autres approximations fréquentes :

• Au lieu de *au préalable*, il n'est pas rare d'entendre les langues fourcher et dire « au prélavable ». Ce qui est plus propre, mais quand même plus faux.

• *Sa réaction est celle d'un homme un peu frustre.* Employé comme adjectif, ce terme est un barbarisme, il résulte de la contraction abusive entre *fruste* (qui n'a pas de bonnes manières, qui est un peu primitif, qui manque d'éducation) et *rustre* (grossier, insolent, brutal). Cette confusion est sans doute – aussi – due au fait que la forme *frustre* existe bel et bien, mais il s'agit alors de la forme conjuguée du verbe *frustrer* (*Son ingratitude me frustre*). Cette erreur consistant à rajouter un petit quelque chose (ici un petit *r* de rien, mais il peut aussi s'agir d'une syllabe entière, ☛ « Les jeux de sons », p. 273) s'appelle une **épenthèse**.

La faute suivante n'a rien de l'épenthèse, ce serait même plutôt le contraire :

• Il faut veiller à l'emploi de l'expression *jeter l'opprobre sur quelque chose* au sens de « couvrir de honte » ; une confusion courante consiste à transformer l'expression en *jeter l'opprobe.*

• Le 22 janvier 2008, une sous-ministre affirme sur France Inter, où elle présentait un plan qui va régler définitivement, c'est promis juré, le problème des banlieues, ne pas vouloir « *jeter l'eau propre sur la police* » : vérification faite, elle ne parlait pas de canons à eau retournés par des manifestants (à l'enthousiasme revendicatif douché), mais il était bien question de ne pas jeter l'*opprobre* sur les agents de police. Pour faire bonne mesure, et être bien sûr, la même assène cette même *eau propre* qu'il ne s'agit pas de jeter, cette fois, sur la population des quartiers sensibles.

• « *[...] Le thème du pouvoir d'achat devient de plus en plus prégnant.* » Cette citation du *Canard enchaîné* (n° 4550, janvier 2008) fait sortir de l'ombre un adjectif qui aurait dû sans conteste y rester ! Du moins, dans l'acception voulue par le plumitif qui en est l'auteur.

Rappel : *prégnant* est un adjectif littéraire (en quoi le pouvoir d'achat est-il une référence littéraire ? L'auteur attend avec une impatience amusée les explications contournées) qui signifie qu'une notion « s'impose à l'esprit ». En revanche, *pregnant* sans accent renvoie bien ce terme au monde d'où il est issu : en anglais, *pregnant* signifie en tout premier lieu « enceinte » ; on le trouve aussi au sens figuré, mais peut être qualifiée de *pregnant* une situation riche en potentialités diverses. Sauf à considérer que l'anglais est devenu la langue de cour, il faut réserver l'adjectif *prégnant* aux professionnels de la culture et des lettres et l'interdire aux politocards. Les Allemands ont eux aussi emprunté une variante de cet adjectif, mais *prägnant* est réservé à la stylistique et qualifie la pertinence d'un terme ; *ein prägnanter Ausdruck* est « une expression pertinente ».

Les néologismes abusifs

Que penser de ces termes qui consistent à supplanter des termes existants, mais trop vulgairement démocratiques, comme les verbes *résoudre*, *décider*, *mettre au point*, des tournures comme *être capable de*, *être en mesure de*, ou des participes comme *ému* ? Dans cet ordre de – mauvaises – idées, mais surtout de barbarismes authentiques, le lecteur trouvera ci-après quelques-uns de ces tics de langage qui sont censés faire impression ou donner l'impression d'une innovation.

Qu'un français impur abreuve nos *-tions...*

Qui n'a pas déjà été sollicité pour tenter de *solutionner* un problème ? Or, ce verbe n'existe pas (pas encore du moins, sauf dans le français cromagnonesque de certaines « élites »). Certains emplois de *solutionner* tendraient à le différencier de *résoudre*, dans la mesure où *solutionner* signifierait plutôt « inventer une solution *nouvelle* ». Nous en appelons à la vigilance de nos lecteurs pour qu'ils vérifient que neuf fois sur dix, *solutionner* est le mot « frime » pour dire, banalement, *résoudre*. *Solutionner* une équation du deuxième degré est une formulation non seulement ridicule mais parfaitement fausse. À 100 % !

Dans la même famille creusant le sillon des inventions couvertes de suspicion, on trouve aussi *promotionner* qui, pour certains as de la mercatique, se justifierait parce qu'il n'est pas synonyme de « promouvoir » : *promotionner* un produit serait donc plus qu'en assurer la promotion commerciale. En toute logique, ces actionnistes devraient alors parler de « promotionnement » et pourquoi pas de « promotionnitude », puisqu'il s'agit de se démarquer à toute force des termes corrects existants.

Des sommets ont été atteints par des plumitifs d'une fine *Équipe* narrant une piteuse action dans certaine finale de Coupe du monde de football où un mauvais joueur transalpin aurait *réceptionné* un coup de tête administré par un ancien n° 10 hexagonal… Pour que l'information – si tant est que c'en soit une – soit reçue cinq sur cinq par le public et les lecteurs, un bon *reçu* vaut mieux qu'un réceptionné cuistre.

Gare au tic des tiques

Depuis l'apparition de la bureautique, d'autres mots modernes en *-tique* (et pas modernes antiques, ce qui constituerait un **oxymore**) ont proliféré sauvagement : la *domotique* décrit tout l'arsenal des dispositifs électroniques destinés à agrémenter et optimiser la vie dans la maison (*domus*, en latin), la *mercatique* est la variante francisée du marketing. Les photographes opposent le numérique à *l'argentique*, les banquiers se gargarisent de *monétique*. Dans le domaine des assurances qui n'en manquent manifestement pas, on peut trouver la fière création qu'est la *préventique* : ce terme décrirait, si l'on en croit ses utilisateurs, la faculté de prévoir et de prévenir les dangers.

Devoir de mémoire

Soucieux de perpétuer la commémoration des sacrifices accomplis par celles et ceux qui ont eu le courage de dire non, les historiens et juristes ont cru bon de créer une loi dite « *mémorielle* ».

Les photographes amateurs qui se servent des appareils dits numériques auront peut-être acquis sans le savoir des cartes *mémoristiques*. Cette création est toutefois moins sujette à caution, puisqu'elle constitue une transcription lumineuse et, à ce titre, un jeu de sons pertinent : certains fabricants nippons commercialisent les cartes à puce mémorisant les milliards de photos prises quotidiennement sur la planète sur des *memory sticks* (littéralement : « cartes à introduire »). L'adjectif *mémoristique* est une récupération intelligente de termes et suffixes latins.

Comment parvenir à *décisionner* une action sans se couvrir de ridicule ? Ne serait-il pas plus sain de tenter simplement de *prendre* courageusement *une décision* ? Les *décideurs* préfèrent, au XXIe siècle, opter pour le titre de *décisionneurs*, qui n'est pas à leur honneur.

La mise au point des détails avant que ne soit ficelé un projet semble si complexe que les locuteurs concernés optent pour un raccourci dramatique : ils *finalisent*. Et barbarisent du même coup.

Même les responsables de mouvements syndicaux donnent dans ce jargon élitiste et tombent dans le piège de l'anglomanie en se targuant d'*être en capacité de* trouver une sortie de crise : *être capable de* est sans doute trop vulgaire et pas assez contourné ; pourtant, *pouvoir* trouver une issue, *savoir* négocier la reprise du travail ne serait peut-être déjà pas si mal, en termes de capacité...

Sous le coup des images parfois crues que nous proposent médias et fictions, l'émotion a beau être violente, inutile de reporter cette violence sur la pauvre langue française commotionnée à coup de vécu *émotionné* !

Lors d'une conférence tenue dans la capitale anglaise, dont l'objectif affiché était de moraliser ou de tenter de donner un semblant d'éthique aux pratiques spéculatives de certaines banques en particulier, mais d'une société en général, les intervenants hexagonaux entendaient y formuler des règles « *prudentielles* » (30 janvier 2008). Après réflexion, il apparaît qu'ils voulaient mettre en garde, en appeler à une certaine prudence ; mais *prudentiel* doit, dans ces milieux, être auréolé d'une connotation aussi rigoureusement scientifique que celle de ces diplômés d'écoles de commerce à qui nous devons la pitoyable gabegie.

Les lecteurs friands d'autres barbarismes de la même farine, authentiques, dorés sur tranche, consulteront avec intérêt le chapitre « La frime des citations », p. 247, qui constitue une amorce de florilège de ce qu'il faut éviter et qui, fort logiquement, prolifère.

3. Chausse-trappes, faux frères et vrais pièges

Il pressa ***la*** *gâchette* ou *il pressa* ***sur la*** *gâchette ?*

Si vous avez hésité, vous avez bien fait : la langue française fourmille de ce genre de questions épineuses. Pour démasquer les plus traîtres parmi ces faux frères, faites ce petit test vous permettant de vérifier l'état de votre vigilance.

C'est bien joli tout ça, me direz-vous, mais quelle est la réponse à la question du titre de ce chapitre ? Aucune des deux options n'est correcte ! En effet, un tireur *presse la détente* et non la gâchette ! Désolé, ami lecteur, mais une question de mauvaise foi ne pouvait faire défaut dans un chapitre intitulé « Faux frères »… Dans le test suivant, c'est aussi le cas parfois, méfiance.

Que faut-il dire ou écrire ?

1. ❑ Le secrétaire d'État postule à un emploi dans le privé.
   ❑ Le secrétaire d'État postule un emploi dans le privé.

2. ❑ Ne décolérant pas, l'entraîneur vitupéra contre les médias.
   ❑ Ne décolérant pas, l'entraîneur vitupéra les médias.

3. ❑ Elle ne se rappelle plus le numéro du parking.
❑ Elle ne se rappelle plus du numéro du parking.

4. ❑ Lors du procès, le procureur lance à l'accusé : « Vous vous contredites ! »
❑ Lors du procès, le procureur lance à l'accusé : « Vous vous contredisez ! »

5. ❑ Dans *Les Misérables*, Gavroche ne se départait jamais de sa contagieuse gaieté.
❑ Dans *Les Misérables*, Gavroche ne se départissait jamais de sa contagieuse gaieté.

6. ❑ Le candidat du jeu télévisé ne parvenait pas à se remémorer le titre du livre.
❑ Le candidat du jeu télévisé ne parvenait pas à se remémorer du titre du livre.

7. ❑ Après la remarque de son frère sur son embonpoint, il lui battit froid.
❑ Après la remarque de son frère sur son embonpoint, il le battit froid.

8. ❑ Les hôtesses de l'air s'estiment pressurées par leur employeur.
❑ Les hôtesses de l'air s'estiment pressurisées par leur employeur.

9. Après la publication de son 72e ouvrage, doit-on dire de l'auteure Ramollie Nypon :
❑ elle est prolixe ?
❑ elle est prolifique ?

10. Telle jolie femme est-elle dotée de beaux
❑ appâts.
❑ appas.

11. ❑ Il a agi par acquit de conscience.
❑ Cet étudiant a acquis des connaissances profondes.

12. ❑ À la suite de leurs différends, ils en sont venus aux mains.
❑ À la suite de leurs différents, ils en sont venus aux mains.

13. ❑ Après que les déclarations d'impôts soient remplies, on est soulagé.
❑ Après que les déclarations de revenus sont remplies, on est soulagé.

14. Le logo de cette marque de bière alsacienne est
❑ un petit pécheur.
❑ un petit pêcheur.

15. ❑ Cet exercice d'orthographe est très fatiguant.
❑ Cet exercice d'orthographe est très fatigant.

16. Un classique : une promenade printanière est une bien agréable
❑ balade.
❑ ballade.

17. ❑ Durant le spectacle dans l'arène, il a souffert, le martyr.
❑ Durant le spectacle dans l'arène, il a souffert le martyre.

18. À la venue de messieurs bien habillés, casqués et dotés de boucliers, les manifestants se sont
❑ égayés dans les ruelles adjacentes.
❑ égaillés dans les ruelles adjacentes.

19. ❑ Le nouveau dispositif permet de pallier une éventuelle défaillance humaine.
❑ Le nouveau dispositif permet de pallier à une éventuelle défaillance humaine.

20. ❑ Le tueur en série a tenté de convaincre le jury à coup d'arguments très spécieux.
❑ Le tueur en série a tenté de convaincre le jury à coup d'arguments très spéciaux.

SOLUTIONS ET COMMENTAIRES EXPLICATIFS :

1. ❑ Le secrétaire d'État postule à un emploi dans le privé.
☑ Le secrétaire d'État postule un emploi dans le privé.
Même un journal pourtant avisé comme *Le Canard enchaîné*, se parant, c'est le cas de le dire, des fines plumes du journalisme, se prend les palmes dans certains verbes perfides comme *postuler* : dans le n° 4533 du 12 septembre 2007 de cet hebdomadaire satirique en tout point respectable (et respecté), on peut ainsi lire dans un articulet intitulé « La Bataille du Net » qu'un certain François de La Brosse « *postule lui aussi au poste* ». Cet abus de langage est si fréquent qu'on hésite à rectifier : quelqu'un *postule un* poste, on *postule un* emploi. Pourtant, *postuler* est bien transitif[1].

2. ❑ Ne décolérant pas, l'entraîneur vitupéra contre les médias.
☑ Ne décolérant pas, l'entraîneur vitupéra les médias.
Bon d'accord, vous et moi n'utilisons le verbe vitupérer que les 31 février, il n'empêche : d'une part, il existe et, d'autre part, certains journalistes en sont entichés. Il permet d'éviter des verbes naïfs comme « il l'a grondé », des verbes franchement jolis mais cuistres comme « il l'a tancé », voire « il l'a gourmandé », il est plus élégant que

1. Cet adjectif n'a rien à voir avec des cheveux congelés, soit des « transis tifs » ; pour plus d'exemples de ce genre de jeux, consultez la rubrique « On ne dit plus/pas mais on dit », p. 266.

« il l'a enguirlandé » et moins familier que « il l'a engueulé », même si c'est bien ce que *vitupérer* veut dire. Et justement, il se construit exactement comme *gronder* : « Il *vitupère son* joueur. » C'est par un abus de langage que certains écrivent : « Il vitupère contre lui. » Mais cet emploi est fautif. Et mérite qu'on *vitupère son auteur*.

3. ☑ Elle ne se rappelle plus le numéro du parking.
   ❑ Elle ne se rappelle plus du numéro du parking.
   Un grand classique, à tel point que c'est celui qui l'emploie correctement qui se fait reprendre et morigéner ; pourtant, les faits sont têtus : si on *se souvient de* quelque chose, en revanche, on ne peut que *se rappeler quelque chose*. Il faudra se le rappeler dorénavant !

4. ❑ Lors du procès, le procureur lance à l'accusé : « Vous vous contredites ! »
   ☑ Lors du procès, le procureur lance à l'accusé : « Vous vous contredisez ! »
   Même si c'est un dérivé de *dire* (qui forme bien « vous dites » à la deuxième personne du pluriel, au présent de l'indicatif), le verbe *contredire* contredit nos réflexes inculqués à coup de *Grevisse* et autres *Bled*... Il faut donc bien dire au pluriel : *Vous vous contredisez* !

5. ☑ Dans *Les Misérables*, Gavroche ne se départait jamais de sa contagieuse gaieté.
   ❑ Dans *Les Misérables*, Gavroche ne se départissait jamais de sa contagieuse gaieté.
   L'eussiez-vous cru ? Le verbe *se départir* avec sa construction prépositionnelle *de* signifie quelque chose comme « se séparer de, abandonner, renoncer à, quitter ». Une personne qui est toujours pleine d'entrain ne se *départ* jamais *de* sa bonne humeur. Il se conjugue comme le verbe *partir*, donc à l'imparfait, par exemple, il faut dire : elle ne se *départait* pas *de* son attitude décontractée.

6. ☑ Le candidat du jeu télévisé ne parvenait pas à se remémorer le titre du livre.
   ❑ Le candidat du jeu télévisé ne parvenait pas à se remémorer du titre du livre.
   Là encore, on *se remémore un* souvenir.

7. ☑ Après la remarque de son frère sur son embonpoint, il lui battit froid.
   ❑ Après la remarque de son frère sur son embonpoint, il le battit froid.
   Au lieu de dire *traiter quelqu'un avec froideur* ou franchement « lui faire la gue.le », l'expression *battre froid à quelqu'un* a quand même plus de gueu.. justement, de tenue en somme. À condition de ne pas utiliser *battre* comme « frapper, cogner » : *Elle leur a battu* froid (et non pas : *elle les a battus* jusqu'à ce qu'ils soient refroidis).

8. ☑ Les hôtesses de l'air s'estiment pressurées par leur employeur.
   ❑ Les hôtesses de l'air s'estiment pressurisées par leur employeur.
   En effet, *pressurer* quelqu'un, c'est l'exploiter, le soumettre à des contraintes, essentiellement financières, difficilement acceptables. Alors que *pressuriser* signifie « maintenir à une pression atmosphérique normale » (par exemple un avion volant à haute altitude !) et, là, les hôtesses auraient tort de se plaindre et de prendre leurs grands airs...

9. Après la publication de son 72e ouvrage, que doit-on dire de l'auteure Ramollie Nypon ?
   Tout dépend de l'appréciation !
   Si on la dit *prolixe*, on entend qu'elle *dilue* ses récits, qu'elle est *verbeuse*.
   La dire *prolifique* suppose qu'elle produit beaucoup...

10. Telle jolie femme est dotée de beaux
   ☑ appâts.
   ☑ appas.
   Désarmés que sont les hommes, ferrés par les beaux hameçons des âmes sœurs, ils se laissent appâ**t**er, *appas* est simplement un terme plus ancien.
   Pour plus de détails sur cette paire homophonique ainsi que les deux questions suivantes (acquit/acquis et différend/différent), ☛ p. 125.

11. ☑ Il a agi par acquit de conscience.
   ☑ Cet étudiant a acquis des connaissances profondes.
   Les deux termes sont acquis.

12. ☑ À la suite de leurs différends, ils en sont venus aux mains.
   ❑ À la suite de leurs différents, ils en sont venus aux mains.

13. ❑ Après que les déclarations d'impôts soient remplies, on est soulagé.
   ☑ Après que les déclarations de revenus sont remplies, on est soulagé.
   Le premier énoncé ci-dessus est en effet doublement incorrect : d'une part, on ne déclare pas *ses impôts*, mais *ses revenus* au fisc ; les impôts restent du ressort de cette administration qui les établit ; d'autre part, après la conjonction *après que* seul l'*indicatif* est correct :
   Après que les déclarations *sont* remplies / *après qu'*il *a* lu le livre, il a décidé de ne pas aller voir le film. (Et non le très courant et très fautif : « Après qu'elles ~~soient~~ remplies / qu'il ~~ait~~ lu... »)

14. Le logo de cette marque de bière alsacienne est
   ❑ un petit pêcheur.

☑ un petit pêcheur.
Il p**ê**che, ce n'est pas un péché !

15. ❑ Cet exercice d'orthographe est très fatiguant.
☑ Cet exercice d'orthographe est très fatigant.

16. Un classique : une promenade printanière est une bien agréable
☑ balade.
❑ ballade.
Une *ba**l**ade* et *se ba**l**ader* correspondent à une promenade ; pour autant la *ba**ll**ade* existe bien, elle s'envole sur ses deux *l* poétiques, puisqu'il s'agit d'une chanson ou d'un poème. Les ba***ll***ades avaient pour fonction d'accompagner les danses ; le *bailar* que l'on retrouve en espagnol existait déjà chez nous, il suffit de penser aux *bals* populaires.

17. ☑ Durant le spectacle dans l'arène, il a souffert, le martyr.
☑ Durant le spectacle dans l'arène, il a souffert le martyre.
Si les deux formules sont correctes, elles ne veulent absolument pas dire la même chose : le *martyr* qui souffre est bien une personne sacrifiée, martyrisée. Les souffrances et sévices qu'elle endure se terminent avec un *e*, c'est le *martyr**e***.
Quant à la figure de rhétorique surajoutant à une phrase (« il a souffert ») un élément que l'on peut ainsi mettre en relief (« le martyr »), s'appelle une **hyperbate**.

18. À la venue de messieurs bien habillés, casqués et dotés de boucliers, les manifestants se sont
❑ égayés dans les ruelles adjacentes.
☑ égaillés dans les ruelles adjacentes.
Il est plus vraisemblable, en effet, qu'ils se soient quit-

tés en allant dans toutes les directions envisageables ; bref, c'est le verbe *s'ég**aill**er* qui signifie « se disperser, s'éparpiller ».
*S'ég**ay**er*, c'est chercher à devenir gai (sans *y* dans ce cas), envisager de se divertir.

19. ☑ Le nouveau dispositif permet de pallier une éventuelle défaillance humaine.
❑ Le nouveau dispositif permet de pallier à une éventuelle défaillance humaine.
Le verbe *remédier* demande bien la préposition *à*, son partenaire et presque synonyme « pallier » en revanche est transitif pur, c'est-à-dire qu'il se branche directement sur le complément d'objet direct : on *pallie une* difficulté. De plus, *pallier* indique nettement qu'on ne vise qu'une solution provisoire ; certes, il n'y a que le provisoire qui dure, mais quand on cherche à *remédier à* un trouble, on vise la suppression du mal ou la résolution définitive du problème. Un *palliatif* n'est qu'un pis-aller, une solution « poudre aux yeux ».

20. ☑ Le tueur en série a tenté de convaincre le jury à coup d'arguments très spécieux.
❑ Le tueur en série a tenté de convaincre le jury à coup d'arguments spéciaux.
Les deux adjectifs existent bien : la formule des arguments *spéci**a**ux* signifierait ici qu'ils sont particuliers, peu communs, comme la personnalité du mis en examen. En revanche, l'adjectif *spéci**e**ux* indique que les arguments sont trop jolis pour être vrais, qu'ils ont l'apparence du vrai, mais qu'ils sont utilisés dans l'espoir de duper son monde.

4. Conjuguez !

Après son aveu, Linda a été absoute *? Est-elle* absolue *? Si elle n'est* absoude, *boudera-t-elle ? Peut-on considérer Linda* absouse *à tort ?*

1. QUELLE EST LA FORME CORRECTE ?

a) Après qu'il ***a*** gagné le match, il donna une conférence de presse.

b) Un détenu en cavale a été remis en détention après qu'il ***ait*** croisé par hasard sa surveillante de prison (information sur Yahoo du 12 novembre 2008).

c) « Je t'aime bien, mais je ne t'aime plus / Ça m'est tombé dessus hier soir / Juste après qu'il **ait** plu » (ce sont les trois premières phrases d'une chanson de Christophe Miossec, intitulée *Juste après qu'il ait plu* qui figure sur le disque *Baiser*, datant de 1997).

RÉPONSE :

Vous avez trouvé bien sûr : seul l'énoncé a) *Après qu'il* ***a*** *gagné*... est correct. Il n'y a pas de subjonctif après *après que* ! Cette faute très fréquente, au point que certains linguistes la qualifient de faute « ambiante », contredit la mauvaise réputation qu'aurait le subjonctif, puisque, en l'occurrence, il est tout de même plus simple d'écrire *a* (*croisé* et *plu,* dans les exemples respectifs b) et c) ci-dessus) !

Or, la tendance commune est de s'astreindre à former un *ait*, tendance d'autant plus contre-productive que l'expérience des enseignants de français prouve que l'irrégularité du subjonctif présent de l'auxiliaire *avoir* (à la 3e personne du singulier, il se termine en ~*t*, anomalie dans la lignée des subjonctifs : que j'aie, que tu aies, se formant logiquement sur ~*e*) piège bon nombre de francophones...

2. CONJUGUEZ :

• Le fabricant japonais de jeux électroniques a déposé une *pelletée* de brevets : voilà un énoncé imagé qui appelle à la réflexion. Mais justement ce verbe *pelleter*, comment se conjugue-t-il au juste ?
(Attention à l'orthographe correcte : *je pellette, je pellete,* ou *je pellète* ?)

Présent indicatif
Je ....
Nous ....
Ils ....

Imparfait indicatif
Tu ....
Vous ....
Ils ....

Passé simple
Tu ....
Ils ....

Passé composé indicatif
Tu ....
Ils ....

Subjonctif présent
Il faut que nous.................... .
Il se peut qu'ils ....

Impératif présent
.... !

• Le prétexte fallacieux selon lequel on n'a pas besoin ailleurs que dans le BTP de savoir conjuguer ce verbe n'est pas recevable : vous avez acquis cet ouvrage pour jouer, ce n'est donc pas un acte gratuit. D'ailleurs, prouvez votre *savoir* en matière de conjugaison :

Passé simple
(savoir) Tu .... beaucoup.

Passé composé
(savoir) C'est une chose qu'elle ... .

• Conscient des difficultés et des pièges, l'auteur est tenté de vous *absoudre*. Mais vous-même, *absoudriez*-vous votre prochain ? Ou l'*absolvriez*-vous ?

Présent indicatif
Je vous ....

Passé composé (voix passive)
Elle a été ....
Elles ont été ....
Ils n'ont pas été ....

Subjonctif présent
Il vaudrait mieux qu'il l' ....

• Et le verbe *résoudre* de la même famille, n'est-il pas un peu faux frère ?

Participe passé (voix passive)
Les difficultés ayant été ...., nous pouvons continuer.

• Et qu'en est-il de *dissoudre* ?

Passé composé
Il a .... ?

Participe passé (voix passive)
Le Sénat devait être
....

Passé composé (voix passive)
L'Assemblée, elle, n'a pas été ....

Solutions :

L'eussiez-vous su ?

- Pelleter

<u>Présent indicatif</u>
Je pellette
Tu pellettes
Ils pellettent

<u>Imparfait indicatif</u>
Tu pelletais
Vous pelletiez
Ils pelletaient

<u>Passé simple</u>
Tu pelletas
Ils pelletèrent

<u>Passé composé indicatif</u>
Tu as pelleté
Ils ont pelleté

<u>Subjonctif présent</u>
Il faut que nous pelletions
Il se peut qu'ils pellettent

<u>Impératif présent</u>
Pellette !

- Savoir

<u>Passé simple</u>
(*savoir*) Tu *sus* beaucoup

<u>Passé composé</u>
(*savoir*) C'est une chose qu'elle a *sue*

- Absoudre

<u>Conditionnel</u>
Vous l'*absoudriez*,
sans condition !

<u>Présent indicatif</u>
Je vous *absous*

<u>Passé composé (voix passive)</u>
Elle a été *absoute*
Elles ont été *absoutes*
Ils n'ont pas été *absous*

Subjonctif présent
Il vaudrait mieux qu'il l'*absolve.*

• Résoudre

Participe passé (voix passive)
Les difficultés ayant été *résolues*, nous pouvons continuer.

• Dissoudre

Passé composé
Même pauvre, il a *dissous* ?

Participe passé (voix passive)
Le Sénat devait être *dissous*.

Passé composé (voix passive)
L'Assemblée, elle, n'a pas été *dissoute*.

3. PEUT-ON ÉCRIRE ?

*Malgré qu'il préten***de** *le contraire, les dinosaures n'existent plus.*

Soyons pragmatiques : l'usage veut que cet énoncé soit rectifié en « *Bien qu'il prétende...* ».
Soyons scrupuleux : rectifier ne veut pas dire corriger. En effet, malgré les dénégations farouches des tenants autoproclamés de l'orthodoxie, il semble bien qu'il n'y ait aucune contre-indication autre que l'usage et l'euphonie (*Malgré qu'il prétende* sonne effectivement mal) ; bref, le premier énoncé ne peut être considéré comme scandaleusement erroné.

Certes, faire suivre *malgré que* du subjonctif (*malgré qu'il fasse froid*) relève d'un emploi populaire. Donc faux, selon certains puristes qui estiment que le peuple ne pourrait que mal parler.

Or, justement, même certains auteurs réputés n'ont pas dédaigné le subjonctif : Alphonse Daudet, Maurice Barrès, Jean Cocteau, Anatole France, Guy de Maupassant, Marcel Proust, bref, pas que des ignares ! Bien sûr, n'est pas Maupassant qui veut. Il n'en reste pas moins que des professionnels de la plume et même des auteurs d'ouvrages de référence (le *Nouveau Dictionnaire des difficultés du français moderne*) ne condamnent pas avec autant de rigueur cette construction, *malgré qu'*elle soit désagréable à l'oreille.

Bilan :

Mieux vaut continuer de préférer « *bien que* » ou « *quoique* » (en un mot, svp) :

*Bien qu'*il prétend*e* les avoir vus…

*Quoiqu'*il prétend*e* les avoir vus…

Mise au point :

Dans le délicieux et cuistre archaïsme « *Malgré qu'*il en *ait*, il se présentera au bureau demain matin », *malgré que* n'a RIEN à voir avec le *malgré que* dont nous parlons ici ; il s'agit de la contraction de *quelque mauvais gré* devenu ensuite *quelque mal gré*, puis *quelque malgré* pour finir par le raccourci *malgré*.

Vous ne l'utilisez pas tous les jours, et c'est tant mieux.

4. La bonne formule

• Au début d'une attestation ou déclaration sur l'honneur, que l'on *signe* à la fin, doit-on conjuguer « je *soussigné* » ou « je *soussigne* » ?

Si c'est un homme qui écrit, il doit noter : « Je *soussign**é**,* Monsieur... »

• Et si c'est une dame qui atteste et signe, doit-elle rédiger : « Je *soussignée,* Madame Martin ? »

C'est clairement : « Je *soussign**ée*** Madame Martin... » ! Ce n'est qu'après qu'on soussign**e**.

• « *Que je sache*, personne n'a jamais vu le yéti. À part Tintin... »
Faut-il, ou peut-on, mettre au subjonctif *savoir* ? *Je ne sache pas* ou *Je ne sais pas.*

Tout dépend de ce qu'on veut exprimer :
Je ne sais pas s'il faut mettre le subjonctif partout est un aveu d'ignorance à l'honneur de son auteur.
Je ne savais pas qu'il fallait mettre le subjonctif ici limite l'étendue de l'ignorance.
Dans « *Je ne sache pas* qu'il faille mettre du subjonctif partout », le subjonctif permet d'atténuer l'affirmation, qui a donc moins de force que le dramatique aveu *Je ne sais pas*.
Cela dit, *Je ne sache pas* n'est pas l'exact équivalent de *Je ne sais pas*, mais bien plutôt de *D'après ce que je sais*, *dans l'état actuel de mes connaissances*, voire sobrement *Selon moi*.

• *Je ne crois pas que* la réponse de l'institution judiciaire *soit a*ppropriée ou *est* appropriée ?

Normalement et réglementairement, le subjonctif est de mise : *je ne crois pas que* ce *soit* une erreur !

• Infinitif ou participe passé ? Que faut-il écrire ?

a) Le club clodoaldien s'est vu *rétrograder* en deuxième division.

b) Le club clodoaldien s'est vu *rétrogradé* en deuxième division.

Les deux, mon capitaine !

a) L'*infinitif* exprime que la chute est en cours, que c'est une menace à prendre au sérieux, mais il laisse subsister un espoir pour ce club situé, vous l'avez deviné, dans l'aimable et riante cité des Hauts-de-Seine qu'est Saint-Cloud (dont les habitants s'appellent les Clodoaldiennes et les Clodoaldiens).

b) La combinaison des *participes passés*, *vu rétrogradé*, en revanche équivaut à un bilan de fin de saison, c'est une condamnation sans appel à la relégation.

Cette ambivalence explique que l'on puisse trouver indifféremment les deux variantes, à charge pour le lecteur / auditeur d'interpréter l'énoncé : *Lors de la conférence de presse, le président s'est vu rappeler / rappelé à l'ordre.*

Ce qui ne veut pas dire que la structure sur le modèle *se voir* ou *se sentir + verbe* a toujours et nécessairement deux versions, selon la température et la vitesse du vent !

Un constat indubitable comme « *Depuis quelques années, les ménages français ont vu diminu**er** leur pouvoir d'achat* » ne peut s'écrire qu'avec l'**infinitif**.

Toute l'ambiguïté provient de l'homophonie entre infinitif et participe passé pour les verbes du premier groupe en *-er* : *diminuer* se prononce comme *diminué.*

Pour vérifier lequel convient, il suffit de substituer à *diminuer* un autre verbe, pour lequel la forme d'infinitif et de participe passé est nettement distincte, par exemple *décroître* ou plus radicalement *réduire* (comme synonymes approximatifs) : on ne peut pas dire « ils ont vu leur pouvoir disparu » ou « ils ont vu leur pouvoir décru », mais bien « ils ont vu *disparaître* » ou « *décroître* » !

5. Le bon et le mauvais genre

La parallèle ou le parallèle ?

Il n'est pas toujours facile pour un étranger amateur de notre langue de s'y retrouver dans le système des genres, même si le français n'en compte que deux alors que nombre de langues étrangères en ont souvent trois à leur disposition. Mais qu'en est-il des locuteurs natifs que nous sommes : sommes-nous toujours les maîtres du sexe des mots ?

En tout cas, pas tous les experts en communication, comme tendent à l'indiquer certains exemples authentiques et récents.

Normalement, et pour tout francophone à peu près formé, le mot *espèce*, par exemple, est féminin. Manifestement pas pour une bonne partie du personnel politique, tous bords et sexes confondus. Sur France Info, le 5 juin 2007, un candidat à sa réélection à l'Assemblée nationale manifeste une volonté réformiste impressionnante en révolutionnant le genre du mot : *« Nous procédons à* ***un*** *espèce de rotation. »* Même les experts en art pictural ne peuvent voir le genre féminin d'espèce en peinture : *« Modigliani est devenu* ***un*** *espèce de monstre sacré. »* (France Inter, le 10 octobre 2008, 13 h 36)

À VOUS DE (VOUS) JUGER !

1. Cochez à la volée, sans (trop) réfléchir, pour tester vos réflexes :

un	une	nom
		emblème
		acné
		échappatoire
		hémisphère
		exergue
		sphère
		éphéméride
		girofle
		orbe
		écritoire
		caténaire
		équinoxe
		pétale
		acre
		cerne
		épithète
		immondice
		tulle
		octave

2. Réalisez ce test en temps limité, sans l'aide d'un dictionnaire ou du Net !

- Les *agrumes* sont ch**er**s ou chèr**es** à notre santé ?
- Doit-on admirer ce**t** ou cet**te** *alvéole* géologique ?

• L'*ambre* est-elle gri**se** ou gri**s** ?

• L'*amiante*, danger**euse** ou noc**if** ?

• Sans *conteste* aucun**e** ou aucu**n** ?

• Quand on veut condamner, jette-t-on **un** ou **une** *anathème* ?

• Pour les aborigènes du continent surnommé « *Down Under* » par les indigènes blancs, la France est-elle **une** ou **un** *antipode* ?

• Les ours pyrénéens qui veulent survivre à la rage chasseresse se réfugient dans **une** ou **une** *antre* ?

• Alors, ces *enzymes* : glouto**ns** ou glouto**nnes** ?

• Le soleil atteint son nouv**el** ou sa nouv**elle** *apogée* ?

• Vaut-il mieux perdre **un** ou **une** *appendice* ?

• Est-ce **un** ou **une** *apanage* ?

• Vaut-il mieux parler sans grand**es** *ambages* ou sans *ambages* aucu**ns** ?

• Comment s'appelle ce**t** ou cet**te** *aromate*, **le** ou **la** *coriandre* ?

• Réussir à percer **une** des nombreu**ses** ou **un** des nombreu**x** *arcanes* des mathématiques, tou**t** **un** ou tout**e** **une** *abîme* de réflexions !

• **Au** prochai**n** *armistice* célébré ou **À la** prochain**e** *armistice* célébrée le 11 Novembre, peu de « poilus » seront hélas au rendez- (et garde-à-) vous.

• Des *décombres* fuman**tes** ou fuman**ts** ?

• Capiteu**x** ou capiteu**se**, l'*effluve* ?

• Soulever **une** lourd**e** ou **un** lour**d** *haltère* ?

• Où est-il allé chercher cet**te** ou ce**t** *icône* ?

• Est-il utile de maîtriser **une** ou **un** *idiome* ?

• Faire ses courses au marché pour avoir des *vivres* fra**is** ou fra**îches** ?

RÉPONSES :

1.

un	**une**	**nom**	**exemple**
X		emblème	*un* emblème sport*if*
	X	acné	*une* acné gênant*e*
	X	échappatoire	*une* fumeu*se* échappatoire
X		hémisphère	*un* hémisphère pollu*é*
X		exergue	*un* exergue pertinen*t*
	X	sphère	*une* sphère parfait*e*
	X	éphéméride	*une* éphéméride bien entamé*e*
X		girofle	c'est *le* girofle qui devient clou !
X		orbe	Mars décrit *un* orbe bien conn*u* maintenant
	X	écritoire	*une* joli*e* écritoire ancien*ne*
	X	caténaire	les haut*es* caténaires arraché*es*
X		équinoxe	rendez-vous *au* prochai*n* équinoxe
X		pétale	les nombr*eux* pétales de la corolle
	X	acre	sur une surface d'*une* acre
X		cerne	Après ce test, vos cernes sont ne*ts*
	X	épithète	« Têtue » est souvent *une* épithète de mule
	X	immondice	les immondices malodoran*tes*
X		tulle	Elle portait *un* tulle de soie sur soi
	X	octave	Octave et *sa* grand*e* octave

2.

- Les *agrumes* sont ch**er**s à notre santé !

- On peut admirer les deux : le Français vivant préfèrera cet**te** *alvéole*, le bûcheron (et tâcheron) de la langue de bois cuistrera avec **un** *alvéole*.

- L'*ambre* est gri**s**.

- L'*amiante* est tueu**r**, ou à tout le moins danger**eux**.

- Sans *conteste* aucun**e**, mais il faut être bien pédant pour s'obstiner à faire apparaître le féminin dans cette tournure adverbiale.

- On jette **un** comme **une** *anathème* quand on veut jeter **un** *opprobre*, c'est-à-dire formuler une malédiction.

- Les Australiens considèrent notre Hexagone comme **un** *antipode* de leur pays.

- Les ours pyrénéens qui veulent survivre à la rage chasseresse se réfugient dans **un** *antre*.

- Les *enzymes* sont décidément voraces car à la fois glouto**ns** et glouton**nes** !

- Le soleil atteint **son** nouvel *apogée* et se rapproche quand il est à **son** (et non ~~sa~~) *périgée*.

- Perdre **un** *appendice* est **un** *apanage* très partagé, mais de plus en plus on peut aussi trouver ce terme dans **une** *appendice*.

- À tout prendre, mieux vaut parler sans *ambages*, simplement : si on tient à toute force à l'assaisonner d'un adjectif, c'est grand**es** *ambages* qu'il faudra choisir.

- **La** *coriandre* est **un** *aromate* très utile notamment pour aromatiser **un** *tajine*.

- Réussir à percer u**n** des nombre**ux** *arcanes* des mathématiques, tout **un** *abîme* de réflexions !

- Au prochai**n** *armistice* célébré le 11 novembre, peu de « poilus » seront hélas au rendez- (et garde à) vous.

- Des *décombres* fuman**ts**.

- Capiteux ou pas, **un** *effluve* reste un parfum masculin.

- Soulever **un** lourd *haltère* est plus facile, tout compte fait, que de trouver son genre !

- S'il a trouvé cet**te** *ic**ô**ne* russe dans une boutique spécialisée, l'icône est féminine, s'il a trouvé sur Internet un gisement de « smileys » et autres figures graphiques, il se sert d'u**n** *ic**o**ne*, masculin et dépourvu d'accent circonflexe !

- Maîtriser **un** *idiome* peut s'avérer utile.

- Aller au marché, incontestablement pour la qualité des *vivres* fra **uis** !

Si vous êtes joueur, ou si vous tenez simplement à entretenir votre mémoire, puisez dans les listes ci-dessous, non limitatives, non exhaustives.

Sont masculins :

abîme / agrume(s) / ambre / amiante / antipode / antre / apanage / apogée / apologue / appendice / arcane(s) / armistice / aromate / astérisque / cerne / décombre(s) / effluve / emblème / en-tête / équinoxe / escompte / exergue / faste / girofle / granule / haltère / hémisphère / idiome / insigne / météore / obélisque / orbe / ovule / périgée / pétale / planisphère / pore / tajine / tulle / viscère / vivre(s).

Sont féminins :

acné / acre / affre(s) / algèbre / alluvion / ambage(s) / anagramme / argile / arrhes / campanule / caténaire / conteste / coriandre / échappatoire / écritoire / éphéméride / épigramme / épithète / équivoque / hypallage / icône / immondice / météorite /nacre / octave / opale / prémices / prémisse / stalactite / stalagmite / topaze.

D'autres mots sont dits « épicènes » :

Ce sont ceux dont le genre ne correspond pas au sexe : par exemple *la souris*, même s'il s'agit d'un mâle ; *un enfant* peut être un garçon ou une fille ; l'exemple le plus éclatant est le personnel *je* puisqu'il peut désigner un homme ou une femme.

Sont « hermaphrodites » :

Ne seront pas traités ici les mots ayant deux genres et deux sens différents (*le vase* et *la vase* par exemple).

• Quel paradoxe ! Dire que justement le mot « *amour* » change de sexe en fonction de son nombre : on peut vivre *un amour* passionnel, mais de fugiti*ves amours.*

• *Un alvéole* peut abriter un sous-marin dans une base telle que La Rochelle, mais on peut aussi correctement admirer *une alvéole* géologique dans des concrétions rocheuses.

• *Un anathème* est aussi réprobateur qu'*une anathème.*

• *Un appendice* s'impose de plus en plus au détriment d'*une appendice.*

• *Une enzyme* peut être aussi gloutonne qu'*un enzyme* est important.

• *Un espace* appartient à 98 % au genre masculin, mais les typographes usent aussi bien d'*une espace* à bon escient.

• De puissant*es harmoniques* (il s'agit des cordes harmoniques) peuvent concourir à la réussite d'*un harmonique.*

Les genres fluctuants des emprunts et mots étrangers

Évidemment, un linguiste fera remarquer que pratiquement tous les mots d'une langue sont, par définition, étrangers. Soit.

Mais ce constat globalisateur ne permet pas de déterminer si l'on va *au sauna* ou *à la sauna.* Par exemple (toujours dans l'hypothèse où l'on tient à y aller, après tout *le hammam* ne nous plonge pas, lui, dans les vapeurs de cette perplexité !), après avoir dégusté *le* ou *la tajine* cité(e) plus haut.

• Seraient plutôt considérés comme (et que l'usage statistique verserait plutôt du côté) des masculins :
sauna / tajine / lied.

• Serait plutôt considérée comme (et que l'usage statistique verserait plutôt du côté) féminin :

La deutsche Oper (car le terme allemand pour désigner l'opéra – bâtiment ou œuvre – est bel et bien féminin : *die Oper*). Mais certains musicologues pratiquent l'annexion en assimilant « *Oper* » à l'*opéra* français, qui lui est masculin.

Bizarreries et / ou machisme

Les *autoradios* sont-ils des mâles ? Il semblerait qu'un usage fautif répété parvienne à imposer cette bizarrerie : ceux-là mêmes qui parlent d'*une radio* parlent pourtant d'*un autoradio.* Alors que l'autre composé thématique (autour de l'automobile), à savoir *autoroute*, ne tolère lui que le seul féminin : *une autoroute*. Même si certains présentateurs de radio nationale ne dédaignent pas de parler d'« un » autoroute !

Le sexe des mots fournit du reste des arguties à certaines féministes qui se sentent une vocation de chiennes de garde veillant à fustiger l'asservissement des femmes par les machistes *via* le genre des mots ! Elles n'hésitent pas à développer de fumeuses théories sur le genre masculin qui serait dévolu aux objets de grande taille *(un bus)* alors que le féminin serait la portion congrue réservée aux petits objets *(une voiture, une automobile)*. Notons au passage que l'*autoradio* évoqué(e) plus haut contredit de façon flagrante cette affirmation : une *radio* est en règle générale bien plus grande qu'*un(e) autoradio*... En allemand, *der Wagen* et *der Bus* désignent les mêmes véhicules et sont tous deux masculins ; si l'on comprend bien la vision limitée des pourfendeuses de genres, c'est la langue française qui serait machiste. À suivre...

Les variations d'origine grammaticale

« *C'est quelque chose qui n'est pas belle !* », a-t-on pu entendre en avril 2008 : scandalisé à juste titre par l'acte odieux et lâche consistant à profaner des tombes, un citoyen a exprimé son indignation en laissant échapper cette faute typique.

Il semble effectivement que les composés de *chose* posent un problème de genre à nombre de compatriotes. Bien sûr, personne ne conteste que l'on dise bien *une chose*. Mais il faut un peu de réflexion et de doigté pour bien maîtriser toutes ces sortes de choses.

Dans l'ordre alphabétique, on trouve *autre chose*. Au singulier, il impose le masculin à l'adjectif qui le suit : *Racontez-moi autre chose de plus beau*. Au pluriel, en revanche, l'adjectif tient compte du genre féminin de *chose* : *L'héroïne de ce roman a vécu mille autres choses palpitantes*.

Relié à l'adjectif *grand*, *chose* peut aussi fluctuer : *Il n'y a pas grand-chose de neuf sous le soleil. / Cette réforme n'a pas apporté grand-chose de vivifiant.* On remarquera la présence fréquente d'une négation dans cet emploi ainsi que le trait d'union.

Si l'on désunit *grand* de *chose*, cette dernière récupère toute sa féminité : *Cet éloge de la liberté de la presse est une grande chose.*

Passons enfin à *quelque chose* de plus subtil encore : quand *chose* désigne une chose, il devient masculin : « *Apportez-moi quelque chose d'assez solide, je le transformerai en levier pour soulever le monde* », eût pu dire certain philosophe grec (Archimède, -287 v. -212 av. J.-C.).

Dans l'acception concessive, d'opposition, de « *quelle que soit la chose* », cette dernière retrouve ses formes féminines : *Quelque chose que vous ayez faite, je vous soutiendrai.*

6. Homophonie, homonymie, homéotéleute, paronymie

Les maux des mots…

Homophonie

Ce sont des mots dont la prononciation est identique : les *maux* et les *mots* ; le lait *désaltère* et le laid *des haltères,* la *pousse* de bambou et le *pouce* du bambin…

• *Laissez-vous hâler* est une injonction devenue familière de marchands de crème solaire, voire franchement autobronzante, qui suggèrent aux consommateurs pourtant dûment avertis : *Laissez-vous aller.*

• Seuls des anthropophages faisant *bonne chère* trouveraient *bonne* la *chair* de l'archéologue qui regrette d'avoir quitté sa *bonne chaire* (la *chère* = la nourriture ; la *chair* = la viande ; la *chaire* = le poste d'enseignant à l'université).

• S'il était *sensé*, le pilier du Quinze serait *censé* suivre l'avis médical et renoncer à sa sélection (il est *sensé* = il est raisonnable, doté de bon sens ; il est *censé* = il est supposé, il ferait mieux de suivre la recommandation).

• Si les *plinthes* posées par l'artisan se détachent, il faut porter *plainte.*

• Les *prémices* de l'évolution humaine sont un peu vieillottes, mais elles décrivent le début, le commencement, tandis que les *prémisses* d'un raisonnement, qui sont elles aussi féminines, désignent le premier terme d'une proposition : la première *prémisse* d'un des **syllogismes** (voir ce mot) les plus connus est : « *Tous les hommes sont mortels.* » La seconde affirme péremptoirement : « *Socrate est un homme.* » À partir de ces deux prémisses, une conclusion semble s'imposer : « *Socrate est mortel.* » Tout ça pour ça !

• Faut-il écrire *acquit* ou *acquis* ? Réponse : tout dépend ! L'un ou l'autre sont corrects, selon ce que l'on veut dire !

Par ***acquit*** de conscience = d'une certaine manière, pour être quitte avec sa conscience, pour ne pas avoir de reproches à se faire. Un ***acquis*** est au contraire quelque chose que l'on s'approprie (par achat s'il s'agit d'un objet ou à force d'entraînement ou de pratique s'il s'agit d'une compétence par exemple).

• Un ***différend*** est un nom synonyme de conflit, de divergence d'opinion, de désaccord ; ***différent*** ne peut être qu'un adjectif : des points de vue *différents*, *différentes* façons de voir.

• Les *appâts* ou les *appas* ? Les deux, mon général, pour reprendre une expression tirée du comique dit troupier. Les premiers *appâts* ont plusieurs atouts : ce terme a un singulier (on peut sans contorsion aucune parler d'*un appât*) et il appartient à la langue usuelle, moderne.

Un *appât* est bien connu des pêcheurs et chasseurs par exemple, puisqu'il désigne ce qui permet d'attirer un animal ; au sens figuré, *appât* décrit quelque chose qui attire : l'*appât* du gain est bien connu, de même que certains jeunes se laissent *appâter* par la perspective illusoire de faire carrière dans la chansonnette sans lendemain.

Les *appas* n'existent qu'au pluriel et appartiennent soit à une langue ancienne, soit au registre délibérément humoristique : les *appas* féminins sont les charmes qui attirent, qui provoquent le désir. Hélas, les appas passent…

Homophonies approximatives (leur nom savant est **paronymie**)

Ces approximations sont fréquentes dans la langue dite populaire ou celle qui est supposée telle ; l'inimitable Frédéric Dard investit un des personnages les plus truculents de la pléthorique collection des « San-Antonio », à savoir Bérurier, de la mission de ponctuer pratiquement chacune de ses interventions d'une de ces approximations. Cela lui permet parfois d'instiller une dose d'humour qu'on pourrait qualifier de « facile » – sans méchanceté envers le génial orfèvre du français qu'était Dard père –, mais à y regarder de près, d'éminents chercheurs et linguistes se sont aperçus que souvent était cachée dans ces approximations une pensée plus subtile, visant par exemple à dénoncer la cuistrerie du langage des contemporains.

Une année *bisexuelle* pour une année *bissextile* est classique et ne messied pas à Alexandre-Benoît Bérurier, qui ne dédaigne pas d'être expressément vulgaire et sexuellement explicite…

Le même dit systématiquement *au prélavable* pour *au préalable*, parce que « c'est plus propre », reprenant il est vrai une faute commune, au même titre que l'*aréopage* cité plus haut.

Autres exemples plus ou moins connus :

• Un fumeur *invertébré* pour un fumeur *invétéré*.

- Le *« che » qu'expire* a peut-être lu du *Shakespeare.*
- *L'os qui pue* pour *l'occiput.*
- *Le dôme des seins valides* au lieu du *dôme des Invalides.*

Dans la même rubrique, on peut citer un sport cérébral salutaire, l'usage de la **parodie** :

Il faut toujours veiller à ne pas se faire écrabouiller par *les pieds de la dame au clebs,* pour éviter de faire rire quelqu'un à *gorge d'employé,* comme aurait pu dire *l'abbé Rézina…*

Décryptage, dans l'ordre : *L'épée de Damoclès* (symbole d'une menace imminente).

Rire à gorge déployée (rire peut dérider).

C'est vraiment *la bérézina* (déroute, défaite, en référence à la triste mais célèbre retraite de l'armée napoléonienne, au moment de la traversée de ce fleuve russe).

Paronomases

La **paronomase** s'obtient en rassemblant dans une même phrase/formule/proverbe un ou plusieurs termes se ressemblant sans forcément s'assembler. Elle fait partie de la panoplie des humoristes et des publicitaires ; de fait, on en retrouve de nombreuses dans des titres (films ou livres parodiques) et des proverbes déformés.

À partir du proverbe *Qui vole un œuf vole un bœuf* (un bébé de six mois qui mordille le doigt de sa maman sera sans nul doute un futur Hannibal Lecter, d'ailleurs il a déjà la tête d'Anthony Hopkins, vous ne trouvez pas ?), des humoristes inspirés ont inventé :

« Qui vole un œuf… ferait mieux de voler un bœuf. » (Francis Blanche)

« Qui vole un bœuf… est vachement musclé. » (Yvan Le Louarn, dit Chaval)

Ok, là, il n'y a pas homophonie, mais l'approximation est bien présente, d'autant plus forte que c'est l'auditeur ou le lecteur qui complète spontanément avec un mot en *-œuf*...

Le proverbe *Il faut qu'une porte soit ouverte ou fermée*, intime à la personne qui l'entend de ne pas s'attarder dans l'atermoiement et l'hésitation. Chez Jean Yanne, ce procédé suggestif, avec en plus un jeu de sons (sur *ouverte* et *ou (bien) verte*) donne :

« Il faut qu'une porte soit ouverte... ou d'une autre couleur. »

L'antique slogan d'une marque d'apéritif, *Du beau, du bon, Dubonnet*, surfe sur la même vague.

Certains titres de films qui ont connu un franc succès se prêtent bien aux parodies ou sont eux-mêmes des parodies de proverbes : *Le Fabuleux Destin d'Amélie Poulain*, par exemple, a inspiré de nombreux commentateurs, qui se sont contentés de remplacer le nom de l'héroïne ; *La Guerre des étoiles* a servi à évoquer des luttes intestines dans le monde du spectacle ; *Le Bon, la Brute et le Truand* est usé tant il a été galvaudé ; des titres comme *On ne vit que deux fois* (1967, dans la série des films autour de l'agent secret britannique James Bond) contredisent des vérités supposées populaires ; *Tuer n'est pas jouer* (1987) se réfère à une règle du jeu de dames (!) abolie au début du siècle dernier, *souffler n'est pas jouer*, et est clairement destiné au public francophone (le titre original étant *The Living Daylights*).

Homonymie parfaite

Ce sont ces mots qui ont la **même graphie** (= on les écrit tout pareil), la **même prononciation**, mais un sens différent : sur un navire, *le mousse* peut être amené à ôter *la mousse* du pont ; il faut du temps et du muscle pour lire *un livre* d'*une livre* quelle idée vaseuse de mettre de *la vase* dans *le vase*.

Homéotéleute

*Captiv**ante**, envoût**ante**, séduis**ante** actrice !*

Cet effet de style se base sur la **répétition d'un même son** (ici, *-ante*) à la fin des membres d'une phrase (ici, les adjectifs) ou à la fin d'un énoncé. Un autre exemple connu de tous les Français est la devise issue de la Révolution : *Liber**té**, égali**té**,培 fraterni**té***. Le nom de ce procédé est assez rigolo en soi, **homéotéleute**, et quand vous saurez qu'en plus, il est féminin et qu'il faut donc parler d'*une homéotéleute*, vous pourrez vous pavaner dans les salons.

(Ce terme est issu de *homéo*, « semblable » et *téleute*, « fin ».)

En joutes économiques comme en conflits militaires, il faut *se rendre* ou *se vendre*, disent certains.

Friand d'énumérations bien plus fécondes qu'il n'y paraît, François Rabelais était un grand pourvoyeur d'**homéotéleutes**. Plus près de nous Frédéric Dard, l'inspiré et créatif « père » littéraire du commissaire San-Antonio et de tous ses acolytes et amis, usa du même procédé avec brio et humour. Dans le *Tiers Livre*, Rabelais fait décrire à Panurge en ces termes une vieille femme qui se pare des talents d'oracle : *« La vieille était mal en point, mal vêtue, mal nourrie, édentée, chassi**euse**, courbassée, roupi**euse**, langour**euse**... »*

Dans *Allez donc faire ça plus loin* (justement, ami lecteur, éloignez les enfants), Frédéric Dard commence de but en blanc son roman par ce morceau de bravoure, comportant, entre autres, des **homéotéleutes** comme s'il en pleuvait, en tout cas beaucoup au centimètre carré :

« Condor-miro dit Croupion-d'aigle, dit Œil-de-vrai-faucon, dit Busard-Busard, dit Caméléon-Courbu, dit Crâne-d'œuf, dit Calamitas-zob, dit Rat-pété, dit Cul-de-crapaud, dit Cul-rare, dit Mou-du-paf, dit Nœud-coulant, dit Bite-mâchée, dit Plume-occulte, dit Taureau-castré, dit Calumet-de-l'happé,

dit Tomahawk-ébréché, dit Vautour-de-con, dit Con-coyote, dit Lézard-bidon, dit Paf-scalpté, dit Chibre-flasque, dit Castor-sans-queue, dit N'en-a-qu'une, dit Porpion-hirsute, dit Fils-de-pute, dit Frère-de-pute, dit Père-de-pute… »

7. Les pièges de l'orthographe

Loin de nous l'idée de nous ériger en expert infaillible ! Nous sommes bien conscients que seuls quelques (singes) savants sont incollables sur les subtilités de l'orthographe, comme d'aucuns sont incollables sur les filiations royales ou sur les capitales des pays passés, présents et à venir.

Pour autant l'orthographe reste un fleuron de la langue française ; elle n'est pas qu'un détail ou un décorum pour oisifs. Ceux qui la malmènent et la négligent renforcent le mouvement de confusionnisme généralisé consistant à écrire n'importe quoi n'importe comment. L'exemple suivant illustre parfaitement l'aboutissement de ce laisser-aller ; il est extrait d'un site en ligne de marchands de « discours tout prêts » pour ceux qui ont besoin d'un texte à la seconde, d'une allocution au pied levé. Manifestement d'inspiration anglo-saxonne (mais la presse et les discoureurs franchouillards ne sont pas en reste), l'argument de vente de ces tristes épiciers de la rhétorique est formulé comme suit :

Confidentialité	Des dirigeants renommés… et d'autres personnages publics **ont** confidentiellement command**és** et utilis**és** nos discours. Nous vous G**U**ARANTISSONS le secret absolu de toutes vos données et commandes.

Nous avons fait apparaître en gras les fautes grassouillettes, le reste du site est à l'avenant.

Plus modestement, nous vous proposons un simple petit jeu de l'esprit pour triturer vos méninges. En l'abordant dans un esprit ludique et décomplexé, vous vous apercevrez avec plaisir combien la langue française est riche, créative et capable d'évolutions cohérentes qui tiennent compte des locuteurs, praticiens et amoureux de notre langue.

✎ COMMENT ÉCRIRIEZ-VOUS… ?

1. Il faut aborder les pièges de l'orthographe
   ❑ sans aucun à priori.
   ❑ sans aucun a priori.

2. ❑ Le compte rendu a été fait en cinq minutes.
   ❑ Le compte-rendu a été fait en cinq minutes.

3. S'étant trompé de date, le professeur s'est excusé par ces mots :
   ❑ « Au temps pour moi ! »
   ❑ « Autant pour moi ! »

4. ❑ À force de se lancer dans des digressions, l'orateur a fini par troubler ses auditeurs.
   ❑ À force de se lancer dans des disgressions, l'orateur a fini par troubler ses auditeurs.

5. ❑ Il a été pris dans un grave dilemne.
   ❑ Il a été pris dans un grave dilemme.

6. ❏ Il s'est montré très provocant.
   ❏ C'est en le provoquant qu'elle a pris des risques.

7. ❏ Dans son for intérieur, il se dit qu'il avait eu raison contre tous.
   ❏ Dans son fort intérieur, il se dit qu'il avait eu raison contre tous.

8. ❏ En s'entraînant si peu, il n'est pas près de décrocher une médaille à Pékin.
   ❏ En s'entraînant si peu, il n'est pas prêt de décrocher une médaille à Pékin.

9. ❏ La plupart des gens ne sait pas comment accorder les verbes.
   ❏ La plupart des gens ne savent pas comment accorder les verbes.

10. ❏ La fête de retrouvailles battait son plein.
    ❏ Les fêtes de retrouvailles battaient leur plein.

11. ❏ Malgré le choc, la clé USB avait l'air intact.
    ❏ Malgré le choc, la clé USB avait l'air intacte.

12. ❏ Mon réveille-matin est tombé.
    ❏ Mon réveil-matin est tombé.

13. ❏ Une crise aiguë.
    ❏ Une crise aigüe.

SOLUTIONS ET COMMENTAIRES :

1. Il faut aborder les pièges de l'orthographe
   ❏ sans aucun à priori.
   ☑ sans aucun *a priori*.

   En principe, la solution 2 est considérée comme la seule correcte : l'argument veut qu'il s'agisse de l'orthographe latine. Comme si le français correct respectait toujours l'origine latine... Affirmation péremptoire qui doit inciter à une saine méfiance ! En fait, le choix de *a priori* sans accent est loin de faire l'unanimité. Dans la plupart des dictionnaires et ouvrages de référence (*Grevisse, Dictionnaire de l'Académie*), on trouve allègrement les deux orthographes. Logiquement, *a posteriori* subit la même fluctuation. Inutile d'être plus cuistre que le roi (des cuistres) ! Conseil *a/à fortiori* donc : il faut aborder les questions orthographiques sans *a/à priori* !

2. ☑ Le compte rendu a été fait en cinq minutes.
   ❑ Le compte-rendu a été fait en cinq minutes.

   Aucun doute à avoir : il n'y a **pas** de trait d'union. Tous les *comptes rendus* de spécialistes de l'orthographe en témoignent.

3. S'étant trompé de date, le professeur s'est excusé par ces mots :
   ☑ « Au temps pour moi ! »
   ❑ « Autant pour moi ! »
   Vous avez opté pour le quantificateur ? Vous êtes en bonne compagnie : les milliards de francophones de la planète – approximativement – sont dans le même cas et ont autant tort que vous. En fait, ayant reconnu son erreur, on propose de remettre les pendules à l'heure, on *réinitialise* la procédure et on reprend *au temps* précédent. D'où la solution 1.

4. ☑ À force de se lancer dans des digressions, l'orateur a fini par troubler ses auditeurs.
   ❑ À force de se lancer dans des disgressions, l'orateur a fini par troubler ses auditeurs.

   Une *digression* consiste pour un orateur (ou rédacteur) à tellement s'écarter du sujet traité que l'auditeur/le lecteur est perdu. La « disgression » n'existe pas, c'est un **barbarisme**.

5. ❑ Il a été pris dans un grave dilemne.
   ☑ Il a été pris dans un grave dilemme.

   Le *dilemme* n'est pas apparenté, orthographiquement parlant, à l'automne. Il faut donc bien l'écrire avec ses deux *m*.

6. ☑ Il s'est montré très provocant.
   ☑ C'est en le provoquant qu'elle a pris des risques.

   Les deux existent : dans l'énoncé 1 il s'agit de l'adjectif, dans l'énoncé 2, il s'agit de la forme participiale du verbe *provoquer*, qui conserve donc la forme *qu*.

7. ☑ Dans son for intérieur, il se dit qu'il avait eu raison contre tous.
   ❑ Dans son fort intérieur, il se dit qu'il avait eu raison contre tous.

   Même si chacun d'entre nous, à divers moments de sa vie ou tout simplement de sa journée, peut aimer s'y retrancher, ce *for* intérieur tient plus du *forum*, de la place publique intérieure dont nous sommes l'acteur, le passant et le spectateur ; c'est du terme latin *forum* (sans *t*) qu'il émane. Aucune inexpugnable forteresse, aucun fortin là-dedans.

8. ☑ En s'entraînant si peu, il n'est pas près de décrocher une médaille à Pékin.
   ❑ En s'entraînant si peu, il n'est pas prêt de décrocher une médaille à Pékin.

   Il ne faut en effet pas confondre *être proche de*, ce que signifie « près de », et « être prêt à » qui est l'équivalent de « être disposé à ». Dans l'exemple ci-dessus, la perspective de médaille est éloignée parce que, manifestement, le sportif n'est pas dans les dispositions d'esprit nécessaires.

9. ❑ La plupart des gens ne sait pas comment accorder les verbes.
   ☑ La plupart des gens ne savent pas comment accorder les verbes.

Il s'agit de ce qu'on appelle une **syllepse de genre** ; la question est simple : si une *foule* de gens, une *quantité* de personnes, un *groupe* d'individus, un *ensemble* de participants fait quelque chose, le verbe qui décrit cette action doit-il être au pluriel ou non ?
La réponse est non et tombe sous le sens : *La foule s'en allèrent* ne donne pas seulement l'impression d'être la production d'un analphabète comme ses pieds. Un excès de logique mécaniste peut être contre-productif ! Sinon, il faudra se mettre à écrire : *Toute la famille s'amusèrent* !

10. ☑ La fête de retrouvailles battait son plein.
    ❑ Les fêtes de retrouvailles battaient leur plein.

Il ne s'agit nullement d'une syllepse ici ! En effet, la question n'est pas tant de savoir s'il faut accorder avec le singulier et le pluriel le possessif (*son* / *leur*), mais elle est bien plutôt la suivante : quand on écrit *battre son plein*, *son* est-il le possessif (*le sien* à elle) ou s'agit-il du nom *le son* (comme une *son*nerie, un phénomène acoustique). La réponse est univoque : seul *battre son plein* est correct, au singulier comme au pluriel !

11. ❑ Malgré le choc, la clé USB avait l'air intact.
    ☑ Malgré le choc, la clé USB avait l'air intacte.

Là, c'est une **syllepse**, une vraie de vraie, mais une syllepse de genre : faut-il considérer que c'est l'*air* qui est intact ou la *clé* ? Ce n'est pas son apparence qui intéresse, c'est bien *la clé* qui est *intacte*. Un énoncé comme : « Le petit François avait l'allure coquine » est bizarre (c'est l'énoncé parallèle « Il avait une allure coquine » qui serait correct, mais bizarre quand même, sauf effet comique recherché).

Le problème soulevé par la **syllepse de genre** concerne en fait surtout les termes **épicènes** (☛ p. 121), qui ne désignent pas forcément un porteur du même sexe que le nom : même *une sentinelle* mâle ne sera pas décrite comme *un sentinelle* ! Il en va de même d'une souris : quand l'ardeur amoureuse rend *une souris sotte*, elle ne sera jamais *un souris sot*, même si elle est extrêmement virile...

12. ☑ Mon réveille-matin est tombé.
❑ Mon réveil-matin est tombé.

La faute est récurrente. Il existe une seule occurrence attestée de l'orthographe *réveil-matin* et elle n'est pas tellement plus crédible que le *réveil-matin* des marchands d'interrupteurs de sommeil.

13. ☑ Une crise aiguë.
❑ Une crise aigüe.

Jusqu'en 1990, seul le premier énoncé aurait été correct. Mais les recommandations de la réforme orthographique de 1990 admettent que la présence du tréma a de quoi troubler. Il reste correct, évidemment, mais est désormais concurrencé par *une crise aigüe*. Bref, pour l'heure nous sommes dans une situation *ambigüe* qui peut légitimement rester... *ambiguë*.

8. Traits d'union et accents

Nu-tête mais *pieds nus*

Les traits d'union

Comme son nom l'indique, ce petit trait établit un lien, une union entre deux mots de même nature ou d'espèce différente ; il ne doit pas être confondu avec le *tiret*, servant essentiellement à relier les syllabes d'un mot « coupé » en fin de ligne.

JEU

Un avant-goût ? Installez les traits d'union nécessaires dans le casse-tête suivant :

Dans l'arrière cour de l'auto école, en dehors de grand mère et de moi même qui avais grand faim depuis une heure et demie et dévorais à belles dents un casse croûte, les yeux mi clos, je lui dis, mi figue, mi raisin, c'est à dire à la fois mécontent et réjoui : viendra t il faire son compte rendu en sous main ou nous donnera t-il une fin de non recevoir ?

SOLUTION :

Dans l'*arrière-cour* de l'*auto-école*, *en dehors* de *grand-mère* et de *moi-même* qui avais *grand-faim* depuis une heure et demie et dévorais à belles dents un *casse-croûte*, les yeux *mi-clos*, je lui dis, *mi-figue, mi-raisin, c'est-à-dire* à la fois mécontent et réjoui : viendra-*t-il* faire son *compte rendu*[1] *en sous-main* ou nous donnera-*t-il* une fin de *non-recevoir* ?

Les rectifications orthographiques officielles formulées en 1990 conduisent à une clarification et une simplification, entre autres, de l'usage du trait d'union. La **soudure** de mots devient plus fréquente : *betterave, portemanteau* et *portemonnaie* suivent l'exemple de mots soudés plus anciens déjà dont plus personne ne détecte les composants, en tout cas pas spontanément : qui achèterait du *vin-aigre*, fût-il balsamique et originaire de Modène… Alors que, après soudure, le *vinaigre* devient comestible, des termes scientifiques comme *narcolepsie* s'écrivent en un mot, et le *narcotrafiquant* unit à la criminelle activité un *narco* qui n'a rien de scientifique ni de noble. Sans aucun rapport sinon orthographique avec ce qui précède, le secteur *agroalimentaire* aura du mal à se passer d'union et nul doute que le *weekend* ne gagnera pas forcément en cohérence. En attendant, *week-end* ou *weekend* seront toujours moins ridicules que la proposition d'un ancien ministre proposant *bonne dominique* comme version franchouillarde de la *fin de semaine*, trop anglicisée à son goût.

Le trait d'union se maintient en général quand il s'agit de relier deux mots de nature différente : un *ouvre-boîte* (ouvre = verbe, boîte = nom), un *à-propos*, un *va-et-vient*, le *qu'en-dira-t-on*… Ce qui vaut aussi quand un des éléments n'est plus identifiable ou guère connu : *Après le croc-en-jambe au rez-de-chaussée, tout alla à vau-l'eau.* (Ami lecteur, soyez honnête : *croc, rez* et *vau* ne sont reconnus qu'après coup et encore…).

1. *C'est-à-dire* s'écrit effectivement avec des traits d'union, mais on ne compte plus les *comptes rendus* qu'il faudrait débarrasser de ceux qui les encombrent indûment.

Question subsidiaire :

Mettriez-vous un trait d'union entre *réveil* et *matin* ?

Aucune importance : avec ou sans trait d'union, le tonitruant *réveil matin* est aussi faux que le sonore *réveil-matin* : c'est *réveille-matin* qu'il faut écrire.

Accent ou pas accent ?

Il ne s'agit pas ici de rappeler les règles d'emploi permettant d'éviter des accents malvenus sur le singulier de l'auxiliaire *avoir*, phénomène fréquent dans les colonnes de la presse écrite… Mais bien plutôt de tenter de mettre bon ordre dans certains mots où l'hésitation est légitime. S'agissant de la réforme de l'emploi du tréma et les variations de l'accent grave en accent aigu (de quoi *désespérer un coll**è**ge plein de coll**é**giens*…), le lecteur se reportera utilement aux publications officielles accessibles à tout un chacun dans toute bibliothèque / médiathèque publique au-delà de la prétendue fracture numérique.

L'exception la plus voyante à toutes ces règles reste bien sûr le non-événement que constitue la variation d'*évènement* qui peut tout aussi bien s'écrire *événement*. La recommandation préconise fort logiquement la seconde graphie, en conformité avec la prononciation.

Un accent original au dessin amusant laisse perplexe maint amateur d'orthographe : l'**accent circonflexe,** qui n'obéit pas toujours à des règles d'emploi logiques (en fait, osons le dire, ce sire n'obéit que rarement) : *Après un bon déj**eu**ner, pourquoi pas je**û**ner ?* Or, les deux sont de la même famille. *Côte* et *coteau* aussi, *grâce* et *gracieux* de même, et cet accent *mêle* d'étranges *mélanges*. Dans le groupe verbal, il *plaît* à ce sire inflexible d'orner *plaire*, mais il se *tait* devant le verbe *taire*…

Pour ceux qui croient ingénument que la phonétique peut être secourable, l'accent circonflexe peut coiffer un *château*, mais pas couvrir un *bateau*, il boude l'*atome* tout en plébiscitant le *monôme*, et le *prêt* sonne aussi bref qu'un *secret*. On a beau débiter une *buche* en *bûches*, le *u* sera lu à l'identique. Bref, ce sacré circonflexe nous précipite du haut des *cimes* jusqu'au fond des *abîmes*.

Pour le punir, ou du moins le régenter, les surveillants généraux de l'orthographe prônent de le supprimer sur la voyelle *i* et *u* : même s'il nous en *coute* au début, en nous *entrainant*, cela nous *paraitra* facile avec le temps. Peut-être.

A posteriori, on voit qu'il ne devrait pas y avoir d'*a priori*. En tout cas, pas *a fortiori* (ce dernier signifiant « à plus forte raison »).

La rigoureuse orthodoxie voudrait que, comme l'ablatif latin à l'origine de ce *a* s'écrit évidemment sans accent, *a priori*, *a posteriori* et *a fortiori* admettent exclusivement le *a* sans accent. Fort bien. L'auteur n'est pas loin de partager cette conviction et fustige sans relâche à coup de lettres de remontrances la presse écrite. Or, l'honnêteté intellectuelle commandant de vérifier sans *a priori*, on s'aperçoit vite que des sommités lexico-orthographico-grammaticales ne sont pas aussi sectaires. D'une part, elles font remarquer que si la logique de l'origine latine était respectée (on se contenterait même souvent d'un petit 50 % de conformité), il faudrait réécrire la plupart des manuels et ouvrages pédagogiques. D'autre part, les emplois même d'académiciens, dont c'est tout de même le métier (rien à voir avec ces blagueurs de blogueurs), démontrent qu'il faut rester prudent dans la condamnation. Mieux vaudrait écrire *a priori* sans accent. De là à vitupérer *à priori* une graphie comme *à fortiori*, il faut rester modeste et prudent (☛ p. 132). Dans la guilde des champions du monde de l'orthographe francophone, on risque toujours de tomber sur plus versé que soi…

9. Parasynonymes et frères ennemis

Dans l'arène d'homonymes, feriez-vous un bon toréador ?

Si vous êtes capé, vous seriez plus correctement un *torero.* Pour reprendre une Carmen revisitée par Bizet, le Français avisé au (mot) *toreador prend garde* : l'« homo toreador » n'existait en Espagne qu'à une période fort reculée et désignait un *torero* monté à cheval : dans ce sens, il ne s'agit pas d'un barbarisme, quoi que l'on puisse penser de la tauromachie.

Vous avez eu un peu de mal ? Alors ce chapitre est pour vous ! Ces confusions sont souvent dues à des ressemblances qui constituent parfois des excuses valables ; elles relèvent fréquemment de la paresse et plus rarement de l'intention humoristique. Ces approximations reflètent un état d'esprit préoccupant quand elles se retrouvent à haute fréquence dans la bouche ou sous la plume des personnes jouant la carte de la compétence ou la comédie de l'autorité.

acception et *acceptation*

Un tout petit *ta* (de lettres) semble séparer ces deux frères :

L'*acception* d'un terme, c'est le *sens* qu'on lui prête, l'*interprétation* ou les significations qu'il peut revêtir selon le contexte où il est employé.

L'*acceptation* vient de toute évidence du verbe *accepter* et signifie effectivement l'*acquiescement*, l'*accord*, le *consentement.*

agonir et *agoniser*

Il a *agoni* son voisin pendant tout un quart d'heure. Ce dernier a-t-il subi une agonie de quinze minutes ? Dans ce cas et dans ce sens, le premier énoncé serait incorrect : en effet, on confond souvent – et la ressemblance a de quoi tromper ! – *agonir* avec le verbe *agoniser.*

Le verbe *agonir* signifie « insulter, accabler d'injures », voire « traîner dans la boue ». *Agonir* étant plus rare que ces verbes, il s'ensuit des hésitations sur sa construction. En fait, il est simple à utiliser : *on agonit quelqu'un, elle l'agonit sans cesse* ; on peut aussi préciser ce dont on accable la personne ainsi *agonie* : on l'*agonit* d'injures ou de reproches. On peut aussi *se faire agonir.* Sa conjugaison est celle de *finir* ; à l'imparfait, il faut donc écrire : *Le directeur l'agoni**ss**ait de reproches.*

Agoniser décrit l'état de quelqu'un qui est en train de mourir ou la situation d'un système (un empire sur le déclin par exemple) qui touche à sa fin et va s'effondrer. *Depuis la fin des années 1980, il était clair pour qui voulait le voir que la RDA* (République démocratique allemande) *agonisait.*

attirant, attrayant et *attractif*

C'est bien plus simple qu'il n'y paraît : les deux premiers sont bien français et décrivent quelque chose ou quelqu'un qui exerce un pouvoir de séduction, qui séduit, qui plaît. L'idée de gagner une forte somme dans un jeu de hasard peut paraître *attrayante,* une personne dont les charmes s'imposent au regard ou à la perception qu'on en a devient *attirante.* Certains aménagements (sièges, climatisation…) peuvent rendre une salle de spectacle ou de concert plus *attirante* qu'une autre.

En revanche, *attractif* ne décrit en français correct que le pouvoir d'un aimant qui attire des pièces métalliques ; à l'extrême rigueur – encore que cette exception serve justement d'alibi aux ignares, qui de ce fait méprisent la langue française –, on peut trouver à *attractif* une interprétation littéraire délicieusement surannée. Mais une personne, même dans la littérature du XIXe siècle, ne peut être dite *attractive* : il s'agit là d'un plat, banal et vulgaire anglicisme que les laquais de la mondialisation tentent d'imposer, par mollesse le plus souvent.

blanchiment **et** ***blanchissement***

Le petit espace qu'occupent les trois lettres *sse* séparant les deux mots permet tout de même de distinguer le *blanchissement* (de cheveux par exemple), qui est *subi*, du *blanchiment* (de murs par exemple) qui est *actif*. À cette différence s'ajoutent des sens particuliers comme la décoloration : le *blanchiment* de tissus par des colorants appropriés ; mais aussi bien sûr un emploi plus criminel : le *blanchiment* de l'argent des stupéfiants et narcotiques et des autres activités malhonnêtes.

boucher **et** ***bouchonner***

Si les sens généraux de *boucher* sont connus et assez clairs – à moins d'être « bouché » –, *bouchonner* qui signifie *frotter, frictionner* (*bouchonner* ou brosser un cheval par exemple) commence à faire carrière dans la langue parlée comme concurrent de « *boucher* » ou « *être saturé* » quand il s'agit de décrire les embarras du trafic. Il arrive d'entendre des préposés aux nouvelles de la route sur les radios dire que « *ça bouchonne sur l'A87* ». Emploi répandu, mais pas correct pour autant. Il ne faut pas pousser le bouchon trop loin.

compromis **et** ***compromission***

Très répandue dans les pays du Nord, la culture du *compromis* permet de désamorcer bien des conflits (sociaux et politiques entre autres) : les parties en présence résolvent un litige en acceptant de faire mutuellement des concessions par rapport à leur position d'origine. Le *compromis* consiste ainsi à trouver un arrangement sans pour autant adopter des lignes de conduite moralement réprouvables.

Par contre, se rend coupable d'une *compromission* la personne qui jette par-dessus bord des convictions morales ; un homme politique qui se targue d'être démocrate, par exemple, se compromet ou s'engage sur la voie de la *compromission* s'il adopte des idées ou des attitudes propres aux dictatures, quelles qu'elles soient. Du coup, le *compromis*, c'est lui. En un mot.

conjoncture et *conjecture*

Pour peu que la prononciation du locuteur (ou l'audition de l'auditeur) présente des défauts, la différence entre les deux est extrêmement ténue. Pour ce qui est du sens, en revanche, la différence est radicale : la *con**je**cture* est une hypothèse que l'on peut faire sur la base de l'expérience ou des probabilités ; conjecturer, c'est supposer, présumer.

La *con**jonc**ture* comporte l'idée (et le mot) de *jonction* : le terme peut décrire un état, une circonstance, une situation générale, bonne ou mauvaise ; en économie une bonne *conjoncture* signifie que les signaux (les marqueurs ou les voyants sont des métaphores souvent utilisées également) sont très encourageants et positifs. L'animal totémique symbolisant une *conjoncture* favorable est… le taureau (incarnant la fougue et la vitalité), une *conjoncture* défavorable étant figurée par l'ours (à cause de sa tendance à hiberner).

décade et *décennie*

Une *décade* est une période de dix jours. Pas de 3 650 jours, comme le veut l'acception anglo-saxonne du terme *decade* ! Cette même influence explique le sens forcé de *gouvernance*, par exemple. Pour exprimer une période de dix ans en français correct, on doit recourir à *décennie* où pointe avec suffisamment d'évidence le terme *année.*

dentition et *denture*

Quand vous dites *dentition*, c'est en fait *denture* que vous voulez dire ; en effet, la disposition des dents et leur nombre sont correctement désignés par le terme *denture* ; la plupart d'entre nous, auteur compris, ont l'habitude de parler abusivement de *dentition*, or ce terme, qui sonne plus « médical », décrit le processus de formation des dents au fil d'une vie (animale ou humaine), dents précoces mais aussi celles plus tardives dites *de sagesse* incluses ! On touche là du doigt, voire de la roulette, une situation paradoxale où la personne qui s'exprime correctement passe pour un cuistre ou un ignare.

dissous, *dissoute* et *dissolu*

Dissolu est un adjectif très littéraire, parfois employé par la presse écrite avec une légère intention ironique, et désignant une personne qui mène une vie de débauche, de libertin : une personne *dissolue* a un comportement immoral. Dans ce sens, on peut aussi parler de la vie *dissolue* d'Untel ou d'Icelle.

Dissous est le participe de « dissoudre » quand il accompagne un masculin (un sucre *dissous* = que l'on a fait dissoudre dans un liquide) et *dissoute* est la forme féminine (une assemblée *dissoute*). Quant aux dix sous dissous dans une boisson gazeuse brunâtre d'origine américaine, ils relèvent plus du mythe urbain que de la dissolution chimique.

efficace et *efficient* (et leurs corollaires : *efficacité* et *efficience*)

Pour décrire un moyen, une méthode, un remède grâce auquel on obtient un effet recherché, l'adjectif *efficace* ne manque pas d'*efficacité* justement ; on peut également appliquer cet adjectif à une personne particulièrement dynamique et fiable.

En revanche, l'usage abusif de l'anglicisme *efficient* ne peut guère s'expliquer que par la servilité anglo-maniaque ou la paresse intellectuelle (qui serait encore assez ingénu pour croire qu'en « plaçant » un terme anglais, il passera pour cultivé ou intelligent ?) : *efficient* ne compte qu'une lettre de moins (ce n'est donc pas l'*efficacité* linguistique qui peut servir d'excuse et l'*efficience* encore moins).

Si bien sûr on utilise *efficient* dans son sens philosophique (cause *efficiente* et cause *finale*), on est ***absous*** d'avance si on est un garçon philosophe (et ***absoute*** dans l'autre hypothèse).

médiéval et *moyenâgeux*

Est *médiéval* ce qui appartient vraiment au Moyen Âge (variante : Moyen-Âge) ou qui date de cette époque : un château *médiéval* a plusieurs siècles d'existence. L'adjectif *moyenâgeux* désigne en français moderne[1] quelque chose qui évoque, qui rappelle, voire qui singe le Moyen Âge (les décors et costumes des films *Les Visiteurs* par exemple...). Cet adjectif est aussi employé au sens dépréciatif comme synonyme d'*arriéré* ou de *barbare* : dénoncer des pratiques *moyenâgeuses* en entreprise est courant dans la presse revendicative. Cet emploi est correct même s'il est quelque peu injuste à l'encontre de cette période bien plus colorée, féconde, et moins obscurantiste qu'on ne le dit.

olympiades et *jeux Olympiques*

Si les *jeux Olympiques* (modernes, ressuscités par le baron Pierre de Coubertin) sont une manifestation sportive ayant lieu tous les quatre ans, une *olympiade*, en revanche, désigne la période de quatre ans séparant deux jeux Olympiques. Les derniers JO ont bien eu lieu en Chine, du 8 au 24 août 2008,

---

1. On peut bien sûr, en se référant à des dictionnaires du XIXe siècle, trouver des emplois où *moyenâgeux* se réfère au vrai Moyen Âge, mais ce genre de manipulations alimente (ou alimentent) le confusionnisme ambiant : pourquoi pas, dans ces conditions, écrire *maistre* au lieu de *maître* sous prétexte que c'était la graphie correcte à un moment donné de notre langue.

essentiellement à Pékin – il faudrait en fait dire *Beijing* pour respecter à peu près la prononciation chinoise. La prochaine *olympiade* a déjà commencé, et même très exactement le 25 août 2008. Elle durera jusqu'au 26 juillet 2012, puisque les JO de Londres se dérouleront entre le 27 juillet et le 12 août 2012.

ostensible et *ostentatoire*

Évidemment, ces deux adjectifs ont un rapport avec *ostendere* qui, en latin, signifie « montrer ». Au-delà de cette évidence, une attitude *ostensible* signifie que cette démarche est faite au vu et au su de tous, sans se cacher ; marquer une préférence *ostensible* est une attitude concrète signifiant que l'on assume ses choix.

Tout autre est l'emploi d'*ostentatoire* : exhiber une montre en or qu'on n'a pas payée uniquement pour impressionner est une attitude *ostentatoire*. C'est l'affichage fanfaron et immodéré, irréfléchi de qualités ou de biens supposés. *Ostentatoire* relève donc du mauvais goût et du manque d'éducation.

pécuniaire et *pécunier*

Là, pas de problème, la différenciation est bien plus simple : si *pécuniaire* signifie que ce dont on parle a trait à l'argent (suite à des difficultés *pécuniaires* temporaires = on est en ce moment à court de liquidités), en revanche *pécunier* n'existe tout simplement pas et aurait donc sa place dans le chapitre « Les barbarismes », p. 89.

séculaire et *séculier*

De toute évidence, *séculaire* est dérivé de *saeculum*, mot latin signifiant « siècle » ; ce qui est *séculaire* est donc vieux d'un ou de plusieurs siècles (un séquoia peut être plusieurs fois séculaire et même millénaire puisque certains spécimens attestés sont vieux de plus de trois mille ans), et par généralisation l'adjectif *séculaire* suggère qu'une pratique ou tradition est très ancienne (même si elle n'a pas forcément cent ans ou atteint un multiple de cent).

Son faux frère lexical *séculier* vient, lui, de *soecularis*, qui a certes un rapport au siècle, mais en tant qu'unité ou époque envisagée sous l'angle de la laïcité (au contraire de la sphère du religieux, jugée intemporelle à tort ou à raison). Les biens *séculiers* sont ceux qui n'appartiennent pas à l'Église ou ne lui appartiennent plus, si justement ils ont été *sécularisés*, c'est-à-dire soustraits aux ecclésiastiques comme ce fut le cas lors de la Révolution française. Le bras *séculier* (l'autorité publique) est un symbole opposant nettement le pouvoir de l'Église à celui de l'État. Ce procédé, consistant à élargir le sens d'un mot (ici *bras*) pour l'amplifier au point qu'il veut dire beaucoup plus (ici : la force de la police ou de l'armée par exemple), s'appelle une **synecdoque** (☛ p. 217).

souvenance et *souvenir*

Si *souvenance* connaît un net regain de faveur, c'est qu'il surfe sur le flot des *-ances* (pour les utilisations fausses des *-ances*, ☛ p. 90) : il signifiait, dans un passé lointain dont peu ont le souvenir, *mémoire*, souvenir justement.

Un bon *souvenir* vaut mieux qu'une cuistre et erronée *souvenance*.

la *subordination* et la *subornation*

Dans un entretien avec un ancien directeur de la division antiterroriste, un journaliste d'une chaîne publique de radio s'est risqué, le 7 décembre 2007 à évoquer « *la subordination des témoins* » de l'affaire. Le terme existe bien, mais il signifie que l'on met sous tutelle, qu'on assujettit les témoins. La *subornation* de témoins, elle, est bien plus grave : elle consiste à amener, en échange de contreparties matérielles le plus souvent, un témoin à ne pas dire (toute) la vérité.

rabattre et *rebattre* (et les participes *rabattu* et *rebattu*)

***Ra**battre* peut avoir le sens commercial de diminution, de baisse (un rabais), de refermer (*rabattre* un capot de véhicule), de replier (*rabattre* un col), mais aussi en vénerie (la chasse) ou en circulation automobile (un véhicule qui se *rabat* trop sèchement peut constituer un danger).

***Re**battre* les oreilles à quelqu'un au sujet d'une personne ou d'un événement signifie que l'on répète sans relâche, au risque de lasser et de devenir contre-productif. Sous couleur de nous conter « *la vie* » qui serait « *une histoire vraie*[1] », certains magazines nous *rebattent* les oreilles de marivaudages dont le Français moyen, plutôt en quête de pouvoir d'achat quotidien que de vacances fastueuses, n'a que faire.

Quand les oreilles d'un lapin sont *rabattues*, c'est peut-être qu'il est en passe d'être abattu suite à une battue où on l'a *rabattu*.

Emplois mal comme mode

Hors campagne électorale, qui parle encore aujourd'hui de *candidat* ? On n'a plus affaire qu'à des *impétrants ;* même *postulant* se démode à la vitesse du TGV-Est ramenant dans la capitale des énarques exilés de force au pays des cigognes.

Aux oubliettes l'ancienne et décidément vulgaire *coïncidence*, place à la *concomitance* !

Banni dans le passé, le *social*, voici venu le temps du *sociétal* !

1. La légèreté *des mots* grevée par *le choc des photos* ne faisant plus recette.

L'esprit *civique* est proscrit depuis plusieurs années maintenant, un Français conscient de sa valeur se doit d'entreprendre des actions *citoyennes*.

10. Les pièges de la phonétique

Aux oubliettes, la virgule !

Quoi de plus insignifiant en effet que cet animalcule en suspension dans un texte ; les animateurs radio et télé n'hésitent pas à s'en passer. Au risque d'aboutir à des énoncés cocasses, voire grivois, comme cette innocente question, entendue le 3 juillet 2006 au journal de France 2, où une présentatrice du « Jité » très inspirée interpellait en ces termes son coprésentateur : *« Peut-on laver son linge sans polluer Christophe ? »*

Elle voulait dire, évidemment : *« Christophe, peut-on laver son linge sans polluer ? »* ou pour reprendre une technique qui ne déplairait pas à M. Jourdain : *« Peut-on laver son linge sans polluer, Christophe ? »*

La lallation (ou lambdacisme)

Est-ce sous l'effet d'une déformation involontaire ou par volonté de « faire plus élégant », le doublement intempestif de la consonne « *l* » est fréquent. Ainsi le procureur général auprès de la cour d'appel sur une île dite de Beauté, s'est laissé aller à évoquer, sur France Inter, le 30 octobre 2007 à 7 h 26, le très satisfaisant taux, je cite, d'« *éllucidation* » de délits sur ladite île. Le succès lui donne manifestement des *l*.

Pataquès que c'est ?

« *La réforme pourra-**t**-être réalisée, comme annoncé* », a claironné au lendemain du 10 juin 2007 sur une grande radio nationale le champion de la phonétique, épinglé également ci-dessous pour sa fantaisiste prononciation de l'indice boursier new-yorkais.

Les langues étrangères

Ah ! sans ces étrangers (personnes, institutions, inventions, produits…), que le monde des présentateurs serait plus simple !

L'anglais

L'abondance de termes anglais se terminant par *-er* (*never / fever / october*) et *-en* (*forgotten / often*) pose d'entrée un problème au locuteur francophone, habitué à surprononcer les syllabes terminales. Or, en anglais (et cela est valable aussi pour la langue sœur, l'allemand), justement les finales *-er* et *-en* ne sont qu'effleurées, avec finesse et sensibilité. La thérapie serait simple : il suffit de surprononcer au contraire la précédente, ce qui donnerait : *ne*-ver, *fe*-ver ou *forgott*-en.

De plus, les *-ten* gagnent en authenticité quand on les prononce comme si le *e* était absent : *forgott'n, oft'n*… Cela évite ces « *-eunne* », légers comme des enclumes, qui sont la marque de fabrique des Français à l'étranger !

Rappelons que les pros autoproclamés de l'information économique et financière sur *la* radio publique s'obstinent à « descendre » l'indice boursier américain en parlant avec persévérance et acharnement du « *Dow**n** Jones* », comme si M. Jones était abattu (*down*, en anglais). Rappelons simplement que cet indice s'intitule « *Dow Jones* ». La crise des *subprimes* outre-atlantique continue de générer des « *seub-pwaïmz* », du plus drôle effet si les répercussions bancaires sur le consommateur français n'étaient aussi dramatiques.

Les animateurs radio qui se revendiquent, elles, radios de « jeunes », ne sont pas en reste, alors qu'on aurait pu attendre de personnes de moins de trente ans un anglais plus solide. Ainsi massacrent-ils à longueur d'ondes les noms des artistes annoncés, qui y gagnent en mystère, apparemment : le déjà ancien, mais toujours actif, *Joe Coup-Cœur* (peut-être parce que c'est leur coup de cœur, ou parce qu'il y a interférence avec *to cook* et que ventre affamé n'a plus d'oreille ?) n'est autre que *Joe Cocker* (qu'il vaut peut-être mieux prononcer, à tout prendre, « *coc-cœur* »). À l'occasion de la mise en service, momentanément gelée pour cause de problèmes dans le circuit de refroidissement de l'accélérateur géant de particules, la presse s'est référée aux travaux d'un physicien présenté comme *Stefano King* : il s'agissait bien entendu de *Stephen Hawking* (à la rigueur « *sti-veun haut-king* »). Comme quoi le Grand Collisionneur de hadrons cause déjà des dégâts particulaires...

Le mardi 5 février de cette année se sont déroulés dans vingt et un États des États-Unis, les *caucuses*, les primaires à l'élection présidentielle destinées à élire un(e) candidat(e) démocrate et un(e) candidat(e) républicain(e) ; pour cette raison, les médias américains ont pris l'habitude d'affubler ce mardi (*Tuesday*) des épithètes hyperboliques et des superlatifs dont ils ont le secret, comme *Tsunami Tuesday*, mais surtout, *Super Tuesday* ; il fallait s'y attendre, les confrères français honorent l'exception incult(urell)e française en étant à peu près les seuls de l'Union européenne à oser répéter à longueur d'ondes le « *seupeurre ti-housse-di* » ; rappelons que la phonétique approximative « *seupeur* » peut, à l'extrême rigueur, suggérer un « souper » ! Dire qu'il aurait été si simple de conserver la phonétique de « *super* » telle qu'elle existe en français. Au moins, le Français sachant auditer aurait compris, et les journalistes, au lieu de frimer, auraient évité le ridicule.

Que le sulfureux, mais sublime, danseur / chanteur Jackson ait pu être affublé du prénom travesti « *Maille-keule* » avec un « *eu* » allongé à la mode bovine est décevant. Ce prénom manifestement compliqué, *Mickael*, étant très répandu, se voit systématiquement assaisonné à la sauce angloïde, même si le porteur est allemand, comme le champion du monde absolu de formule 1, Schumacher. Heureusement, la carrière de *Maille-Keulle choux-mâché* est terminée, le festival gastronomique s'achève donc.

Sans compter les femmes et hommes politiques étrangères / gers qui s'obstinent – les malfaisants – à s'affubler de noms imprononçables Après l'intermède reposant – sous l'angle strict de la phonétique ! – de Poutine, les Russes en reviennent à des « *ev* » qu'on hésite à prononcer *Medvedeff* ou *Medvedoff*. C'est bien *Medvedev* avec une sorte de « *eff* » qui convient.

Des termes anglais spécifiques, mais très courants, donnent lieu à des numéros de voltige dyslexique fort répandus : le *puzzle* devient, à 90 %, un *peulse* dans des bouches françaises ! Et que dire du *sweat-shirt* (« *switt-sheurte* ») ? (La constellation « *ea* » ne se prononce pas mécaniquement comme un *i* en anglais ! Dans ce cas précis, le *sweat* est plus un « *souette* ».)

La langue hollandaise est pareillement malmenée : la petite ville de Maastricht est abondamment citée dès qu'il s'agit d'Union européenne puisque y furent fixés, entre autres, les fameux critères de rigueur peu populaires dans les milieux d'affaires peu rigoureux… Rares sont les journalistes qui se donnent la peine de prononcer correctement le « *cht* » final. On entend souvent vitupérer les critères de « *Masse-Trich* », ce qui est au final révélateur des pratiques des milieux bancaires révélées en 2008.

Il est vrai que, parfois, l'auditeur a droit à la variante dyslexique « *Mass-Tritch* ». Un peu comme si le grand succès du cinéma français – on a les gloires qu'on peut – était prononcé *Bienvenue chez les « T'chis »*.

On pourrait penser que travestir la prononciation anglaise n'est qu'un moindre mal, un détail insignifiant pour anglophone maniaque, mais quand on entend une « spécialiste » de cinéma évoquer un film de *Ang Lee*, dont la translittération donnerait « *Se jie* », et préciser que le titre anglais serait « *Lost Cochonne* », on ne peut manquer de s'interroger. Renseignement pris, il s'agit évidemment de *Lust Caution*, qui évoque une femme de mauvaise vie originaire d'Europe de l'Est (*ost*). Personne n'exige d'un(e) journaliste qu'elle / il soit angliciste de haute volée, mais on devrait connaître ses limites, et il n'est pas dit que cette prononciation fasse rire.

Les amateurs de films sanguinolents ont dû être agréablement surpris du flot de dollars généré par la saga des *Saw* (qui doit se prononcer à peu près comme « *sot* »). En novembre 2008 est sorti *Saw 5*, et on pouvait espérer que ce serait le dernier volet de cette série macabre mettant en scène des mutilations et des massacres à la scie (le sens du mot *saw* en anglais). Mais il était trop tentant de la faire perdurer : pour Halloween 2009, le spécialiste de montage du film débitera la dernière tranche de *Saw 6* (soit phonétiquement « *saucisse* » !). Information véridique et vérifiable.

L'allemand

La réputation de langue difficile, pour ne pas dire imprononçable, se vérifie chaque fois qu'un terme ou un nom allemand doit être prononcé. De fait, on constate que pour se tirer d'affaire, les journalistes et politiques se réfugient dans ce qu'ils prennent pour de l'anglais.

Les *-er* et *-en* ont déjà été évoqués plus haut ; l'allemand compte beaucoup de termes très courants auxquels même un journaliste français récalcitrant sera immanquablement confronté pour cause de mondialisation. Une cave allemande, *ein Keller* (dérivé d'ailleurs de notre cellier bien français) se dira donc « *KELLer* » et surtout pas « *quelle-heure* » ; le compositeur *Gustav Mahler* se dira donc « *MAHLer* » et non pas (quelle infortune et quelle dissonance) « *malheur* » ; le fleuve frontalier entre l'Allemagne et la Pologne, l'*Oder*, n'est pas pollué au point de devoir l'appeler « *odeur* » !

Les pseudo-spécialistes œuvrant sur des chaînes dites culturelles ou des stations de musique classique sont des spécialistes du massacre phonétique. *Beethoven* devient indifféremment « *BeTOveunne* », « *Bitoveunne* » ou encore « *bête-au-VEUNN* ». *Bétov'n* (mettre l'accent sur la première syllabe avec un *é* allongé devrait être à la portée du musicologue moyen).

Que *Mozart* (qu'il faudrait prononcer « *MAU-Tsartt* » avec un « *o* » allongé, lui aussi) soit prononcé à la française devient habituel. Il est également impossible, apparemment, d'obtenir que le « *ch* » de *Bach* soit prononcé correctement (rien à voir avec une prétendue exclusivité allemande, le « *ch* » correct se retrouve dans une langue latine comme l'espagnol à des centaines d'exemplaires !).

La même chose vaut pour les mots allemands comportant un *w* : en anglais, évidemment, c'est une sorte de « *oueu* » comme dans *Web* (« *oueb* ») ou *West* (*ouest*). En revanche, en allemand, le *w* se prononce simplement et exactement comme en français, donc *v*. De même, on ne parle pas de « *ouagon* » de chemin de fer chez nous, en allemand on dira simplement « *VAg'n* » pour *Wagen* (= la voiture).

Il se trouve qu'une marque allemande connue – la première en Europe – que nous nommons *Volkswagen,* concentre les deux difficultés majeures pour nous autres francophones : le *v*, qui se prononce *f* en allemand, et le *w*, qui vaut *v* : on aboutit donc à « *Folksvag'n* ».

Nous avons déjà évoqué *Michael Schumacher*. Mais d'autres germanophones partagent son sort (phonétique seulement, par chance). La première femme chancelier / chancelière de RFA voit, ou plutôt entend, souvent son prénom américanisé : s'appelant *Angela* (qu'il faut prononcer « *ang-gué-la* »), elle devient souvent et soudain une « *Ay'ndji-la* » ! Quant à son patronyme, il est fâcheux que, pour évoquer une rencontre, les journalistes présentent avec bonhomie la rencontre d'Untel avec la « *mère Keule* », écorniflant son nom, *Merkel* (qu'il faudrait dire à peu près comme « *MERk'l* »).

Quittons l'Allemagne en direction du sud, mais avant de passer en **Suisse** qui fera l'objet d'une remarque plus bas, on rencontre un petit territoire qui défraie la chronique pour être un paradis fiscal ou une oasis du même métal, nous avons nommé le **Liechtenstein**. Déjà, à elle seule, la constellation de consonnes (pensez donc : un *ch* branché sur un *t* qui débouche lui-même sur un *st* qu'il faut prononcer à la mode ch'timi très en vogue, à savoir *cht*) a de quoi déconcerter le locuteur francophone de base. Mais nos journalistes ont également du mal à générer correctement les sons permettant d'évoquer la capitale de la principauté (Hans-Adam II est en effet prince) : *Vaduz* qui se prononce grosso modo comme « *va-doute-ss* » est souvent, hélas, déformé en « *va-12* ».

La joueuse de tennis helvétique qui avait tenté un retour inespéré et désespéré dans la hiérarchie mondiale a vu son nom quasi systématiquement transformé en une « *Martina Higgins* », voire « *Hingins* » quand l'initiale n'a pas été sectionnée à coup de *h* pour se prononcer « *ingiss* ». Il fallait dire, simplement, *Hingis* (« *Hin-guiss* »). On nous rétorquera (cette figure de rhétorique consistant à anticiper une objection est une **prolepse**) que, la carrière de la dame étant terminée, le casse-tête phonétique est obsolète : certes, mais il y a fort à parier que d'autres viendront, dont le patronyme commencera par un *h*.

L'espagnol

Pourtant langue latine d'origine, mâtinée à cause de son passé de phonétique arabe, elle n'est pas logée à meilleure enseigne, : les journalistes y apportent des déformations significatives.

Le premier plat « national » qui vient à l'esprit de tout Français pour caractériser – de façon injustement réductionniste à notre goût – la gastronomie ibérique sonne creux comme une absence : « *Pas-est-là* » (pour *paella* évidemment) !

Et que dire des avanies subies par une langue prématurément assassinée (souvent dite langue « morte » alors qu'elle n'est qu'ancienne), à savoir notre langue fondatrice, le **latin** ?

L'abréviation *etc.* (*et cetera*, et entre autres choses, et pour le reste) est souvent écorchée : la prononciation du *c* équivaut à un *k* en latin (donc « *ette-kétéra* », en principe), les « *ette-chétéra* » et autres « *ette-sétéra* » sont fautifs. Mieux vaut se taire que d'infliger le dyslexique « *Aix-se-taira* » !

11. Des pluriels bien singuliers !

Aucun, *chacun*, *autre* et *chose*…

C'est une langue toute particulière, mais très inventive, que celle des promoteurs immobiliers et marchands de murs, où le toilettage de la réalité et la cosmétique du béton portent les oripeaux de la poésie. Elle permet aux amateurs que nous sommes de décrypter des formules verbales comme « *à rafraîchir* » en « *vraie ruine authentique* », de déchiffrer toute une panoplie d'adjectifs comme l'indémodable « *coquet* » qui veut dire : « Fermez la porte du réfrigérateur pour pouvoir faire demi-tour dans votre cuisine… » Mais s'il est un domaine dans lequel les agents immobiliers se singularisent, c'est dans le pluriel de « *aucun* » et « *chacun* ».

À part dans cette langue toute spécifique que l'auteur leur abandonne bien volontiers, *chacun* et *chaque* ainsi que *aucun* ne peuvent guère se mettre au pluriel en français. En français honnête s'entend.

chacun

Tout d'abord, il s'agit d'un pronom indéfini, il ne peut donc être suivi d'un nom (*chacune maison* ne peut donc se dire !). *Chacun* n'est pas équivalent de *chaque* au prétexte qu'il est aussi un distributeur : *Chaque maison n'est pas coquette* est tout à fait légitime ! Mais on ne peut les confondre. À *chacun* sa *chacune* ! De toute façon, *aucun* des deux ne peut être suivi du pluriel !

aucun

Pour une raison fort logique, *aucun* ne peut que rarement être mis au pluriel, *aucun* signifiant « pas un » : *Pas un travaux*, même un chevaux ne trouve pas sabot (ou ça beau), serait-on tenté de dire pour rester dans ce registre numérique approximatif.

Aucun peut certes être pronom et adjectif, le pluriel étant réservé aux mots sans singulier.

Dans « Aucun agent immobilier ne peut comprendre », *aucun* est un adjectif ; dans « Aucun ne veut comprendre », c'est un pronom. Mais dans *aucun* de ces deux cas, il ne peut être mis au pluriel !

La preuve est donc faite : quand les pros de l'immobilier jurent qu'il n'y a *aucuns travaux*, c'est parfaitement humoristique et garanti ironique à 100 % !

Sans compter que *d'aucuns* n'est pas *aucuns* ! Dans *Les Fleurs du mal*, on peut trouver *aucuns* (seul, sans nom qui le suive !), mais n'est pas Baudelaire qui veut !

L'autre explication de cette connaissance *aucune* de l'orthographe et de la grammaire françaises : *aucun* est légitimement au pluriel quand il s'applique à un nom qui n'existe qu'au pluriel. Par exemple : « Une maison coquette sans *aucun**es*** funérailles » serait juste. Et c'est sûr que c'est une annonce qui va faire envie ! Le synonyme de « la dépense », soit le mot *frais*, n'existe – dans ce sens – qu'à la forme plurielle, on peut donc éventuellement écrire : « Sans *aucun**s*** frais. »

Il serait sans doute plus simple, trop simple pour les orfèvres du français dont nous parlons, de préciser *pas de frais* (ce qui fait preque le même nombre de lettres que *aucun**s** frais*).

Si on consulte la liste des mots systématiquement, voire exclusivement, employés au pluriel, on obtient des formules alléchantes, comme : *aucunes obsèques / aucuns confins / aucunes mœurs / aucunes ténèbres / aucuns us / aucunes vêpres*… Bref, que des précisions tout à fait usuelles et indiscutablement utiles dans les petites annonces.

autre

Autre ne pose guère de problème, il accepte le pluriel dans des conditions tout à fait normales, mais il semble y avoir un flottement dès qu'il s'agit de la locution entre autres. Il faut bien un *s* comme dans l'expression *entre autre**s** chose**s***.

chose

Le mot *chose* a déjà été analysé (p. 124), il se met au pluriel quand il y a plusieurs *chose**s*** en jeu, quand on décrit un état de *chose**s*** ; mais quand il n'y a pas beaucoup de *choses*, on trouve que c'est bien peu de *chos**e***.

maint

Maint pose *maint* problème. Et pour cause : quand il signifie « plus d'un », ce qui est le cas ci-dessus, on est confronté à un dilemme (ce type de conflit orthographique s'appelle une **syllepse de genre**) : *plus d'un* semble manifestement recouvrir un pluriel, mais le sujet est bien le mot *un*, donc l'accord se fait avec le singulier ; c'est un peu la même situation que pour le mot *famille* : il désigne un collectif et pourtant il ne viendrait à l'esprit de personne d'écrire : *La famille sont venues* !

En revanche, le même *maint* s'accorde avec le pluriel quand il signifie explicitement « plusieurs » : *Elle a rencontré le chef de la communauté religieuse en maint**es** occasions.*

personne

La spécificité de *personne* est qu'il sert à désigner quelqu'un (une personne) et l'absence de quelqu'un. Quand *personne* est le nom, le substantif, il se met évidemment au pluriel : *Toutes ces personne**s** ont été confrontées à une situation analogue.*

Quand c'est le pronom indéfini (qui signifie donc logiquement « aucune personne, nulle personne »), il ne peut être mis au pluriel.

quelque

Quelque se comporte de façon troublante : quand il signifie « un quelconque », il est au singulier ; quand il équivaut à « plusieurs », il faut écrire *quelques*. Bon nombre de rédacteurs ont maille à partir avec *quelque* quand il signifie « environ », « à peu près » : il peut être suivi d'un pluriel et reste pourtant invariable.
Ces fresques rupestres sont vieilles de quelque vingt mille ans.

Cas particuliers de termes que la langue, animée d'un pragmatisme de bon aloi, interprète comme un collectif justifiant l'emploi du pluriel :
Beaucoup sont étonnés en lisant…
La plupart se demandent pourquoi les règles de pluriel sont toutes si compliquées.

12. Les pièges syntaxiques

Vous n'êtes pas sans ignorer… que vous êtes des ignares !

Parfois, pour ne pas dire très souvent, la volonté de transmettre une information rapidement ou simplement la négligence pure, incite les locuteurs (journalistes, politiciens, vous, moi) à prendre certaines libertés avec l'ordre des mots dans la phrase, la syntaxe étant ainsi dégradée au rang de luxe superflu. Il n'en est rien. Il ne suffit pas de considérer que l'auditeur ou le lecteur comprend le message, car, avec ce type d'arguments, on en arrive rapidement à une langue proche de celle de l'âge de pierre. Un énoncé comme *J'ai des caramels pour mes enfants qui sont dans le sachet* est automatiquement compris. Faut-il pour autant l'accepter ? La réponse est univoque : non. Sans verser dans l'hypercorrection maniaque, il faut un minimum raisonnable de syntaxe correcte. Les exemples et définitions suivants sont suffisamment explicites pour que soit entreprise une réhabilitation de la syntaxe.

Amphibologie

Certaines « fautes » syntaxiques ne sautent aux yeux qu'à la deuxième lecture. C'est le cas d'une forme subtile, car pas immédiatement détectable, d'énoncé troublant, que l'on appelle une **amphibologie**. En effet, des phrases comme : *Elle n'est pas venue à la soirée pour éviter son ex* sont, à la réflexion, ambiguës.

Faut-il comprendre qu'elle a préféré éviter de venir à cette soirée pour ne pas y rencontrer un ex-mari avec qui elle a des relations toujours conflictuelles ?

Ou alors qu'elle est, certes, venue à cette soirée, mais animée, autres intentions que d'y faire fortuitement la rencontre de son ex-compagnon ?

Toute la portée de l'amphibologie réside ici dans l'ambivalence du mot *pour*.

Une faute des plus courantes en syntaxe consiste à rompre l'ordre attendu ou à casser les liens logiques ou grammaticaux entre deux ou plusieurs éléments de la phrase ; la citation suivante, parfaitement authentique, illustre ce qu'est une **anacoluthe** (☛ p. 201) : sur France Inter, le 29 septembre 2007 à 7 h 43, une responsable par ailleurs respectable d'un centre de la SPA avertit de certains dangers émanant des chiens de combat ayant sinistrement défrayé la chronique, en ces termes : « *On ne coupe pas les griffes d'un rottweiler sans mettre de muselière.* » Dans l'esprit de l'auteure de cette mise en garde, c'est bien entendu le rottweiler qui doit être muselé avant d'être dégriffé, mais la structure de la phrase impose un sens paradoxal. Étymologiquement, **anacoluthe**, dont les origines hellènes sont transparentes, signifie que « ce qui suit manque » : ici par exemple, il ne manque qu'un petit « lui » (*« sans lui mettre de muselière »*) pour que l'énoncé devienne correct sans grand effort.

Bien sûr, les quinquagénaires amateurs de *Tintin et Milou* identifieront automatiquement l'**anacoluthe** comme un fleuron des jurons fleuris que le capitaine Haddock adresse par bordées entières à tous les importuns qu'il croise.

La double négation (☛ « Litote et hyperbole », p. 207)

Un ancien Premier ministre grand amateur de bouchons a affirmé haut et clair, devant une Assemblée pas plus médusée que ça : *« Vous n'êtes pas sans ignorer… »* (Sous-entendu : « Bande d'abrutis. »)

Les mauvais (r)accords

Une initiative présidentielle a proposé aux enseignants de lycée de lire chaque 22 octobre, au titre de la commémoration des résistants fusillés, la lettre devenue célèbre du jeune résistant Guy Môquet. Certains lycéens approuvent cette démarche car elle permet de *« sensibiliser **les** jeunes vis-à-vis de **sa** patrie »*. (*sic*) (France Inter, le 22 octobre 2007). À peine un an plus tard, cette suggestion sombre dans les brumes de l'oubli…

Rappelant l'évolution et les dispositifs réglementant la lutte sociale en France, un spécialiste de l'économie affirme haut et net : *« Ce qu'**a** introduit le**s** lois Auroux… »* Certes, la forme correcte, plurielle, du verbe *avoir* aboutit à une *con*stellation de sons *qu'on* peut être tenté d'éviter, mais *ce qu'on* ne doit pas oublier, ce sont les accords, pas forcément tous de Grenelle (France Inter, le 19 novembre).

Un candidat à une élection à La Rochelle a osé : « *Bien qu'ayant moi-même participé à cette campagne, ce but n'est pas le mien.* » La tournure participiale (*ayant*) ne peut, syntaxiquement, que se rattacher à « *but* », ou alors on peut lire à la rigueur « le but, participer à la campagne, n'est pas le mien ». Si le but qu'il s'assigne était formulé en français correct, tout le monde y gagnerait !

Décidément en avance, c'est le cas de le dire, la Chine projette de damer le pion aux Américains en inventant le voyage dans le temps. En effet, M. Patrick Poivre, autoproclamé d'Arvor, a ainsi affirmé sans sourciller sur TF1, le 24 octobre 2007, que les Chinois veulent *« envoyer un astronaute vers 2020 »* (*sic*) (enregistrement vérifiable et citation authentique, évidemment). Où veulent-ils l'envoyer, mystère, on suppose dans l'espace, toujours est-il que syntaxiquement cet énoncé est univoque : « La destination sera… l'année 2020. » Nous souhaitons sans chinoiser bon vent à ce *taïkonaute* (ça veut dire « homme du grand vide », en chinois, tout un programme). Chaque grande nation spatiale s'est en effet arrogé une appellation contrôlée, *cosmonaute* pour les Soviétiques puis Russes et assimilés, *astronautes* pour les Américains et les Européens.

III
PETIT APERÇU DES FIGURES DE STYLE ET DE RHÉTORIQUE

1. L'anaphore

J'accuse *les bureaux de la guerre d'avoir mené dans la presse, particulièrement dans* L'Éclair *et dans* L'Écho de Paris, *une campagne abominable, pour égarer l'opinion et couvrir leur faute.*
J'accuse *enfin le premier conseil de guerre d'avoir violé le droit, en condamnant un accusé sur une pièce restée secrète, et* ***j'accuse*** *le second conseil de guerre d'avoir couvert cette illégalité, par ordre, en commettant à son tour le crime juridique d'acquitter sciemment un coupable.*

On aura reconnu dans ces lignes la dernière partie d'une lettre célébrissime entre toutes parue dans le journal *L'Aurore* (le jeudi 13 janvier 1898, pour être précis) et que nous devons à la plume engagée et inspirée d'Émile Zola. La figure de style qu'il utilise, cette répétition en tête de phrase de la formule *J'accuse* s'appelle une **anaphore**. Elle permet de donner du souffle, une certaine emphase, elle anime d'une force de conviction un discours ou, dans le cas présent, un plaidoyer.

L'**anaphore** se retrouve donc fort logiquement en prose journalistique, dans la poésie et le théâtre et, de plus en plus souvent, dans des discours et allocutions officielles. Un exemple poétique et musical nous est fourni par un des textes les plus illustres du recueil de Louis Aragon pertinemment intitulé *Strophes pour se souvenir* : admirablement interprété par Léo Ferré (1916-1993), le poème *L'Affiche rouge* évoque le sacrifice des résistants arméniens morts pour la France. Comme nous venons de le faire pour Zola, il est préférable de laisser Aragon faire une magistrale démonstration de ce qu'est l'anaphore :

Ils étaient ***vingt et trois*** *quand les fusils fleurirent*
Vingt et trois *qui donnaient leur cœur avant le temps…*

Rien d'étonnant que ce procédé ait fini par fasciner les rhétoriqueurs au petit pied qui rédigent les discours et allocutions officiels, mais n'est pas Zola qui veut. Dans un discours tenu en 2007 après le premier tour d'un scrutin national, les Dijonnais ont ainsi été gratifiés d'une anaphore répétée quarante-six fois :

Alors, pourquoi tant d'attaques personnelles, pourquoi tant de violence, ***pourquoi tant de haine ?*** *Oui,* ***pourquoi tant de haine ?*** *Parce que je parle de la France ? De son identité ? De ses valeurs ? Parce que ce sont devenus des gros mots ?* ***Pourquoi tant de haine ?*** *Eh bien, je vais vous le dire. D'abord parce qu'il y a les voyous, les trafiquants, les fraudeurs, les caïds, les bandes qui veulent faire leurs petites affaires tranquillement, qui veulent pouvoir frauder, racketter, trafiquer sans être dérangés. Il y a les casseurs qui veulent pouvoir casser en toute impunité. On n'est pas populaire parmi les voyous quand on veut faire respecter partout les lois de la République.* ***Pourquoi tant de haine ?*** *Parce que c'est la gauche qui aurait dû le dire et que la gauche ne l'a pas dit ? Parce que la gauche aurait dû le faire et que la gauche ne l'a pas fait ? Parce que la gauche n'a pas sauvé Alstom et qu'elle a bradé la sidérurgie sous prétexte que la sidérurgie n'avait plus d'avenir ?* ***Pourquoi tant de haine ?*** *Parce que cette vérité, c'est la gauche qui aurait dû la dire et qu'elle ne l'a pas dite ?* ***Pourquoi tant de haine ?*** (etc., etc., etc.)

À ce niveau, on ne dit plus **anaphore**, on dit *arrêt* au plumitif qui a produit ce guano verbal. Quelques mois plus tard, ce sont les dignitaires saoudiens qui ont droit à leur baptême anaphorique, le 14 janvier 2008, avec cette divine tirade :

> ***Dieu*** *transcendant qui est dans la pensée et dans le cœur de chaque homme.*
> ***Dieu*** *qui n'asservit pas l'homme mais le libère.*
> ***Dieu*** *qui est le rempart contre l'orgueil démesuré et la folie des hommes.*
> ***Dieu*** *qui par-delà toutes les différences ne cesse de délivrer à tous les hommes un message d'humilité et d'amour, un message de paix et de fraternité, un message de tolérance et de respect.*
> (Allocution du président de la République, M. Nicolas Sarkozy, devant le Conseil consultatif saoudien à Riyad, le lundi 14 janvier 2008)

Mieux vaut en revenir à la littérature, la vraie, et rester admiratifs devant la plume de Corneille, qui fait dire au personnage de Camille dans la pièce intitulée *Horace* (acte IV, scène 5) :

> ***Rome****, l'unique objet de mon ressentiment !*
> ***Rome****, à qui vient ton bras d'immoler mon amant !*
> ***Rome*** *qui t'a vu naître, et que ton cœur adore !*
> ***Rome*** *enfin que je hais parce qu'elle t'honore !*

2. Antanaclase et syllepse : les jeux sur les mots

Si vous ne vous sentez pas bien… faites-vous sentir par un autre !

Cette grande leçon de philosophie donnée par Francis Blanche utilise un procédé subtil, le transfert de sens ou le double sens d'un même mot (ici, *sentir*). Ce type de formule s'inscrit dans une tradition intellectuelle très vivace : le **jeu sur les mots**.

Décrié par les uns, adulé par les autres, ce sport que nous aimons accaparer comme « national », alors que les locuteurs d'autres pays s'y livrent eux aussi avec humour, fougue et talent, le jeu de mots est un vaste champ d'expériences dont personne ne peut prétendre faire le tour. Des maîtres illustres y ont excellé et y excellent toujours, acquérant du même coup une étincelle d'immortalité, comme les regrettés Desproges, Yanne, Devos, Blanche…

Certains procédés générateurs de jeux peuvent toutefois être répertoriés.

Dans une subtile *Pensée* de Pascal : *« Le cœur a ses raisons que la raison ne connaît pas »*, le mathématicien écrivain philosophe oppose sentiments et intellect (*raison*) ; il utilise une première fois *raison* au sens de mécanisme, dynamique, voire… de logique : la logique du cœur et la logique rationnelle.

Un auteur contemporain facétieux (Jean-Loup Chiflet) utilise avec talent le même procédé dans *« Mieux vaut avoir l'air conditionné que l'air stupide »*.

Le « truc » consiste à répéter plusieurs fois le même terme (on parle en linguistique de signifiant) avec un sens différent à chaque fois (le signifié) : on appelle ça une **antanaclase** (car l'antanaclase est féminin).

Une astuce voisine : relier des termes qui, en principe, n'ont pas de rapport normal l'un avec l'autre. Dans ce sens, on peut dire que l'**antanaclase** est proche du **zeugme** (☛ p. 207). C'est joli comme nom, non ?

Victor Hugo en a produit un fameux et souvent cité : il décrit un vieillard fatigué en ces termes, dans la quatrième strophe d'un poème de *La Légende des siècles* intitulé *Booz endormi* :

Cet homme marchait pur, loin des sentiers obliques,
Vêtu de probité candide et de lin blanc ;
Et, toujours du côté des pauvres ruisselant,
Ses sacs de grain semblaient des fontaines publiques.

Dans d'autres citations très proverbiales, comme : *« La culture, c'est comme la confiture, moins on en a, plus on l'étale »* l'**antanaclase** ne consiste pas à répéter le même terme, mais à associer un terme à deux notions complémentaires / contradictoires. Ici, *étaler* : « Faire étalage d'une culture que l'on n'a pas » et *étaler* au sens de « étendre sur une surface. » (☛ « La frime des citations », p. 247).

Dans le trait d'esprit – un brin provocateur : *« Il faut battre le fer quand il est chaud, facile à dire, quand il est chaud ma femme repasse avec »* (Jean-Marie Gourio), l'**antanaclase** porte sur la définition prêtée au mot « *fer* ».

Des internes en médecine mécontents, qui inciteraient par voie de banderoles à participer à une grève des soins, pourraient adopter *« Raccrochez vos blues ! »* (*Raccrochez* au sens à la fois de « suspendez votre travail », mais aussi de « ne désespérez pas », avec en prime un jeu phonétique sur *blouse / blues*).

Dans « *Une diva qui se donne de grands airs* », c'est *air* qui suggère d'abord un air de musique et ensuite un air, une allure hautaine. Sur le site d'une encyclopédie en ligne, on trouve le subtil *« Les manchots étaient à deux doigts d'en venir aux mains »*.

Ce procédé s'appelle une **syllepse de sens** : il consiste à utiliser une seule fois un mot, mais en lui donnant successivement un sens propre puis un sens figuré.

Un autre orfèvre iconoclaste en donne une illustration dans : *« Dieu soit loué, meublé ou non. »* (Jean Yanne)

Vous pouvez, cher ami lecteur, si vous êtes joueur, pratiquer l'**antanaclase**, la **syllepse** et le ***zeugme*** vous-même en suivant certaines consignes : le « truc » consiste à opter, par exemple, pour un verbe qui a plusieurs sens (radicalement) différents. Des verbes simples et anodins en apparence comme *prendre*, *sauter*, *parler*, *faire*, *porter* ou alors des verbes un peu plus spécifiques, comme *essuyer*, *retenir*, *éponger*, *laver*.

Les échantillons suivants peuvent servir de modèles :

• prendre : *Mieux vaut prendre son pied qu'une main dans la figure.*

• sauter : *« Après avoir sauté sa belle-sœur et le repas du midi, le Petit Prince reprit enfin ses esprits et une banane. »* (zeugme double de Desproges)

• parler : *« Il parlait en anglais et en gesticulant. »* (Frédéric Dard)

• faire : *À soixante ans, il faisait beaucoup de vélo mais pas son âge.*

• essuyer : *Après avoir essuyé le refus de son chef, il en fit de même pour son front.*

• retenir : *Devant la salle d'examen, l'étudiant a retenu son souffle et les dates.*

• laver : *Il a été lavé au savon de Marseille et de tout soupçon.*

• éponger : *Elle a eu plus de mal à éponger ses dettes que le sol.*

On l'aura compris, ce type de figure de rhétorique est utilisé comme ressort comique, ou du moins humoristique, car il joue avec les attentes et les réflexes de l'auditeur / lecteur. L'illustrissime commissaire San-Antonio est aussi un as de l'antanaclase, avec la complicité de son concepteur, Frédéric Dard, quand il décrit : *« Il poussa un soupir profond et la porte d'entrée. »*

3. L'antonomase

J. K. Rowling est la cendrillon de la littérature anglaise.

Pour ceux qui ne connaîtraient (conna**i**traient selon les recommandations de l'orthographe réformée en 1990) pas J. K. Rowling : c'est la « maman » de *Harry Potter*, au sens littéraire s'entend. Lorsqu'on dit que cette citoyenne britannique (la plus fortunée) est une « cendrillon », on utilise une figure, les spécialistes disent « un **trope** », qui a nom **antonomase.** On désigne quelqu'un (ici, Mme Rowling) ou quelque chose par un nom commun qui a pour origine un nom propre (ici, Cendrillon, qui, la pauvrette, du coup perd sa majuscule). Chacun d'entre nous se souvient aussitôt qu'il désigne des objets de son vécu quotidien (un *frigidaire*, une *mobylette* ou un *solex* – qui connaît un étonnant regain de faveur – pour ne citer que quelques exemples), qu'il recourt à des services ou adopte des lignes de conduite (comme *boycotter* un opérateur, une marque, voire une manifestation sportive de dimension planétaire par exemple) à l'aide de noms propres devenus communs. On peut aussi qualifier d'**antonomase** la description d'une personne ou d'un site (*ville rouge*, voir plus bas) à l'aide d'une périphrase ou d'un verbe.

Voici quelques antonomases parmi les plus connues, mais évidemment leur liste ne prétend pas être exhaustive ; elle ne peut d'ailleurs heureusement pas être close, car cette figure de style est un signe de la vitalité de la langue. (Et il faudrait se garder de limiter cette vitalité à la seule langue française, tant il est vrai que l'antonomase est internationale.)

Le domaine des sciences et techniques est un vrai gisement d'antonomases :

• Le physicien français Ampère a donné son nom à l'unité de mesure du courant électrique qu'est l'*ampère* et qui de surcroît est masculin : **un** *ampère* est une des sept unités de base du système international.

• Les automobilistes français ont plébiscité les véhicules équipés d'un moteur *diesel*, à tel point que *diesel* a acquis le statut de nom commun ; s'en doutait-il, Rudolf Diesel qui a inventé ce moteur en 1893 et l'a réalisé en 1897 avant que des épigones, quelque trente ans plus tard, ne « réinventent » le procédé ?

• Une gazette sportive hispanique tresse des couronnes de laurier hautement scientifiques à un footballeur en le qualifiant d'« *Einstein* du foot » : l'exploit de Maradona (surnommé avec plus de pertinence Maradroga) avait consisté à marquer un but de la main devant les caméras de télévision du monde entier (rappelons que le footballeur n'a, sauf exception, pas le droit de toucher le ballon de la main).

• Les fréquences des ondes électromagnétiques sont mesurées en *hertz* (notez le *t*, le mot allemand désignant le cœur s'écrit *das Herz*) : Heinrich Hertz les a mises en évidence en 1887.

• Les rayons X sont appelés dans les milieux spécialisés rayons *röntgen* ; en effet, c'est Wilhelm Conrad Röntgen qui les a découverts, ce qui lui a valu le premier prix Nobel de physique en 1901.

• Le mathématicien écossais James Watt (1736-1819) a considérablement perfectionné la machine à vapeur. Fort logiquement, le *watt* est devenu une unité classique de mesure de puissance.

Les inventeurs ne sont peut-être pas des scientifiques de haut vol, mais ils ont laissé des traces bien visibles :

• Pour rester dans le domaine de la physique nucléaire, une invention qui a déclenché bien des émois tire son nom d'un haut lieu de l'expérimentation atomique : le *bikini*, revisité par le Français Louïs Réard en 1946, fait explicitement référence à l'atoll de Bikini.

• Revenons sur terre pour évoquer une autre invention, plus plate : comme son nom le suggère, le *macadam* est une technique élaborée par un Écossais, John Lodon McAdam (1756-1836). Afin d'optimiser l'étanchéité du revêtement de la chaussée dans le climat de sa région réputée, à tort ou à raison, pour son humidité, il a pensé à l'imprégner de goudron (qui se dit *tar* en anglais, *Teer* en allemand), ce qui a donné le *tarmacadam*. Réduites (**apocopées** en fait, ☛ p. 180), ces quatre syllabes, « tar-ma-ca-dam », réduites au nombre de deux, désignent le *tarmac* bien connu des pilotes.

• L'alphabet *morse* a été mis au point en 1838 par le peintre Samuel Morse.

• La banale *poubelle* tire son nom du préfet Eugène Poubelle, qui a mis en place ce récipient en 1884. Très rapidement, les usagers l'ont baptisé ainsi.

• Même si elle est trouée, la *poubelle* peut difficilement être réparée par une *rustine* : l'inventeur français Louis Rustin (1880-1954) a développé l'idée de ces rondelles de caoutchouc bien connues des cyclistes, pour l'essentiel.

La lutte, sociale ou non, a également généré des antonomases répandues :

• Le consommateur averti qui se ménage un espace d'action et de résistance peut envisager de *boycotter* tel ou tel produit, telle entreprise, telle marque. En le faisant, il se réfère à Charles Cunningham Boycott (1832-1897), un méchant propriétaire terrien qui a eu maille à partir avec les fermiers qu'il exploitait de façon scandaleuse.

• Le verbe *limoger* et son action, le *limogeage*, viennent bien de la ville française de Limoges : insubordonnée et rebelle, cette *ville rouge* (encore une **antonomase**, mais d'un type un peu particulier) a vu le maréchal Joffre y assigner à résidence les officiers qu'il jugeait indignes de commander ou simplement incompétents.

La gastronomie n'est pas en reste : on ne compte plus les cuisiniers/pâtissiers qui ont donné leur nom au mets ou à la spécialité qu'ils ont inventé :

• Un *parmentier* de légumes doit bien sûr son nom à Antoine Augustin Parmentier (1737-1813), qui a notamment découvert et popularisé les vertus nutritives de la pomme de terre.

• L'histoire ne dit pas si, lors des expériences réalisées par les scientifiques nommés plus haut, ceux-ci se nourrissaient de *sandwichs* pour gagner du temps ; en tout cas, nous devons cet ancêtre de la restauration rapide portative à John Montagu, comte de Sandwich, qui, pour s'adonner au jeu sans perte de temps, a suggéré une telle idée à son cuisinier en 1762.

Les **toponymes**, noms propres qui désignent des lieux ou des régions, ont généré – et continuent de le faire – une sympathique et appétissante tribu d'antonomases : un *bordeaux*, un *roquefort*, un *camembert* n'en donnent qu'un avant-goût.

• Une manie incompatible avec la dégustation de mets délicats, à savoir fumer, est enfin bannie des lieux publics ; il n'est pas inintéressant à cette occasion de se rappeler que la *nicotine* tire son nom de Jean Nicot, seigneur de Villemain (1530-1600, ce qui ne nous rajeunit pas). Ambassadeur de France à Lisbonne, il a découvert au Portugal l'usage du tabac, qu'il a importé à la cour du roi de France (où ce « médicament » a vite été appelé « herbe à *Nicot* »).

Comme on l'a vu plus haut, le monde du sport n'est pas en reste dans la production régulière d'antonomases, puisque le meilleur hommage que l'on puisse rendre aux inventeurs de techniques nouvelles ou même de sports nouveaux est de les baptiser du nom de leurs inventeurs ou redécouvreurs :

• Le *badminton* (sous sa forme actuelle, mais le sport existait bien avant, évidemment) est né en 1873 dans la ville anglaise de Badminton, où était sis le château du duc de Beaufort.

• Lorsque, près d'un siècle plus tard, aux JO de Mexico en 1968, le sauteur américain Dick Fosbury conquit la médaille d'or du saut en hauteur en réalisant des sauts en rouleau dorsal, il donna son nom à cette technique : le *fosbury*. Même si, pour la petite histoire, c'est son compatriote Bruce Quande qui réalisa le premier saut dorsal en 1963, hors compétition.

• Les patineurs connaissent tous l'*axel* (triple ou non) et le *lutz* : le Norvégien Axel Paulsen donna son prénom à cette figure qu'il réussit pour la première fois en 1882 et l'Autrichien Alois Lutz inventa la sienne en 1913.

Il y a aussi les antonomases qu'on n'identifie plus guère parce que le nom propre d'origine s'est perdu dans les oubliettes de l'histoire :

• Un *mécène* s'appuie sur le nom de Caius Mæcenas, dans la Rome antique.

• À cette même époque, les représentants d'un peuple germanique entreprirent plusieurs cycles d'invasions qui valurent à leur nom, les Vandales, de désigner, avec une minuscule, des malfaisants détruisant ou saccageant sans motif le « mobilier urbain ». À telle enseigne que cette antonomase a généré aussi le verbe *vandaliser*, par exemple.

Une antonomase illustre parfaitement la carrière des noms propres recyclés :

• Traiter quelqu'un de *césar*, c'est lui reconnaître une stature impériale.

D'une manière générale, nous devons à la mythologie gréco-romaine de multiples antonomases qui ne sont pas toutes « traçables » d'emblée :

• *Il est bâti comme un hercule* est aisément déchiffrable.

• *Se perdre dans un dédale* est sans doute déjà moins usuel pour qui a oublié que le roi Minos a demandé à son architecte, Dédale, de trouver un moyen d'enfermer le Minotaure : d'où son idée de construire le labyrinthe.

• Quel utilisateur n'a pas déjà cent fois maudit un virus malveillant mettant à mal son système informatique poétiquement baptisé « *cheval de Troie* » ?

• Il y a parfois de quoi *paniquer* ! Ce verbe décrit justement un des talents attribués au dieu Pan, qui parvenait, en poussant des cris stridents, à rendre hystérique une foule ou un groupe, même de Titans, lors notamment de la guerre homérique les opposant à Zeus.

• D'ailleurs, à tout prendre, *dieu* lui-même est une antonomase… de Dieu.

• Quand un patient sur le divan d'un psychanalyste s'efforce de rétablir son *œdipe* « mal réglé », il donne dans l'antonomase antique.

• Qualifier une femme de *pénélope* équivaut à lui décerner un brevet de fidélité.

• À l'inverse une *mégère* est une femme violente, et une *harpie* est annonciatrice de dangers.

Les arts (littérature, musique…) fournissent, eux aussi, matière à **antonomase** :

• Les noms de personnages de fiction peuvent faire une grande carrière ! Qui ignore qu'un *harpagon* (création de Molière) désigne un *avare* ? Qui n'a pas entendu parler d'un *casanova* ou d'un *don juan* (un séducteur) sur le ton de l'admiration ou de l'invective ?

• Et si l'on traite quelqu'un de *candide* (le héros de l'œuvre de Voltaire), chacun comprend que la personne ainsi désignée est considérée comme ingénue ou naïve.

• La littérature moins « noble » a donné naissance aussi à des noms communs dont l'origine n'est souvent plus décryptée : justement, Eugène Sue (1804-1857) a créé, dans *Les Mystères de Paris*, un personnage de concierge féminin, la peu discrète Mme Pipelet, qui a donné une *pipelette* (une femme bavarde).

Le cinéma également est un pourvoyeur d'antonomases omniprésentes :

• Quel petit garçon n'a jamais rêvé d'être *Superman* ?

L'**inverse** existe aussi, quand on utilise un nom commun à la place d'un nom propre pour définir ou caractériser une personne :

• Le *prince des poètes* est devenu une formule certes officielle (il s'agit même d'un titre honorifique), mais c'est bien un assemblage de noms communs qui sert à désigner un poète particulièrement illustre. En son temps, le *prince des poètes* n'était autre que Paul Verlaine, puis, à sa mort, le titre est revenu à Stéphane Mallarmé. Paul Fort et Jules Supervielle furent eux aussi désignés par cette **antonomase inverse**.

Certaines marques ou certains noms de produits tirent leur appellation d'un nom propre, ce qui paraît somme toute très logique :

• Une *Porsche* étonne seulement quand on apprend que cette société *David* a pu prendre le contrôle du *goliath* Volkswagen (encore des antonomases, bibliques cette fois).

• Un *kleenex* et du *scotch* sont des exemples familiers à tout un chacun.

Les antonomases abusives

L'actualité nous fournit un exemple d'antonomase confinant au tic verbal :

• Comme nous l'avons déjà vu, depuis novembre 2007 prolifèrent de façon explosive les *Grenelle* de tout et de n'importe quoi. Après le *Grenelle* de l'environnement a été planifié un *Grenelle* de la fiscalité locale, contrecarré dans l'opposition par un *Grenelle* du pouvoir d'achat, aussitôt imité par un ministricule revendiquant un *Grenelle* de l'éducation, amélioré par un *Grenelle* de la sécurité, chassé par un *Grenelle* de la fonction publique, que fera sûrement oublier l'incontournable *Grenelle* de la santé, sans omettre le *Grenelle* de l'insertion rajouté *in extremis* par un retardataire en mal d'inspiration ! Les humoristes ne pouvaient pas être en reste puisqu'ils revendiquèrent un *Grenelle des Grenelle.* Fort heureusement, ce trouble obsessionnel compulsif passera de mode.

• On ne compte plus les clones de rappeurs américains vendus comme les nouveaux *mozart* du rap dans les sites *ad hoc.*

• Les voyagistes – en français orthodoxe « tour opérateurs » – n'hésitent pas à vanter telle ville ou tel site à grands coups d'antonomases :

On ne parvient plus à dénombrer les *Venise du Nord* (Amsterdam, Bruges, Emden, Hambourg, Saint-Pétersbourg, Stockholm...). La ville allemande – et même saxonne – de Dresde s'arroge le titre de *Florence* de l'Elbe...

Être *ville rouge* semble parer la cité porteuse de vertus telles qu'elles sont plusieurs à revendiquer cette appellation, à divers titres (soit pour l'architecture, ce qui est visuellement peu contestable, soit pour le passé révolutionnaire) : entre Albi, Autun, Bourges, Le Mans, Limoges, Lyon et Marrakech, le monde est « écarlate ». Le concours continue.

4. Apocopes… and co

Voyant le ***pneu*** *crevé de sa* ***mob****, l'****ado*** *prit le bus pour aller au* ***ciné****.*

Apocope

Si vous comprenez d'instinct les mots en romain du titre sans être obligé de donner votre langue au chat, c'est que vous êtes calé en **apocope** !

Ce mot paraît barbare ; même en s'approchant, on ne voit pas si c'est un mâle ou une femelle ! Eh bien, justement, cher ami lecteur, c'est **une apocope** et vous en rencontrez et en réalisez même plusieurs fois par jour.

Confectionner une **apocope** consiste à supprimer une (ou même plusieurs) syllabes en fin de mot : quand vous faites des prises de vues avec votre caméra numérique, vous pouvez être tenté de tirer sur votre imprimante des *photos*. Voilà une apocope type : *photo* au lieu de « photographie » : les syllabes *gra* et *phie* sont élidées, on choisit d'en faire l'économie.

Ado, appart, bus, ciné, fac, manip, pneu, prof et *psy* en sont d'autres exemples très courants. *D'acc* ?

Il est très courant de pratiquer des apocopes sans anesthésie locale sur des prénoms : *Al* pour Alain, voire Alexandre ; *Fred* pour Frédérique / Frédéric ; *Isa* pour Isabelle ; *Manu* pour Manuel / Emmanuelle ; *Nico* pour Nicolas ; *Toine* pour Antoine ; *Seb* pour Sébastien. Certains noms propres peuvent aussi être apocopés : *Saint-Ex* désigne un petit prince parmi les écrivains, Saint-Exupéry ; tandis que *Saint-Trop* est devenue l'apocope classique pour Saint-Tropez ; et *Libé* est l'apocope affective du quotidien *Libération.* L'apocope peut constituer un des critères de mesure de la célébrité d'une personnalité : tout le monde sait qui est désigné par *Ségo*…

Quelques apocopes de notre quotidien :

• Un bon *chrono* (temps mesuré sur un chronomètre).

• On cherche un ou une *coloc* (colacataire).

• C'est une affaire pour la *Crim* (police criminelle).

• Vous prendrez bien un *déca* (un café décaféiné).

• Les responsables de la *fédé* (fédération) ont été surpris du résultats des motions.

• En son temps, le ministère de l'Environnement incitait à traquer le *gaspi* (gaspillage).

• Un *instit* s'appelle à présent professeur des écoles (*prof* est une autre apocope de l'enseignement, à côté de *bac, maths, Maths Spé.* (Mathématiques spéciales), *Maths Sup.*, une *interro,* la *récré, Sciences-Po, Sup de co...*).

Bref, des apocopes, il y en a un *max...*

Métaplasme

Maintenant que vous voilà rassuré, franchissons une étape supplémentaire : l'**apocope** est un truc, une astuce linguistique et, en tant que telle, elle fait partie d'une famille plus vaste : celle des procédés consistant à altérer, à modifier (le plus souvent consciemment) un mot ; ces procédés s'appellent ? des **métaplasmes**. Ça fait peur. Quand ça n'évoque pas carrément un cataplasme, ça peut faire penser à la rigueur à un écran *télé* (*télé* est une belle et très fréquente apocope, soit dit en passant) dernière génération, mais non.

Un **métaplasme**, c'est quand on retranche un morceau devant, derrière ou au milieu d'un mot :

Devant

Qui d'entre nous n'a entendu parler des zétazuniens sous l'appellation de (*~~Amé~~*)*ricains* ? On pourrait dire que le *amé* manque aux *ricains.* De là à dire que nos amis américains manquent d'âme, on franchirait injustement un pas facile dans l'antiaméricanisme !

On parle d'**aphérèse** quand on enlève une tranche au début : *M'sieur* ! pour « Monsieur », par exemple. Dans un film relatant les aventures d'un petit Gaulois flanqué d'un compagnon un peu enveloppé, un architecte égyptien requiert l'aide du grand sage du village en affirmant rechercher le « *droïde* » : outre le jeu de sons sur « druide-droïde », cette création est bien une aphérèse de *androïde.* Le *p'tit déj'* est la première apocope de la journée.

Au milieu

Quand le *boulevard Saint-Michel* devient le *Boul'Mich*, on a affaire à deux membres de la famille des **métaplasmes** : une **apocope** car on a enlevé *-evard* du *boulevard* et *-el* de *Saint-Michel* ; une **syncope** car on a fait disparaître le *Saint* du milieu…

À fréquenter cette famille policée composée de *-copes,* il y a vraiment de quoi faire une *syncope* !

Derrière

Qui d'entre vous, en cette époque de post-grenelle environnemental, n'a pas eu envie de manger *bio* (pour « biologique »), attitude naturelle pour un *écolo* (un « écologiste ») ? L'**apocope** consiste en principe à raccourcir la fin : un membre de la *fédé* pour « fédération ». D'ailleurs, ces mots se terminant par *-tion* ou *-ation* font souvent l'objet de ce genre d'altéra… *tion* justement : une *démo* au lieu de « démonstration », les *infos* télévisées pour « informations », faire de l'*intox*, donc de l'intoxication, une *manif* pour « manifestation », une *soluce* pour « solution » ou *bon app à la cafèt* pour « bon appétit à la cafétéria » !

On rencontre donc cette sympathique apocope (dont le nom vous rebutait d'entrée de jeu, vous pouvez l'avouer, maintenant) dans la langue populaire, sans connotation négative, bien entendu. Elle véhicule alors souvent une intention critique, ironique ou vachardement affectueuse sans toujours respecter le « code » de l'**apocope** qui, on l'a dit, consiste en principe à économiser sur la fin du mot ; mais parfois on rajoute au début tout en raccourcissant la fin. Les Italiens ont gagné un peu d'*r*, mais perdu un *-ien* en s'entendant traiter de *ritals*. Le *champ* ou *champ's* (« champagne ») et les *Japs* (pour « Japonais ») procèdent de la même formation.

Une voiture qui a acquis le statut envié de véhicule « culte » a eu droit à ses lettres de noblesse en l'espèce d'une **apocope doublée**. Le terme officiel est *gémination* (on devine les « gémeaux/jumeaux » derrière ce superbe latinisme) : en effet, la mythique *2 CV*, appelée « deux-chevaux », a d'abord donné la *deuche*, puis rapidement la *deudeuche*.

Dans ce cas, comme pour le doublon *Momo* (valant aussi bien pour Maurice que pour Monique), on parle d'**hypocoristiques**. On est rudement content de le savoir.

Sinon, l'apocope approximative populaire sert essentiellement à aller plus vite : *ad'taleur* ! *bon app'* !

Au début de cet ouvrage, il était question d'**acronymes**, à savoir de sigles que l'on peut lire comme des mots à part entière (*Sernam* est l'acronyme de ***ser****vice* ***na****tional* de ***m****essagerie*, mais, à la différence de *SNCF*, on peut le prononcer) ; eh bien, l'**apocope** est un *outil à fabriquer des acronymes* : si l'on veut parler des trois pays au nord de la France qui ont fait partie du noyau fondateur de la Communauté européenne, puis de l'Union européenne, on évoque spontanément et sans problème le *Benelux* :

pour l'obtenir, on a apocopé ***Be**lgique*, ***Ne**derland* et ***Lux**embourg* ; associées, ces trois apocopes fusionnent en un acronyme.

JEU :

1. Quelles sont les apocopes des acronymes suivants ?

Gestapo / Stasi (le rapprochement de ces apocopes est dramatique et un appel constant au devoir de mémoire et à la vigilance). Plus utile et moins infamante, l'**apocope acronymée** suivante : sauriez-vous décrypter *Orsec* ?

2. Faites ou décryptez le métaplasme suivant (tentez de dire à quel membre de la famille vous avez affaire) :

- blog
- j'ai trouvé une coloc
- mademoiselle
- jouet
- mélo
- publicité
- réac

3. Décryptez les apocopes suivantes :

- ampli
- métro
- philo
- radio
- il est très pro
- Star Ac
- sympa
- tarmac
- taxi
- vélo
- on est allés au caf'conç'

4. Retrouvez l'apocope de :

- Abdominaux
- beau-frère
- bénéfice
- même pas capable !
- champagne
- homosexuel
- improvisation
- *Libération*
- McDonald's
- la fête à Neuilly
- c'est personnel
- femme vampire
- le vélodrome d'Hiver
- papier aluminium

SOLUTIONS :

1. Acronymes à base d'apocopes :

- *Gestapo* = **Ge**heime **Sta**ats**po**lizei, soit « police secrète d'État ».
- *Stasi* = **Sta**ats**si**cherheitsdienst, soit « service de la sûreté intérieure de l'État ».
- *Orsec* = **Or**ganisation des **sec**ours.

2.
- *blog* (aphérèse de *We**b*** + ***log*** = respectivement : *Toile* + *journal de bord*)
- j'ai trouvé une *colocation*
- *Ma'mzelle*
- *joujou*
- film ou spectacle *mélodramatique*
- *pub*
- *réactionnaire*

3. • amplificateur
• métropolitain
• philosophe, philosophie
• radiodiffusion, radiographie, radiophonie
• il est très professionnel
• Star Academy
• sympathique
• tarmacadam
• taximètre
• vélocipède
• on est allés au café concert

4. • abdos
• beauf
• bénéf
• mêm' pas cap !
• champ
• homo
• impro
• *Libé*
• MacDo
• la fête à Neuneu
• c'est perso
• vamp
• le Vel'd'Hiv'
• papier alu

5. Anadiplose et épanadiplose

Chapitre aux trois chats pitres

Si vous voulez savoir comment s'appelle la figure consistant à rappeler en fin de phrase ou de vers (dans le titre ci-dessus : *chats pitres*) le ou les mots du début (*chapitre*), même si cette redite est seulement phonétique, lisez la suite.

Même en 2008, les chansons en boucle (dites *chansons en laisse*) gardent leur attrait : les « Trois p'tits chats » de la génération que les moins de vingt ans ne peuvent presque plus connaître ont amusé et animé nombre de colonies de vacances.

Petit rappel du principe pour les novices :

> *Trois p'tits **cha**ts, trois p'tits chats trois p'tits chats chats **cha**ts*
> ***Cha**peau d'paille chapeau d'paille chapeau d'paille paille **paille***
> ***Paill**asson paillasson paillasson son son **son***
> ***Som**nambule somnambule somnambule bulle **bulle*** etc.

Et ainsi de suite, jusqu'à ce qu'à la fin de la chanson survienne comme par magie une rime en *cha* permettant de faire revenir les *trois petits chats* du début.

Nous avons affaire ici à une **anadiplose**. On l'a compris : le texte consiste à utiliser la rime de fin de vers comme syllabe initiale du vers suivant, et ainsi de suite, pour, à la toute fin, revenir à la rime initiale, après des tours et détours auxquels seules l'imagination et la créativité peuvent imposer des limites. Ce jeu sur les mots et les rimes rappelle beaucoup les comptines popularisées entre autres par l'immortel Gaston Lagaffe du regretté dessinateur Franquin : il distrait les petits d'humains dont il a la charge avec des histoires de *papas papous à poux* et de *papas pas papous à poux papas*… (☛ « Les vire-langues », p. 283).

Georges Brassens utilise en partie ce procédé dans ses chansons, entre autres *Le temps ne fait rien à l'affaire* (1961) dont le refrain dit comme ça :

> *Le temps ne fait rien à l'affaire*
> *Quand on est con, on est* ***con***
> ***Qu'on*** *ait vingt ans, qu'on soit grand-père*
> *Quand on est con, on est con…*

Pour le même prix, on a droit dans le deuxième vers (« Quand on est *con*, on est *con* ») à une rime interne, ce qui en fait un **vers léonin**.

Plus difficile encore, l'**épanadiplose**. Elle consiste à reprendre en fin de phrase ou de vers un mot (ou un petit groupe de mots) présent au début de cette même phrase (ou du vers).

L'avertissement, en apparence désabusé, du poète latin Plaute – pourtant plutôt comique – est souvent cité : *« L'homme est un loup pour l'homme. »* On notera que ce n'est une épanadiplose que dans la traduction, l'original latin disait : *« Homo homini lupus »*, soit littéralement : « L'homme, pour l'homme, est un loup. »

Par essence, cette figure se retrouve donc assez souvent dans des formules de type proverbe ou maxime comme : *« Aide-toi, le ciel t'aidera. »*

Un autre exemple historique assez connu (des historiens ou des participants de jeux radiophoniques s'entend) nous est fourni par un alexandrin imaginé en 1785 par Jacques-Antoine Dulaure (1755-1835) : *« Le mur murant Paris rend Paris murmurant »* (réclamation d'un citoyen contre la nouvelle enceinte). Il condamna ainsi l'édification du mur des Fermiers généraux qui a ceinturé Paris : ces précurseurs des agents du fisc entendaient ainsi supprimer les fraudes sur les marchandises entrant dans la capitale.

6. Euphémismes et langue de bois

Ce livre n'est pas accessible aux non-comprenants.

Cette provocante formule suggère que les parfaits abrutis ne peuvent pas comprendre le sens ni accéder au contenu du livre en question. Mais les termes *abruti* ou *débile* n'étant pas politiquement corrects, alors même qu'ils ont le mérite d'être clairs, on les habille d'une formule moins brutale. La « novlangue » de nos technocrates fourmille de tels exemples : au lieu de dire nettement ou brutalement la vérité, ils rivalisent d'imagination et de démagogie pour rebaptiser la réalité ou pour camoufler certaines lacunes. Appeler *professeur des écoles* un fonctionnaire qui portait autrefois le noble titre d'*instituteur* permet de ne pas revaloriser son salaire et de négliger ses conditions d'exercice ; en somme, cela revient à payer les gens avec des mots.

Redorer le prestige d'un corps de métier par des appellations ronflantes revient à coup sûr moins cher. Une *hôtesse de caisse* ne gagne certainement pas plus qu'une *caissière* ! Chacun d'entre nous sait ce que recouvre la trompeuse désignation « *technicien(ne) de surface* », et il n'est pas établi que les *acteurs du chantier de travaux publics* seront heureux d'apprendre leur promotion.

Une anecdote authentique survenue en 1964 illustre ce que peut être un **euphémisme de bienséance**, d'une part, et l'esprit de répartie (ou repartie, les deux orthographes coexistent sans se mordre) de l'autre : l'artiste et poète Chaval venait d'être primé pour un ouvrage bouffon, peuplé de dessins d'oiseaux fantastiques, qui portait le titre accrocheur suivant : *Les oiseaux sont des cons.* Le directeur de feu l'ORTF, M. Claude Contamine, devait remettre officiellement le prix mais, gêné par ce titre qui lui semblait par trop provocateur, il a hésité puis débaptisé l'ouvrage en : *Les oiseaux sont... des oiseaux.* Et

Chaval de le remercier chaleureusement d'un brillant : « Merci, monsieur *Oiseautamine* ! »

Opter pour l'**euphémisme**, c'est, sur le plan stylistique, user d'un « mot plus beau », comme le suggère l'origine grecque de ce terme. Il s'agit d'un adoucissement, on parle d'ailleurs souvent d'*édulcorer*, de rendre plus douce pour ne pas dire sucrée la réalité.

JEU :

D'ailleurs, attentif et subtil lecteur, la preuve que vous baignez dans l'euphémisme, c'est que vous allez réussir à transcrire en termes édulcorés, doucereux les réalités suivantes :

• Un *chômeur* est un ....

• Un *clochard* est un .... ou un ....

• Après le rachat de son entreprise, il a ...., il a perdu son emploi.

• Le responsable d'un parti important est mort d'un cancer : il a été ....

• Un *aveugle* est un ....

RÉPONSES :

- Un *chômeur* est un *sans-emploi.*
- Un *clochard* est un *sans-abri* ou un *sans domicile fixe (SDF).*
- Après le rachat de son entreprise, il a été *remercié*, il a perdu son emploi.
- Le responsable d'un parti important a été *terrassé par une longue et douloureuse maladie.*
- Un *aveugle* est un *non-voyant.*

Bien sûr, l'**euphémisme** peut dans certains cas se rapprocher de ce que l'on appelle la « langue de bois » ou, expression plus moderne qui nous vient de l'anglo-saxon, du « politiquement correct ». Tout le contraire du franc-parler. On dit de quelqu'un qui refuse l'euphémisme et nomme la vérité sans la farder qu'il *ne mâche pas ses mots* (ce qui constitue d'ailleurs une **litote**).

Langue spéciale, administrative ou jargon

La langue que certains enseignants et formateurs appellent ironiquement le « parler ednat » est très riche en tournures euphémisantes pour ne pas traumatiser les élèves que l'on réduit à un participe, puisque l'école est désormais peuplée d'« apprenants ». La meilleure preuve de la bonne santé mentale des professeurs est d'ailleurs leur résistance ironique au jargon par le biais de « mémentos humoristiques » ou autres « guides farfelus ». Ils se livrent au jeu du « on ne dit plus… », « maintenant il faut dire… ». Voici un florilège non exhaustif des plus drolatiques euphémismes : drolatiques, mais pourtant réellement présents dans le jargon dispensé dans les IUFM (Instituts universitaires de formation des maîtres), eux-mêmes appelés à disparaître pour une autre structure. On attend avec impatience le néologisme en cours de gestation.

Autrefois on pouvait dire	**Maintenant il est de bon ton de dire**
Peut mieux faire	Compétences à conforter
Travail et niveau insuffisants	Compétences en voie d'acquisition[1]
Doit redoubler la classe	Doit prolonger son cycle
Cancre / Nullité	Élève en difficulté
Paresseux	Manifeste un déficit de motivation
Cet élève est nul	Les objectifs pédagogiques sont inadaptés à son potentiel
Il ne comprend rien	Il a une forte marge de progression
C'est un parfait abruti	Son épanouissement est manifestement ralenti mais devrait connaître une phase d'éveil ultérieurement
Il n'est pas très doué	Il ne semble pas prédisposé à postuler au passage en classe supérieure

Désignation des minorités et des handicapés

La pyramide des âges française présente des caractéristiques dont en principe on doit se réjouir : grâce aux progrès de la médecine, à une vie plus saine et active, les personnes âgées sont de plus en plus nombreuses. En somme, Jean Ferrat a eu une vision prémonitoire dans « La Montagne » (1966), où il évoque les *« centenaires à ne plus savoir qu'en faire »*. Mais on ne peut plus, comme Jacques Brel, les appeler « Les Vieux » (chanson datant, elle, de 1963). Les *personnes du troisième âge* ont relégué les *vieux* aux oubliettes, mais l'expression est elle-même en passe d'être supplantée par les *seniors*.

---

1. Pour faire bonne mesure et bien sérieux, l'ensemble est même dûment siglé en *VA* (en *v*oie d'*a*cquisition).

Pour des raisons qui ont toutes les apparences de la charité, à savoir éviter toute discrimination verbale ou s'abstenir de heurter la susceptibilité ou la sensibilité de certains publics, les médias ont pris l'habitude d'utiliser des circonlocutions parfois parlantes, mais trop souvent contournées à l'extrême : tout le monde comprend ce qu'on veut dire quand il est question de *malentendants*, sauf les sourds bien entendu, pour reprendre le refrain d'une célébrissime chanson (« La Mauvaise Réputation », 1965) du grand Georges Brassens (1921-1981). À dire vrai, *malentendant* n'est pas toujours un euphémisme pour *sourd* : en effet, une personne *malentendante* a des difficultés à entendre, est dure d'oreille en somme, mais cette déficience ne va pas toujours jusqu'à la surdité totale.

Par peur de passer pour raciste, il n'est plus de bon ton de dire ou d'écrire qu'une personne est *noire*, par exemple. Ultime progrès dans ce domaine : ce sont maintenant des *minorités visibles*. Encore un effort et on en arrivera aux minorités repérables…

La plupart des formes de handicap ont droit à une appellation euphémisante : les anciens débiles mentaux sont à présent des *handicapés mentaux* ; *personnes à mobilité réduite* désigne les personnes handicapées ; une personne franchement obèse n'est plus qu'*enveloppée* ; les auteurs d'euphémismes tentent même de justifier leur jeu sur les mots par un habillage pseudo-scientifique puisque ces mêmes *enveloppés* souffrent de *surcharge pondérale*.

Les *ghettos* ne sont plus des zones de ségrégation sociale, mais des *quartiers sensibles*, et ils ne sont plus peuplés de pauvres, mais y sont parqués les *milieux défavorisés*.

Le même constat prévaut pour des groupes d'individus, voire des nations entières. Ceux qui étaient nommés autrefois « pays sous-développés » s'appellent à présent *pays en voie de développement,* mais dès qu'ils sont sur cette voie (c'est-à-dire encore à des années-lumière de la situation des pays riches), ils ont droit au titre de *pays émergents.*

La fausse pudeur ou la peur de choquer sert également de justification, notamment dans des domaines sensibles comme l'argent, la mort, le sexe.

L'argent

Au lieu de dire de quelqu'un qu'il est immensément, et partant, insolemment riche, on préfère recourir à un plus modeste et moins voyant : *Il est relativement aisé.* Pour désigner des personnes aisées, la fausse pudeur explique qu'*ils ne vivent pas dans la gêne.*

Les commodités

Pour désigner les lieux où l'on s'en soulage, la langue française n'offre pas beaucoup d'options : le lecteur francophone ressuie des termes franchement vulgaires ou a droit au parfum de termes très édulcorés. Constater que le même mot *toilette* peut désigner au singulier une tenue soignée pour devenir, au pluriel, un *lieu d'aisances* (encore un **euphémisme**) a de quoi étonner. *Le petit coin* est plus en odeur de sainteté que des termes trop imagés.

Le sexe

Quand une personne du sexe dit « beau » fait commerce de son corps, il est possible de masquer cette réalité par un anodin : *Elle n'est pas farouche.* Dire d'un quidam que *sa première qualité n'est pas la pudeur* est assez explicite, et même plus parlant qu'un adjectif plus direct.

La violence

Les viols systématiques et le génocide perpétrés par des Serbes durant la guerre qui s'est déroulée presque sur le sol européen en 1990 ont été fièrement baptisés par leurs auteurs eux-mêmes, à l'époque, « *purification ethnique* ». Dans le cadre d'autres conflits ou d'interventions armées, les stratèges militaires américains ont pudiquement parlé de *frappe chirurgicale* pour évoquer des bombardements souvent aveugles. Leur corollaire, les *dégâts collatéraux* est de la même veine. D'ailleurs, même les militaires rechignent à appeler la guerre par son nom, un *conflit de haute intensité* fait tout de même plus propre et plus pro.

Dans la langue propre, au milieu des romans et films policiers, les *tueurs à gages* sont souvent édulcorés en *nettoyeurs* et autres *éliminateurs*, pour ne pas dire *terminateurs* de problèmes ; ils opèrent dans le cadre de *contrats* qui leur donnent presque l'onction d'une mission légale.

La mort

Il est frappant de constater que bon nombre d'adultes prétendant protéger leurs enfants en ne disant pas *Untel est mort*, mais *Il nous a quittés* n'ont rien compris à la pédagogie et à la maturité enfantines : ils comprennent et acceptent bien plus et mieux qu'on ne le dit cette réalité. Accepter ne signifie nullement qu'ils sont insensibles. Mais nier ou cacher la vérité est-il un gage de sensibilité ? Dans le même registre, on trouve aussi *Elle a disparu*, *Elle n'est plus* ou encore plus imagé : *Elle a quitté cette vallée de larmes*. Même si elle n'a pas été incinérée (non, non), feue l'impératrice Sissi est ainsi désignée parce qu'elle a accompli son destin (en latin *fatum*, déformé en *feu/feue*).

On peut méditer sur la délicate formule destinée à bagatelliser une rixe à l'arme blanche entre adolescents : *Le pronostic vital n'est pas engagé*, qu'il faut traduire en français normal par *Sa vie n'est pas en danger.* En français édulcoré (autre définition de l'**euphémisme**) : *Ses jours ne sont pas en danger.*

L'économie

Les économistes (ou présumés tels) ont eux aussi une fâcheuse tendance à édulcorer leur vocabulaire. Les intentions peuvent être pédagogiques (voulant se mettre à la portée du grand public, ils « simplifient » volontairement leur discours) ou plus manipulatrices (cacher une partie de la dure réalité du commerce par exemple). Même les tenants d'une autre économie pour planète ont compris que leur terminologie agressive d'origine pouvait avoir une connotation négative : dans *antimondialiste*, ce qui saute aux yeux, c'est tout de même *anti.* Les linguistes de l'*antimondialité* sont donc allés chercher outre-Quiévrain, en Belgique, le terme plus neutre et à la connotation moins dépréciative d'*altermondialisation* ; le préfixe *alter-* étant censé évoquer les *alter*natives que ses tenants proposent.

Quand il s'agit de dresser le bilan de l'expansion commerciale mondiale, on peut lire des propos lénifiants estimant que « tel grand pays asiatique *ne respecte pas entièrement* toutes les réglementations du commerce international » ; même les adeptes convaincus de la force et du rôle de l'OMC (**O**rganisation **m**ondiale du **c**ommerce) n'osent pas dire tout haut que tel pays organisateur des jeux Olympiques « se moque de tout règlement, triche avec la plupart des lois et tient pour négligeables les admonestations qui peuvent lui être adressées », en matière de travail des enfants par exemple. Cet euphémisme-là a une explication toute simple qui ne constitue en aucune façon une excuse : la peur.

Quand un comptable ou un gestionnaire évoque le *décrochage des ventes*, les salariés ont du souci à se faire, car le terme implique le plus souvent que le commerce en question est *au bord de la faillite*.

Quand un chef d'entreprise parle de *nécessaire restructuration* des effectifs, les auditeurs sont censés être assez naïfs pour croire qu'on leur garantit une meilleure intégration, une gestion plus efficace ; il est inutile d'expliquer par le menu quel est le sens véritable de *restructuration*. En revanche, on ne peut être qu'admiratif devant l'esprit créatif présidant à la gestation d'euphémismes sans cesse renouvelés qui contournent le terme de *licenciement* (abusif ou non, là n'est pas la question). Le hideux terme d'*employabilité* masque très mal la situation tendue du marché du travail qui exclut froidement celles et ceux qui n'ont pas eu l'occasion de s'adapter et de se former. Seuls quelques nigauds ne savent pas ce que cache l'association du substantif *plan* à l'adjectif *social*[1]. Euphémismes plus subtils, la *gestion par objectif*, voire la *gestion prévisionnelle de l'emploi* ou l'arnaque lexicale de la *gestion des compétences* tentent d'épaissir le rideau de fumée dissimulant des pratiques souvent brutales.

Il y a une décennie, le parfait désobligeant *dégraissage d'effectif* faisait les choux… gras, justement. L'expression a été reprise et déclinée par un ancien irresponsable politique qui, le 24 juin 1997, promettait, lui, de *dégraisser le mammouth*.

Si, au début, l'image était un euphémisme, destiné à contourner « mise au chômage », il a rapidement été ressenti – à juste titre – comme insultant. Qu'à cela ne tienne, un autre **euphémisme**, moins primitif celui-là, puisque emprunté à la voile, tend à le supplanter : en 2007, une entreprise ne « dégraisse » plus, elle *réduit la voilure*. Et en 2008 est apparue la combinaison, plus nautique encore : *replier la voi-*

1. Et de fait, il n'est pas interdit de ranger *plan social* parmi les **oxymores** du monde du travail (☛ p. 212).

lure. La preuve par l'exemple que certains dirigeants brassent du vent.

Le jeu continue. Début 2009, certaines entreprises profitent de la crise pour faire accepter des licenciements dont la seule justification est boursicotière en inventant le *décrutement*.

Travailler moins pour travailler mieux semble pouvoir défendre ses chances.

Passer ou *être classé en cellule de reclassement*. Joli euphémisme, qui n'est pas sans évoquer d'autres cellules, dites de *dégrisement* celles-là, comme si être licencié sans faute professionnelle était assimilé à un état comateux consécutif à l'ingestion excessive de boissons fermentées…

Le 17 octobre 2008 sur France Inter, à propos des salariés d'une entreprise de textile contrainte de délocaliser sa production à l'étranger (pays de l'Est) et, partant, c'est le cas de le dire, contrainte de *recaser* ses salariés.

Dans le domaine réservé de la *fraude fiscale* pratiquée à grande échelle par des citoyens au-dessus de tout soupçon, mais surtout au-dessus d'un seuil de revenus qui les assujettit en principe à l'**i**mpôt de **s**olidarité sur la **f**ortune (ISF), on trouve également de jolis euphémismes : un avocat qui s'est spécialisé en conseil fiscal a doctement expliqué aux médias, le 17 février 2008 (sur France Info notamment), qu'il ne fallait voir dans ces manœuvres que des « *stratégies d'optimisation fiscale* »…

Nul mieux que Molière n'a su exprimer ce qu'inspirent ces circonvolutions rhétoriques : « *Ah ! qu'en termes galants ces choses-là sont mises !* », fait-il dire à Philinte dans *Le Misanthrope* (Acte I, scène 2).

Codage de la langue diplomatique

Le cryptage diplomatique est bel et bien un jeu sur les mots. Rappelons en effet que *diplo* en grec signifie « double ». On ne saurait mieux dire : la langue de la diplomatie est étymologiquement et littéralement un double langage. Ces bases étant établies, on ne peut plus réellement taxer certaines affirmations de mensonges. Quoique…

Il existe une subtile codification des termes (en particulier les adjectifs) choisis pour rendre compte d'une activité politico-diplomatique : un *échange de vues cordial* signifie, en gros, que les interlocuteurs ont dû être séparés pour ne pas en venir aux mains. L'*échange chaleureux* implique qu'ils ne se sont pas – immédiatement – crachés au visage. Quant à l'*échange de vues informel*, tout le monde l'aura compris : à part la pluie, le beau temps et la santé des animaux domestiques, épouses et enfants respectifs, aucun sujet essentiel n'a été abordé.

Quand deux chefs d'État ont *échangé*, voire *compris leurs points de vue respectifs*, tout téléspectateur ou lecteur à peu près averti (bref, le contraire d'un *non-comprenant*) traduit automatiquement en français compréhensible : « Ils ne sont d'accord sur rien. » Et, quand un communiqué enregistre *une avancée positive* dans les négociations avec tel ou tel groupuscule faisant de la prise d'otages une activité professionnelle lucrative, on subodore aussitôt que lesdites négociations sont *dans une impasse*, quand on n'insinue pas carrément qu'elles ont *lamentablement échoué.*

Si, lors d'un sommet du type G*n* (la valeur de *n* est actuellement de 8, mais des *pays émergents* – encore une manière d'euphémisme banalisé – vont peut-être accroître cette valeur de *n*) des responsables procèdent à « *un tour d'horizon* des questions commerciales en suspens », le sens est lumineux : *l'échange de vue a été parfaitement superficiel*, vague, et il n'a servi qu'à ingurgiter des petits-fours : le tour d'horizon, lui, a fait un vrai grand « four » panoramique !

La langue politique ne pouvait être en reste : ses euphémismes ont même donné lieu à la naissance d'une expression, le *politiquement correct*, qui n'a manifestement pas tout à fait le même sens dans son pays d'origine, les États-Unis, que chez nous en France. À l'origine, il s'agissait de ne pas heurter, d'éviter de choquer inutilement et de blesser gratuitement. Dans les médias français, l'expression est davantage utilisée pour dénoncer les **litotes**, **euphémismes** et **synonymes** récurrents dans les discours et promesses du personnel politique.

Au lieu d'affirmer crânement et honnêtement qu'il est urgent d'adopter un cap économique ferme, certains responsables rejettent avec une exquise pudeur effarouchée le terme de *rigueur* ou la formule *plan d'austérité*, s'imaginant avec candeur que les administrés mordront à l'hameçon de ce qu'ils tentent de leur vendre : une *meilleure gestion*. Ces mêmes pudibonds ne craignent pas à l'occasion de piétiner leur langue euphémisante en avouant des *caisses vides*, des bords de *faillite* et des *trous* béants. Il y a effectivement de quoi béer. En été 2008, un responsable du budget atténue sa responsabilité en évoquant une « *contrainte budgétaire extrêmement forte* », toujours dans le but d'éviter l'épouvantail de la *rigueur*.

En France, en particulier, les élites politiques se recrutent dans une véritable caste, ce qui explique que le langage est le même, au-delà des différences politiques affichées par les uns ou les autres. Il n'est pas toujours aisé de distinguer à partir de quel moment la **litote** devient **euphémisme**. Rien d'étonnant donc que le politiquement correct soit ironique en français et se retrouve dans les textes critiques à l'encontre desdites élites.

En somme, l'euphémisme consiste à tourner sept fois dans sa bouche une langue de bois (attention aux copeaux) et à tourner autour du pot pour noyer le poisson.

7. De l'analepse au zeugme en passant par l'épitrochasme…

Il faut manger pour vivre et non vivre pour manger.

Ne craignez rien, ami lecteur, nous ne vous laisserons pas affronter seul(e) ce jardin zoologique où tous ces grands fauves, mais aussi les chatounets de la rhétorique, se promènent en semi-liberté ; nous vous proposons une petite visite guidée express de termes que l'on croit d'emblée réservés à d'autres, mais qu'il faut d'abord dédramatiser.

Outre le juron favori du capitaine Haddock, **une anacoluthe** est une figure de style consistant à casser volontairement la suite attendue dans une construction grammaticale. Dans un sens, on peut considérer l'anacoluthe comme une faute. Mais parfois cette rupture de construction est choisie par l'auteur afin de faciliter la compréhension ou de renforcer le sens.

L'encyclopédie en ligne Wikipédia cite un vers ou une phrase d'une chanson du Franco-Canadien Félix Leclerc : *« Moi, mes souliers ont beaucoup voyagé. »* Il faudrait être d'une parfaite mauvaise foi pour affirmer ne pas comprendre l'énoncé, mais ce seul critère ne suffit pas ; ici, la suite entre le sujet *moi* et le sujet pluriel *mes souliers* est certes interrompue, mais l'énoncé y gagne en force expressive.

En revanche, l'**anacoluthe** est parfois abusive, et on peut considérer qu'elle gêne la lecture et donne un très mauvais exemple à notre jeunesse (et à nos seniors donc) : *L'avocat d'affaires a téléphoné et rassuré son client.* Il peut rassurer son client car *rassurer* est vraiment transitif, mais il ne peut *téléphoner quelqu'un.* Cet emploi est clairement fautif. Il s'agit là d'un dérapage fréquent qu'on appelle **solécisme**.

L'**analepse**. Faisons simple : elle – car une *ana* a une figure féminine – est à la littérature ce que le *flash-back* est au cinéma. Un retour en arrière donc.

Une **anaphore** consiste à répéter inlassablement le même mot ou la même expression en tête de phrase, dans un discours. Certains monomaniaques en usent et abusent (☛ « L'anaphore », p. 165).

Un **chiasme** est une figure de rhétorique consistant à croiser (*chiasme* signifie « disposition en croix » en grec) des éléments d'un énoncé, la plupart du temps pour lui imprimer un rythme ou une grande force expressive.

La formule cicéronienne, « *Il faut manger pour vivre et non pas vivre pour manger* », conserve une part de vérité (et encore, dans nos civilisations de nantis : le même énoncé dans un pays où les gens meurent de famine par milliers a déjà moins d'impact). Il a souvent été parodié, par exemple pour donner un caractère péremptoire à une « vérité » générale partagée. Les germanophobes indécrottables se plaisent à différencier Français et Allemands dans une comparaison flatteuse pour les premiers : *Les Français travaillent pour vivre tandis que les Allemands vivent pour travailler.* Ce genre de contrevérités permet de faire l'économie d'une réflexion équilibrée, surtout quand on considère la consommation de psychotropes et d'antidépresseurs, où nous sommes champions du monde incontestés.

Nous devons à Jacques Lacan, médecin doublé d'un psychanalyste, la définition suivante de l'amour, en forme de chiasme : « *L'amour, c'est offrir à quelqu'un qui n'en veut pas quelque chose que l'on n'a pas.* »

Un **chleuasme** consiste à faire semblant de minimiser ses compétences pour capter la bienveillance de son futur public : *Je ne suis qu'un modeste utilisateur de l'informatique, mais moi, le nouveau Bill Gates, je dirais…*

Une variante de plus en plus répandue de ce type de manipulation de l'auditoire, mais que l'on retrouve également dans certains écrits, consiste pour l'orateur/auteur à (faire semblant de) se dévaloriser soi-même, alors qu'il est une sommité reconnue dans le domaine concerné (☛ p. 69).

Une **ellipse** est une figure de style typique du télégramme et plus ou moins du sms : *Bien arrivés Antigua. Entamons trek demain.* Orthographe, syntaxe et même grammaire y sont secondaires (primaires serait en fait le terme exact…). Cette langue n'est pas sans évoquer les raccourcis des dépêches des agences de presse ou des gros titres de journaux.

L'ellipse est un procédé *a priori* littéraire, mais on le retrouve également au cinéma : c'est une omission voulue par l'auteur ou une sorte de raccourci. *Deux mois plus tard* permet de faire l'économie d'une période peu intéressante pour la progression narrative ou simplement l'évolution des personnages.

Dans les adaptations au petit ou au grand écran d'œuvres littéraires, la « grammaire » cinématographique utilise abondamment l'ellipse, ce qui permet de faire d'une œuvre volumineuse comme *Guerre et Paix* un film assez bref.

Mais parfois ce choix délibéré permet aussi de donner plus de force à l'écrit, voire de créer une sorte de relation interactive entre l'auteur et son lecteur ; ce dernier « complète » plus ou moins inconsciemment ou du moins remplit les vides.

Une **épanorthose** consiste à faire semblant de corriger soi-même ce qu'on vient de dire à coup de *que dis-je* pour mieux insister ; la joute verbale célèbre de Cyrano de Bergerac (*« C'est un cap : que dis-je, c'est un cap ? C'est une péninsule ! »*) en est une superbe et humoristique illustration.

L'erreur consistant à rajouter un élément, un petit *r*, mais aussi une syllabe entière, s'appelle une **épenthèse**. Le juron littéraire le plus connu contenant une épenthèse est le *merdre* du

Père Ubu d'Alfred Jarry. Tant il est vrai que certains emm..deurs ne manquent pas d'*r*...

Un **épitrochasme** commence comme un champ de blé pour finir comme un malade des voies respiratoires : eh bien, en fait vous connaissez ! *« Va, cours, vole et nous venge »* en est un exemple littéraire qui semble rester d'actualité dans nos collèges : dans la pièce du même nom, cette citation et incitation s'adresse au Cid, dont le père attend qu'il lave l'affront que lui a fait subir Don Diègue.

Un autre exemple plus accessible, l'accumulation d'impératifs du genre : *À bas ! À mort !* (l'arbitre, le plus souvent). Certes, le français ne manque pas de dénominations de lieux où ce dernier est prié de s'exiler, mais ici l'**euphémisme** s'impose, d'où cette habile transition. Cette figure consiste à enjoliver (c'est le sens du mot en grec) une affirmation ou une désignation : quand quelqu'un s'entend traiter de malentendant, il se dit que ça vaut mieux que d'être sourd !

Dans nombre d'ouvrages, notamment de fiction, on trouve **un exergue** : il s'agit d'une citation en tête de chapitre destinée à en suggérer le contenu, à aiguiser l'attention du lecteur ou à s'assurer une sorte de caution littéraire. Dans la trilogie de Philip Pullman, intitulée dans sa traduction française *À la croisée des mondes*, l'original anglais étant *His Dark Materials*, chaque chapitre est précédé d'un exergue, avec une haute fréquence de citations de John Milton et William Blake.

Un**e hypallage** est un procédé rhétorique consistant à transférer des propriétés, qualités, attitudes, d'un élément de la phrase vers un autre qui n'en est pas doté de façon logique. L'art de cette figure de style tient au fait que cette manipulation est assez spontanément compréhensible pour qui a des lettres. Tout le monde comprend un énoncé comme : *Il enfonça son chapeau dans sa tête.*

Mais si on y réfléchit bien, à part dans les films « gore » que préconisent nos jeunes, le quidam moyen ne survit pas à une opération de ce genre. En vérité, il enfoncerait plutôt sa tête dans son chapeau.

Mais cette interprétation tendrait à faire croire que l'hypallage inverse systématiquement les rapports. Elle est parfois plus subtile. Quand Baudelaire, grand passeur d'images et de correspondances, évoque les *« rivages heureux »*, le lecteur comprend intuitivement ; c'est l'intellect qui crie à l'incohérence : c'est la *personne décrite* qui est heureuse, non le *rivage.* Aucun sens de la poésie, cet intellect !

« Le héros qui marche d'un pas résolu vers son destin » constitue également une belle hypallage : c'est bien lui qui est résolu, ses pas le portent. Le transfert d'énergie réalisé par l'hypallage est plus expressif.

Dans une de ses chansons intitulée « La Fessée » (1966), Georges Brassens donne un admirable exemple d'hypallage :

> *Et ma* ***main vengeresse*** *est retombée, vaincue,*
> *Et le troisième coup ne fut qu'une caresse...*

Évidemment, ce n'est pas la main qui est vengeresse, c'est le propriétaire de la main qui est « vengeur », qui se venge de la provocante indifférence de sa belle en lui administrant un *doux châtiment* (ça, par contre, c'est un **oxymore**, ☛ p. 212).

Rassurons les lectrices qui pourraient s'émouvoir de cet acte de violence, cette fessée n'en est pas une, évidemment !

On le constate d'emblée : l'adjectif est un élément clé de l'hypallage. Certains auteurs s'en servent comme outil humoristique. Dans un sketch des Frères ennemis (deux humoristes à la mode il y a quarante ans et plus, mais qui ont marqué le genre par leur art subtil du jeu sur les mots en particulier), l'un évoque un sien cousin germain doublé d'un berger allemand ; au fil de la saynète, il apparaît que le cousin est doublement germain (familial *et* germanique).

Une **métonymie** est un « truc » permettant de donner plus d'expressivité à une formule, car elle fait l'économie de détails ou d'une description fastidieuse. Quand un journaliste dit que « *Matignon a la réforme dans ses tuyaux* », il veut dire par ce raccourci d'une qualité stylistique douteuse que le Premier ministre envisage une réforme : sa résidence officielle est en effet l'hôtel Matignon (VIIe arrondissement).

Une **palinodie** rappelle beaucoup des situations vécues par tout observateur de la chose politique, quels que soient le bord concerné et les options idéologiques personnelles : commet une palinodie un homme ou une femme qui *contredit* à midi ce qu'il a dit le matin, pour rechanger d'opinion le soir et se désavouer le lendemain ; bref, c'est une image de la versatilité, qu'elle soit le fait de la lâcheté, de l'incompétence ou simplement du dilettantisme. Certaines « girouettes » célèbres, changeant d'opinion plusieurs fois par jour, continuent de pourvoir les médias de palinodies souvent cocasses. L'excuse qu'ils avancent pour justifier leurs reculades : ce sont des « pragmatiques ».

La **parataxe** n'a vraiment pas de quoi faire peur : elle consiste à juxtaposer plusieurs éléments ou segments de phrase sans les coordonner par un lien logique (du genre *car, par conséquent.*) La parataxe a souvent l'apparence d'un style enfantin et simpliste mais, bien utilisée, elle permet à l'auteur d'impliquer le lecteur : en effet, ce dernier complète de lui-même et devient en quelque sorte coacteur et coauteur du texte. *« Je suis venu, j'ai vu, j'ai vaincu »* est sans doute une des parataxes les plus connues, et il faut la rendre à… César.

Une **prosopopée** consiste à faire parler une personne défunte, un animal (dans ce sens, nombre de fables de La Fontaine contiennent des prosopopées), un être inanimé (un poète faisant parler un arbre par exemple) et même une abstraction (la liberté, personnifiée, ou la mort, représentée par l'allégorie la représentant comme une faucheuse).

Le **zeugme**, lui, consiste à relier des termes qui n'ont pas de lien naturel entre eux : *Il posa son parapluie et une question.*

8. Litote et hyperbole

Avec un nez comme un belvédère, c'est pas gagné !

Vous l'aurez compris, cette fine allusion à Cyrano de Bergerac, personnage célèbre et populaire de la littérature française, contient une **hyperbole** (l'exagération démesurée des dimensions du nez), avec un commentaire assorti en forme de tête de **litote**. Grâce à la forme négative, cette litote exprime une réalité plus forte que le simple contraire (*C'est loin d'être gagné, les chances de séduction sont quasiment nulles.*) La litote permet de donner plus de force à l'intention ; ici, elle sous-entend même carrément son contraire.

Dire de quelqu'un qu'*il n'a pas inventé la poudre* revient à exprimer de façon suggestive que la personne en question a le quotient intellectuel d'une huître ; il existe de nombreuses variantes, toutes également imagées : *Il n'a pas inventé le fil à couper le beurre / Il n'a pas inventé l'eau chaude*... D'une certaine manière, et en fonction surtout de l'intention, ce type de litote est très proche de l'**antiphrase** et de l'**euphémisme** (☛ p. 31 et 189).

La plus connue de toutes les litotes francophones, tous sites et ouvrages confondus, distillée par Pierre Corneille dans *Le Cid*, est sans conteste la déclaration d'amour de Chimène à son Rodrigue (qui vient tout de même de passer au fil de l'épée le père de son aimée, donc son futur beau-père), pour lui signifier qu'elle l'aime encore malgré ce geste fatal, elle lui lance le célébrissime : « *Va, je ne te hais point* » (acte III, scène 4).

La litote consiste donc à dire moins pour signifier plus, et à ce titre elle s'inscrit à contre-courant de la pensée unique actuelle…

À VOUS !

Par essence, la litote comporte une négation, comme le montrent ces quelques exemples que nous vous proposons de transposer :

- *Ça ne sent pas la rose* = …………………… .
- *Ce n'est pas si mal* = ………………………… .
- *Ce n'est pas pour demain*
  = ………………………………………… .
- *Cette solution n'est pas idéale*
  = ………………………………… .
- *Il n'a pas que des alliés* = …………………………………… .
- *On ne peut pas dire qu'il soit modeste*
  = …………………………… .
- *Elle n'a pas inventé la poudre*
  = ………………………………………… .

Solutions :

- *Ça ne sent pas la rose* = Ça pue.
- *Ce n'est pas si mal* = C'est très bien.
- *Ce n'est pas pour demain* = C'est remis à un futur lointain.

- *Cette solution n'est pas idéale* = Elle est carrément mauvaise.
- *Il n'a pas que des alliés* = Ses ennemis sont légion.
- *On ne peut pas dire qu'il soit modeste* = Son arrogance n'a d'égale que sa suffisance.
- *Elle n'a pas inventé la poudre* = Elle ne brille ni par son esprit ni par son intelligence qu'elle brille.

Dans ce cas, on peut parler de **tapinose**, qui est une forme d'hyperbole négative particulièrement ironique et presque méchante. Avec la **litote** et l'**hyperbole**, elle fait partie de la panoplie des humoristes comme le montrent les quelques exemples suivants :

Il ne mâche pas ses mots = il assène brutalement la vérité. Cette litote imagée a du reste inspiré au regretté Jean Yanne un de ces bons mots dont il avait le secret : *« Cambronne ne mâchait pas ses mots. Heureusement pour lui. »* Rappelons à nos lecteurs adolescents que dans la « petite histoire », celle nourrie d'anecdotes, on relate que le général Cambronne, dépité de la tournure que prenait la bataille de Waterloo, aurait proféré un tonitruant « *M.rde !* » à l'adresse du général britannique Colville qui le sommait de se rendre ; ce terme est devenu ainsi « le mot de Cambronne ». Même si le général a préféré insister quant à lui sur la formule qu'il avait proférée auparavant : *« La garde meurt mais ne se rend pas ! »* qui, il est vrai, a plus d'allure et un parfum… d'héroïsme qui fait défaut au précédent mot.

À propos d'odeurs, en langue parlée et familière, on utilise et entend souvent : *Je le sens pas.* Cette formule renvoie bien à son contraire : d'instinct, on est sûr que la situation est extrêmement louche ou que la personne dont il est question est douteuse, pas forcément fiable.

Ce n'est pas un enfant de chœur est assez compréhensible aussi : la personne n'est absolument pas fréquentable !

Les Anglais (et par voie de conséquence les Allemands, puisque l'anglais et l'allemand sont deux langues sœurs) disposent d'un terme évocateur et subtil pour décrire un procédé stylistique très proche de la **litote** : l'*understatement* (littéralement, la « sous-affirmation ») que nos cousins germains transcrivent en *Untertreibung* (*die Übertreibung* = l'« exagération » ≠ *die Untertreibung* = la « sous-exagération »). Dans sa présentation délicieusement humoristique de ce qui, pour un Français, peut paraître aberrant dans le monde anglo-saxon et inversement, le regretté Pierre Daninos précise dans *Les Carnets du major Thompson* (1954) que pour un Anglais, un « léger contretemps » peut très bien masquer une série de catastrophes. Mais, par pudeur, il ne commentera ni n'expliquera les raisons réelles de son retard. Il commet donc une « sous »-affirmation, en disant moins que ce qu'il pourrait.

Les mêmes Anglo-Saxons ont inventé une image très parlante pour décrire la fausse modestie, la « sous-exagération » consistant à (faire semblant de) se dévaloriser pour que l'entourage démente et se répande en compliments. La personne concernée dit par exemple : *Je n'ai vraiment pas été bon.* Elle pense : « J'ai été excellent, n'est-ce pas ? » ou « Personne ne m'arrive à la cheville » ; et la langue anglaise le démasque par la formule : *He's fishing for compliments.* (« Il part à la pêche aux compliments »). On n'est pas loin du calimero (ce personnage de bande dessinée italien, comme son nom l'indique) qui se complaît dans les jérémiades pour obtenir des friandises morales.

L'**hyperbole** est une exagération, une formulation excessive destinée à clarifier une situation ou à donner plus de relief à une description : d'ailleurs, s'agissant de relief, une des hyperboles les plus connues est celle que nous a concoctée Edmond Rostand : *« C'est un roc !… C'est un pic !… C'est un cap !… que* *dis-je, c'est un cap ?... C'est une péninsule !* » (Acte I, scène 4, *Cyrano de Bergerac*)

Une histoire à dormir debout est clairement une hyperbole ; à part quelques volatiles et les chevaux (et encore, pas tous), nul ne peut dormir debout. L'histoire en question est proprement extravagante, pour ne pas dire *abracadabrantesque.* Cet adjectif dû à Rimbaud, et remis en vogue par un ancien président de la République, est en effet hyperbolique. Dans ce cas, on peut même parler d'**emphase**, qui est une exagération délibérée dans le choix des mots, destinée à frapper les esprits ; en l'occurrence, *abracadabrantesque* avait une fonction de détournement dans le cadre de questions gênantes sur des financements opaques. La grandiloquence tient lieu d'éloquence.

Quand une personne est dans un état de fureur extrême, on peut lui attribuer différentes couleurs (rouge de colère, vert de rage, jaune de jalousie...). Dans le parler populaire, toujours sans connotations péjoratives, on entend fréquemment : « *Chuis vert* ».

D'une certaine façon, la tournure superlative populaire (ou à tout le moins utilisée à haute fréquence chez les jeunes) *de chez* se rapproche de l'hyperbole : « *Il est grave de chez grave* ».

Un exemple de l'histoire contemporaine, même si son acteur principal appartient résolument au passé, nous a été fourni par un ancien ministre et jadis indéboulonnable maire de Belfort, en la personne de Jean-Pierre Chevènement : avec un humour certain et une propension à la facétie, il commenta en ces termes, le 2 septembre 1998, les supputations et anticipations morbides d'une certaine presse. Victime d'un coma allergique grave suite à une anesthésie, il a eu le plaisir, à son réveil, de lire sa propre nécrologie et a eu ce mot : « *Même mort, je reviens.* »

9. Les oxymores

Cet anonyme célèbre est-il un illustre inconnu ?

D'entrée de jeu, on perçoit la contradiction entre *illustre, célèbre, inconnu, anonyme.* Ce jeu d'oppositions suppose une légère intention humoristique (effectivement, ce type de formule ne déclenche pas une communicative hilarité), ironique ou poétique. La « *beauté de la charogne* » telle que Baudelaire la décrit constitue une sorte d'**oxymore**.

Le célèbre Corneille en a créé un illustre dans son *Cid* : lorsque ce dernier relate son combat contre les Maures, il évoque :

Cette obscure clarté qui tombe des étoiles,
Enfin, avec le flux nous fit voir trente voiles,
L'onde s'enfle dessus et, d'un commun effort,
Les Mores et la mer montent jusques au port.

Associer étroitement l'adjectif *obscure* et son contraire *clarté* est une figure voulue : l'**oxymore**.

Tout d'abord, un peu de zoologie : en vous penchant un peu, vous constaterez de visu que l'oxymore n'est pas une femelle : on dit en effet **un** oxymore.

Exemples d'oxymores que nous côtoyons régulièrement :

• Paradoxe de notre monde moderne hypersécurisé : beaucoup jouent à se faire peur en regardant un film « gore », car il peut susciter une *suave horreur*, un *savoureux dégoût.* Même la *violence* peut être *douce,* sans qu'il soit besoin d'entrer dans des catégories à part comme celle des masochistes.

• Quiconque a eu la curiosité d'assister aux débats télévisés des sénateurs (ou des députés) constate que ces élus n'hésitent pas à s'envoyer d'*aimables vacheries.*

• Les deux meilleurs joueurs de tennis actuels, l'Espagnol Rafael Nadal et le Suisse Roger Federer, sont régulièrement qualifiés par un journal (pas seulement spécialisé dans les sports pratiqués dans *l'équipe*) de « *meilleurs ennemis* du monde du tennis ».

Mais bien sûr, les dompteurs de l'oxymore se recrutent surtout dans les rangs des femmes et hommes de lettres : Boileau et La Fontaine proposent de « *se hâter lentement* » (le premier dans son *Art poétique*, le second dans ses *Fables*), Molière nous présente un « *jeune vieillard* » (*Le Malade imaginaire*) et la comtesse de Ségur a gratifié la postérité littéraire d'un « *bon petit diable* ».

Si un *silence* peut être *éloquent*, c'est-à-dire parlant, Camus, lui, nous fait carrément entendre un « *silence assourdissant* » (*La Chute*), et son talent très pictural de la description l'amène à distiller magistralement des images poétiques associant l'astre du jour et la couleur noire, notamment dans *Noces* : « *À cette heure, la campagne est noire de soleil.* » Dans *Le Désert*, le même Camus évoque « *la flamme noire que de Cimabue à Francesca les peintres italiens ont élevée parmi les paysages toscans* ». Il s'inscrit ainsi dans la lignée de créateurs comme Gérard de Nerval, qui ouvre son poème *El Desdichado* sur un quatrain orné d'un bel oxymore :

Je suis le Ténébreux, le Veuf, l'Inconsolé,
Le Prince d'Aquitaine à la Tour abolie :
Ma seule Étoile est morte, – et mon luth constellé
Porte le Soleil noir de la Mélancolie.

Un autre art, classé comme le neuvième, à savoir la BD, donne beaucoup dans l'oxymore aussi : le premier album d'une série réellement culte commencée en 1984 a pour titre évocateur *Le Jour du soleil noir*. *Lumière noire* et *nuit blanche* constituent des oxymores intuitivement compréhensibles.

Par sa nature provocante, voire choquante, l'oxymore est très prisé dans les titres d'ouvrages (ou d'articles de presse) :

Un merveilleux malheur de Boris Cyrulnik *L'Insoutenable Légèreté de l'être*, de Milan Kundera, sans oublier *Le désespoir allègre* de Gilbert Cesbron.

Les penseurs, si l'on ose ainsi dire, de la politique, tentent aussi de « vendre » leurs projets à coup d'oxymores censés réveiller les consciences, et de provoquer des sursauts ou simplement de donner corps à des projets fumeux. Trouvant que la mauvaise politique casse trop la politique, un architecte a cofondé le Muc, à savoir le Mouvement de l'*utopie concrète.* Mais il est utopique de tenter de savoir ce qu'il y a de concret là-dedans…

C'est une *révolution tranquille,* sans effusion de sang, qui a mis fin à vingt-huit années d'existence d'un mur, celui qui séparait artificiellement Berlin-Ouest de Berlin-Est. Pour rester dans le registre révolutionnaire, feu le chef d'État chinois Mao Zedong aimait à utiliser l'expression « *tigre de papier* » pour dénoncer la fragilité de l'impérialisme américain.

Récente création de stratèges militaires, le concept de « *guerre propre* » a de quoi surprendre et inquiéter, surtout quand il est présenté comme n'étant qu'un innocent **euphémisme**.

Accueillies avec un optimisme mesuré, mais constructif, les négociations d'Annapolis (États-Unis), visant à permettre des accords de paix entre Palestiniens et Israéliens ont été qualifiées, le 28 novembre 2007, en français dans le texte par un représentant de l'une des parties en présence, de « *non-événement spectaculaire* ».

La guilde des hauts fonctionnaires, membres de cabinet et « nègres » au service des grands corps de l'État, n'hésitent pas à donner dans l'**oxymore** pour vanter les mérites exceptionnels d'une des initiatives qu'ils suggèrent au chef de l'exécutif du moment de prendre ; la « *discrimination positive* » est un exemple de ces néologismes.

Les plus beaux oxymores sont les créations, pour ne pas dire créatures spontanées, engendrées par les « responsables » sous l'effet de la crise financière mondiale : dans leur peur panique de ne pas nommer la réalité, voire de continuer à la dissimuler (☛ aussi p. 189), ils rivalisent d'imagination mais s'empêtrent dans des combinaisons de mots qui finissent par se contredire : le 3 octobre 2008, le concept saisissant de « *croissance négative* ». Reuters, l'agence internationale de presse, cite Mme L.g.rde : « *Par-delà les incertitudes associées à toute prévision, [...] le risque d'une croissance négative à l'automne pour le deuxième trimestre consécutif est désormais réel* », indique-t-elle en réaction aux prévisions de croissance actualisées de l'Insee. Bien entendu, les mathématiciens ne manqueront pas de faire remarquer que dans leur jargon, le concept existe bel et bien. Il est en revanche fort douteux que les grands experts en calculs et prévisions puissent se targuer d'un grand savoir mathématique, au vu des brillants résultats de notre économie et du choc bancaire qu'ils n'ont pas vu venir. Mais peut-être est-ce leur compétence qui est victime d'une croissance négative...

Faut-il considérer comme barbarisme, humour involontaire ou... dérapage, la formulation suivante (captée en plein vol sur France Inter le 10 septembre 2008 à 7 heures du matin) d'un expert de la circulation, expliquant fièrement l'heureuse baisse du nombre de tués sur les routes hexagonales par un « *accroissement de la réduction de la vitesse* » ?

✎ **EXERCICE :**

Retrouvez l'oxymore connu en reliant les termes en italique :

1. Le peintre Georges de La Tour était le maître des toiles où l'*obscur* dominant n'était là que pour mettre en lumière le *clair*, les lueurs des bougies : Il s'agit d'un.........-............ .

2. George Romero[1] a créé en 1978 un film culte mille fois copié où des défunts, des macchabées, des *morts*, bref des cadavres inhumés sortent de terre, reprennent vie pour se repaître des humains *vivants*, que c'est beau comme un clip de Maille-Keul Djèkseun. Ce film s'appelle *La Nuit des* .... -................ .

3. Dans la cuisine raffinée des Asiatiques, on trouve beaucoup d'associations gustatives contraires comme des mets *aigres*-........... .

4. Pour financer des réformes nécessaires, le gouvernement semble vouloir opter pour une solution solidaire en instaurant, mais il ne faut pas le dire, une *TVA* ....

Solutions :

1. Il s'agit d'un *clair-obscur*.

2. Ce film s'appelle *La Nuit des morts-vivants*.

3. Les mets *aigres-doux* sont appréciés à juste titre.

4. La *TVA sociale* a causé suffisamment de dégâts.

1. S'il n'y a pas de *s* à George, ce n'est pas un oubli, mais parce que Romero, comme son nom ne l'indique pas forcément, est citoyen américain.

10. Métonymie et synecdoque

Après avoir décimé plusieurs centaines de têtes, ils ont été mis aux fers.

Dans l'exemple ci-dessus, le lecteur aura compris qu'il s'agit de bétail, d'un troupeau d'animaux entier : mais pour les désigner, on n'a pris qu'un élément, on a réduit le bœuf à une tête. Cela est caractéristique de la **métonymie**. En revanche, les fers sont bien réels. C'est une **synecdoque**.

Vous rencontrez, entendez, voire créez, des **métonymies** et des **synecdoques** tous les jours ! Ne vous laissez donc pas impressionner par le nom bizarre de cette figure de rhétorique. Quand PPDA, et depuis quelques mois sa remplaçante Laurence Ferrari, constate un réchauffement des relations entre Washington et Paris, ils usent d'une **synecdoque** que vous comprenez d'instinct.

En effet, de par son statut de capitale, Washington représente les États-Unis. Il ne faudrait pas pour autant assimiler la synecdoque à sa copine, la **métonymie** : cette dernière consiste à nommer une *partie* pour désigner un *tout.*

Quand le président du Pérou, pays durement frappé par un violent séisme, complimente ses concitoyens qui ont su mettre leurs *bras* à disposition de la collectivité nationale, cette synecdoque est instantanément compréhensible. C'est d'ailleurs le sens grec de ce terme (*synecdoque* = « compréhension simultanée »).

La même facilité se vérifie pour l'auditeur apprenant que les « *premières têtes du complot ont été arrêtées* ». D'ailleurs, ne procède-t-on pas un peu à la manière des Jivaro, réputés à tort ou à raison être réducteurs de têtes, quand on affirme d'une personne à qui l'on prête des ressources intellectuelles sortant du commun est *une tête* ?

Intuitivement, on comprend le sens du mot *fer* : le galérien a été attaché avec des chaînes et des anneaux faits dans ce métal. On utilise donc un mot (*fer*) à la place d'un ou de plusieurs autres (bracelets, menottes, anneaux…). Les métonymies métalliques sont assez nombreuses : on évoque régulièrement les *ors* de la République pour faire allusion à l'apparat, au décorum des hauts lieux d'exercice du pouvoir. L'or peut même être de toutes les couleurs : *noir* quand il désigne le pétrole, *vert* pour évoquer les ressources que l'homme se procure dans les forêts et dans l'agriculture en général, les biocarburants entre autres, *blanc* quand il décrit en deux lettres les revenus touristiques liées aux sports d'hiver… Bref, il n'a même plus l'éclat métallique.

Si l'on reprend l'exemple des articles de presse réduisant un pays à sa capitale, la **synecdoque** fonctionne comme une **métonymie** : on fait comme si *Brasilia* représentait tout le *Brésil*, alors même que spontanément le téléspectateur moyen a plutôt tendance à identifier *Rio de Janeiro* au *pays de la samba*[1]. Les différences entre ces deux figures ne sont donc pas si tranchées.

Mais la synecdoque ne se limite pas à cette technique, au contraire. Elle peut aussi consister à choisir un concept plus grand dans une hiérarchie pour désigner quelque chose de plus réduit : quand on lit que « *la France a défait la Rose* », on saisit grâce au contexte que l'équipe de rugby française a battu celle d'Angleterre ; soit un ensemble de soixante-deux millions d'habitants réduit à quinze hommes. Restons dans le registre sportif, où une fine équipe de rhétoriqueurs inflige à ses lecteurs « *une main niçoise peu évidente* », qu'il faut mettre d'urgence au panier. Renseignements pris, il s'agissait d'une faute – imaginaire, mais nul n'est parfait – pénalisée par l'arbitre lors d'une rencontre de football : la « *main niçoise* » n'était pas une salade de journaliste, elle appartenait bel et bien à un joueur du club niçois.

1. Là, c'est une **antonomase** : on définit un nom propre – le Brésil – à l'aide de ses composantes géographiques, ☛ « L'antonomase », p. 171.

Avant une rencontre de rugby entre la sélection argentine et l'équipe de France, les médias ont glosé sur les *pumas* qui seraient la « *bête noire* » du Quinze français ; les pumas sont effectivement l'animal allégorique choisi par la fédération d'Argentine. La précision sur la couleur du pelage n'est plus du ressort de la synecdoque, même si les cas de mélanisme (*mélos*, « noir » en grec), quoique moins fréquents que pour les panthères par exemple, ne sont pas rares chez les pumas...

Vingt-huit ans après l'attentat meurtrier rue des Rosiers à Paris, l'arrestation du poseur de bombes qui se cachait courageusement au Canada a relancé l'enquête au terme de laquelle, selon un reporteur inspiré, on pourrait bien établir que « *des femmes sont le cerveau de l'attentat* » (France Inter, le 14 novembre 2008 à 8 heures du matin).

« Il ne suffit pas de *déclarer sur les ondes* que l'on va résoudre le problème. » Dans cet exemple, tiré d'une déclaration de magistrate le 21 août 2007 sur France Inter, à propos du scandale entourant la récidive d'un pédophile, les *ondes* désignent certes les *ondes hertziennes*, mais aussi et surtout les *médias* dans leur ensemble.

Une image hardie s'apparentant à une synecdoque macabre a rendu compte des résultats d'analyses ADN réalisées à partir de deux os retrouvés dans les chaînes de montagne californiennes. Début novembre 2008, « *les ossements* retrouvés dans la Sierra Nevada *ont parlé* : il s'agit bien des restes de l'aviateur Steve Fossett ». Ces ossements sont effectivement une partie prise pour le tout, il ne leur manque même pas la parole !

À VOUS !

Décryptez les synecdoques contenues dans les exemples suivants :

- Le *cerveau* du braquage a été arrêté.
- Une *tête de linotte* vêtue d'un *vison* à 3 700 euros.
- Les *gros bras* du PSG.
- Ils dégustèrent le menu préparé par une *toque* étoilée.
- *Ankara* se plaint d'être la tête de turc de *Bruxelles*.

SOLUTIONS :

- Le *cerveau* du braquage a été arrêté = l'instigateur.
- Une *tête de linotte* vêtue d'un *vison* à 3 700 euros = une personne ne se servant pas de son cerveau vêtue d'un manteau réalisé après le massacre de centaines de visons.
- Les *gros bras* du PSG = les agents de sécurité.
- Ils dégustèrent le menu préparé par une *toque* étoilée = un grand cuisinier.
- *Ankara* se plaint d'être la tête de turc de *Bruxelles* = le gouvernement turc fustige l'ostracisme du siège de la Commission européenne.

11. La translittération

Croûte-Chef contre Riz-Ganne

Comment transcrire un nom étranger (qu'il désigne un pays, une région ou un personnage) de façon à le rendre accessible au grand public ? Tel est le défi qui se pose aux rédacteurs en chef.

Deux doctrines s'affrontent : caresser le téléspectateur moyen dans le sens du poil (qu'il a dans la main dès qu'il s'agit de langues étrangères) ou alors rester le plus près possible de l'original. Cette option systématique dans les médias outre-Rhin, et d'une manière générale du Nord européen, explique que dans les années 1950-1960, les téléspectateurs français se voyaient présenter sous un « pseudo » original le dirigeant de feue l'URSS, entre mars 1953 et octobre 1964 : pour le petit monde hexagonal, c'est *Nikita Kroutcheff* (transcription standard : Khrouchtchev), l'un des protagonistes de la guerre froide, ce nom étant souvent raccourci – un comble pour un révolutionnaire – en quelque chose qui ressemblait fort à « Croûte-Chef ». Or, en russe, son nom se prononce indubitablement « Chrouchtchoff », d'où sa transcription littérale (**translittération**) en « Chrouschtschow » (1894-1971). Certains livres et manuels d'histoire en vente libre contiennent toujours cette flagrante preuve de l'exception inculturelle française. D'une manière générale, les noms russes subissent ce genre d'outrages. Le même sort est dévolu à *Gorbatchev*/*Gorbatchov* (cette seconde forme constituant la translittération la plus fidèle) : la terminaison de son nom se prononce clairement *-off* en russe (et non *-eff*).

Il est vrai qu'une translittération même approximative exigerait un intérêt pour la langue d'origine : en fait, il suffirait sans doute simplement pour les responsables de chaînes de téléphoner à un correspondant de presse russe présent sur le territoire national français – il paraît qu'il y en a et qu'ils ne mordent pas. La tentation est grande de prononcer et de transcrire une fois pour toutes les noms russes finissant en *-ev* en termes « ruskoffs » (pour reprendre une déformation populaire). Rien de plus faux que la généralisation abusive : ainsi, *Medvedev* (Dmitri Anatolievitch) se prononce-t-il « Medvedeff ». Heureusement, les patro- et pseudonymes en *-in* ont meilleure mine.

Les Américains ne sont pas en reste : le 40e Président des États-Unis, *Ronald Reagan*, aurait entendu, s'il s'était intéressé au microcosme des médias hexagonaux, son nom déformé en « Riz-Ganne » durant ses deux mandats (1981-1989).

IV
« PARLER, C'EST S'AMUSER ! » : VIRE-LANGUES ET AUTRES FRIANDISES LITTÉRAIRES

1. Acrostiche, acrotéleuton et téléstiche

***A**dorée, le temps est long sans toi*
***C**omment un ange peut-il m'aimer ?*
***R**eine de cœur, silence roi*
***O**ffrons au monde nos baisers*
***S**éparés, nous, invraisemblance !*
***T**u es l'œuvre et moi le brouillon*
***I**magine mon cœur en transe*
***C**ombattons tous les cornichons !*
***H**eureux qui comme moi t'aimera*
***É**lis-moi pour dix quinquennats !*

Ami lecteur, le jeu typographique met en évidence un des caractères les plus frappants de cette forme de poésie : c'est un texte très visuel, censé mettre en lumière avec des mots, des lettres, les sentiments et émois qui nous agitent.

En l'occurrence, l'auteur s'est amusé avec un programme informatique qui se vante de produire en un quart de seconde un poème d'amour doré sur tranche, taxe sur la solidarité comprise. Pour corser la difficulté, il a donné en pâture à cette étonnante et romantique machine un prénom fictif : **acrostiche**. D'accord, personne ne s'appelle ainsi. Toujours est-il que surgit ainsi cette superbe déclaration à l'adresse d'une adorée qui s'appellerait Acrostiche !

S'il est un type de poème « accessible » à quiconque veut bien se donner un peu de mal et qui en plus fait toujours son effet, c'est bien l'**acrostiche**. Qu'est-ce que c'est encore que cette bête-là ? Les initiales de chaque vers, lus verticalement, composent un mot (qui peut être simplement le nom de la personne à qui l'on dédie l'acrostiche, comme dans l'exemple 1 ci-dessous, mais aussi un concept : on ne dénombre plus les acrostiches sur amour, solidarité, sur votre animal favori) ; quand on dit *initiale*, il peut s'agir de la lettre initiale (exemple 1 ci-dessous), mais aussi du mot initial de chaque vers (exemple 2 encore plus « dessous », au sens fort du terme).

Exemple 1 :

> ***R**ivalisant **A**vec **C**orneille **I**l **N**ous **E**tonna* (hommage à l'écrivain Racine).

Certains sont connus pour être licencieux voire, carrément polissons, d'autres pour être drolatiques. En voici quelques exemples qui peuvent servir de source d'inspiration.

On notera, dans le poème ci-dessous, que c'est Alfred de Musset qui semble répondre à une invitation de son amie George Sand tout en lui livrant le mode d'emploi dans les deux derniers vers. Précaution inutile, car la réponse de George Sand (exemple 3) prouve que l'écrivaine talentueuse maîtrisait avec concision et subtilité cette forme poétique, puisque le fond (qui exprime un refus outré) est contredit par la forme.

Exemple 2 :

> ***Quand*** *je mets à vos pieds un éternel hommage*
> ***Voulez****-vous qu'un instant je change de visage ?*
> ***Vous*** *avez capturé les sentiments d'un cœur*
> ***Que*** *pour vous adorer forma le Créateur.*
> ***Je*** *vous chéris, amour, et ma plume en délire*
> ***Couche*** *sur le papier ce que je n'ose dire.*
> ***Avec*** *soin, de mes vers lisez les premiers mots*
> ***Vous*** *saurez quel remède apporter à mes maux.*

Exemple 3 :

> ***Cette*** *insigne faveur que votre cœur réclame*
> ***Nuit*** *à ma renommée et répugne à mon âme.*

Pour dire la vérité, ces extraits souvent cités comme faisant partie de la *Correspondance* entre les deux auteurs ne s'y trouvent pas, mais si ce n'est pas vrai, c'est bien trouvé tout de même. Ce qui explique les variantes, notamment pour la réponse de George Sand, qui aurait écrit, selon d'autres sources :

> ***Cette*** *insigne faveur que votre cœur réclame*
> ***Nuit*** *peut-être à l'honneur mais répond à ma flamme.*

Rien d'étonnant dès lors que le procédé de l'acrostiche ait été et soit toujours utilisé quand il s'agit de crypter un message, soit parce que ce dernier est choquant et réprouvé par les bonnes (?) mœurs, soit qu'il est politiquement ou stratégiquement sensible.

Choquant ? En effet, la gentille joute rhétorique entre Sand et Musset semble être la suite d'une invite extrêmement explicite, que nous vous livrons ici (éloignez les enfants). Pour bien saisir la saillie, si l'on ose dire – et l'on ose ! – de Musset, il faut brancher le premier vers sur le troisième, puis celui-ci sur le cinquième, et ainsi de suite… dans les idées :

Je suis très émue de vous dire que j'ai
bien compris, l'autre jour, que vous avez
toujours une envie folle de me faire
danser. Je garde un souvenir de votre
baiser et je voudrais que ce soit
là une preuve que je puisse être aimée
par vous. Je suis prête à vous montrer mon
affection toute désintéressée et sans cal-
cul. Si vous voulez me voir ainsi
dévoilée, sans aucun artifice mon âme
toute nue, daignez donc me faire une visite.
Et nous causerons en amis et en chemin.
Je vous prouverai que je suis la femme
sincère capable de vous offrir l'affection
la plus profonde et la plus étroite
amitié, en un mot, la meilleure amie
que vous puissiez rêver. Puisque votre
âme est libre, alors que l'abandon où je
vis est bien long, bien dur et bien souvent
pénible, ami très cher, j'ai le cœur
gros, accourez vite et venez me le
faire oublier. À l'amour, je veux me sou-
mettre entièrement*.*

Votre poupée

Sur le « oueb » et dans un certain répertoire (notamment de la chanson française, chez Renaud et Perret pour ne citer qu'eux, mais aussi dans le registre franchement paillard), les exemples fourmillent. Il est vrai que dans la famille **acrostiche**, on peut trouver aussi des formes où c'est la syllabe terminale de certains vers qui est fortement suggérée par le jeu de rimes (ça s'appelle alors un **téléstiche** ou encore plus joli un **acrotéleuton** : rien à voir pourtant avec certains marathons télévisuels à finalité humanitaire et sociale…).

L'auteur-interprète mène ainsi le lecteur-auditeur sur une fausse piste, exemple de manipulation mentale innocente en l'occurrence, mais que l'on retrouve sous des formes plus perverses dans des campagnes publicitaires ou politiques (*Tu avances et tu recules / Comment veux-tu que je puisse te coincer la bulle…*)

Il existe bien entendu un certain nombre de sites qui proposent carrément des machines à fabriquer des acrostiches : ils se baptisent « générateurs de mots d'amour », par exemple. Notre monde moderne est prodigieux : il est possible grâce à Internet de faire pondre par un programme des mots tendres, c'est du sentiment lyophilisé, du romantisme « prêt à séduire ».

Il est bien plus personnel et intéressant de réaliser les siens, même s'ils sont moins parfaits.

Surtout s'ils sont moins parfaits. À vos claviers, donc ! D'ailleurs, rien ne vous empêche ensuite de mettre sur votre blog ou sur une plate-forme de blogs vos meilleures réalisations. Et si vous êtes accros aux acrostiches, rien ne vous empêche de vous mesurer aux autres pros de cette forme de jeu sur les sites de joueurs en ligne.

Pour finir, un petit jeu !

Découvrez quels auteurs français se cachent derrières ces acrostiches parfois approximatifs
(un acrostiche se cache à chaque ligne) :

- *Zut ! On l'accuse !*
- *L'Orientale t'intéresse.*
- *Gare, idiot ! Dieu existe !*

Réponses :

Dans l'ordre : *Zola, Loti* et *Gide*.

2. Anagramme et boustrophédon

Oser eros ? o - s - e - r = r - o - s - e = e - r - o - s !

On l'aura compris, en mélangeant certaines lettres – bien choisies – on peut *oser* cette transmutation alchimique d'une *rose* en un hommage à l'*éros.* Avec le même truc, une *ruse sûre*, on peut *obtenir* un *robinet*, débusquer un *étrange renégat*, souhaiter au *ministre* plus que des *intérims*, transformer du *granit* en *gratin*, en faisant *attention* à la *tentation*, redouter comme nos joueurs de rugby *l'étrangère* qu'est cette *Angleterre* pourtant amie, retrouver la *trace de pas* dans la *case départ.* On ne peut estimer *réduit* le bagage de savoir d'un *érudit.*

Tout d'abord, mettons-nous d'accord, il faut dire **une anagramme**, il n'y a pas un gramme de charge pondérale dans le terme ! Rien à voir non plus avec le poids d'une certaine Anna : gare en effet à la *stupide dispute* !

Toutefois, en permutant les lettres d'*Anna*, on obtient une *nana* que ne désavouerait pas Zola. On prend un mot, on le dissèque, on place les lettres dans un bol, on secoue le tout, et parfois, avec un peu de… bol, un autre mot ressort, et même il *ressort* des *trésors* !

En voici d'autres exemples aisés à décrypter :

• Le *chien niche* paraît-il dans son anagramme, la *niche* (nous parlons évidemment d'un chien utilitaire, la plupart des toutous sont tellement urbanisés qu'ils regarderaient une niche comme une poule un couteau de poche…).

• Et pour *boire*, ce toutou doit *obéir. Aimer Marie* est une autre anagramme standard.

• *Aimons* nos *maisons* (tant qu'on y est : comme un *manoir romain*) poursuit le jeu avec ce verbe qui aime l'anagramme.

• À force de faire le *mariole*, il a perdu plus d'une *molaire.*

• En abordant sa dulcinée de façon *amicale* avec un *camélia*, l'*antihéros* a fait l'impasse sur l'*hortensia.* Toutes fleurs qu'il n'a pas *glanées* au *Sénégal.*

• On peut évoquer aussi le succès d'une fiction pour (grands) enfants et gastronomes en herbe relatant les vicissitudes de *rats* dont l'un d'entre eux, un vrai *tsar* de la cuisine, veut devenir une *star* du monde des *arts* culinaires. Qui dira la *magie* de l'*image* ?

• Le consommateur averti se méfiera à juste titre des offres de *crédit* en *direct* !

Une telle facilité explique sans doute que cette forme de jeu avec les lettres soit une des plus anciennes de l'histoire des mots d'esprit. Une variante plus « antique » de l'anagramme est le **boustrophédon**. Si l'anagramme est le résultat d'un mixage, le boustrophédon consiste à trouver des mots qui changent de sens (de signification) selon qu'on les lit de gauche à droite ou de droite à gauche : un *stop* peut se transformer en *pots*, et les frais de *port* en *trop* de frais.

Ces deux variantes de jeux sur les mots sont également à rapprocher du **palindrome** et de la **contrepèterie**, entre autres (☛ ces termes dans le glossaire).

Il est facile d'intégrer les anagrammes dans des phrases réunissant les deux termes, c'est du reste un procédé utilisé par les magazines spécialisés dans le sport dit « cérébral » :

• Une maman multipare (qui a eu plusieurs enfants) peut se targuer d'une *maternité méritante* (si l'on ne tient pas compte des accents bien sûr, les deux derniers termes sont des anagrammes l'un de l'autre… ou l'une de l'autre).

• Pour rester dans le même domaine, les sages-femmes spécialisées dans cette technique savent très bien *échographier* la *chorégraphie* à laquelle se livrent certains fœtus…

• Dans les gares et aérogares, les voyageurs en *partance* consultent tout naturellement une *pancarte.* Parfois, leur *voyage* est susceptible de les mener au pays de la *goyave.*

Grâce à la constellation de lettres plus fréquentes en français que dans d'autres langues (les amateurs de Scrabble sont experts dans… *ce domaine* = *macédoine*), certains mots ou groupes de mots peuvent générer diverses anagrammes, comme justement cet adjectif, *diverse* / *deviser* / *dérives.*

• On peut aussi dans certaines *cures sucer* du *sucre* et croquer des fraises *crues.*

• *Après* ce repas, les *restes épars* seront *parés* pour le compostage.

• Un historien doublé d'un journaliste pourra *caser* les odeurs *âcres* des chandelles lors du *sacre* d'un *césar.*

Une des fonctions de l'anagramme étant de masquer un mot, il est logique qu'elle soit utilisée pour créer des pseudonymes, volontaires ou non, comme l'équivalence *Pablo Picasso* et *Pascal Obispo* ; celle de Rabelais reste fameuse : *Alcofribas Nasier* = *François Rabelais* ; *Paul Verlaine* se mettait lui-même en scène dans certains de ses poèmes sous la figure du *Pauvre Lélian* ; *Boris Vian* adoptait le pseudonyme de *Bison ravi* ou encore *Brisavion* ; le fondateur de l'Oulipo (**Ou**vroir de **li**ttérature **po**tentielle), *Raymond Queneau*, ne pouvait manquer dans cette brève énumération, lui qui avait trouvé comme anagramme de son nom *Rauque anonyme.*

Le cryptage de l'académicienne *Marguerite* de *Crayencour* en *Marguerite Yourcenar* est un peu boiteux, puisque l'anagramme a supprimé un *c* surnuméraire ; celle de François Marie *Arouet* est bancale mais s'est imposée : le *u* devient un *v*, et on arrive à

Voltaire en empruntant un *i* et un *l*… Selon certains spécialistes de littérature, ces deux lettres correspondraient à la désignation *Arouet Le Jeune* ; sachant que le *j* en latin équivaut à un *i*, il est possible au prix de toutes ces circonvolutions de justifier cette anagramme !

Jean-Paul Belmondo peut se flatter d'être « anagrammable » en *une jambe d'Apollon.*

Dans la production littéraire contemporaine, les fictions maçonniques usent et abusent de l'anagramme sans mesure. Il est certain que Dan Brown, désireux de surfer sur le tsunami littéraire qu'il a contribué à créer avec la complicité de son épouse, ne pouvait manquer de nous livrer de jolies anagrammes puisées dans les rituels maçonniques, puisque l'un de ses best-sellers prend ces sociétés discrètes pour cible. Au risque d'empiéter sur la chasse gardée qu'est devenue *La Joconde* dans l'univers « littéraire » anglo-saxon, nous livrons au lecteur angliciste cette anagramme : *the mona lisa = not a hat, a smile* ! On ne saurait mieux dire.

Quant à J. K. Rowling, elle utilise abondamment l'anagramme, dans la plus pure tradition anglo-saxonne. Ainsi, dans le tome 5 de l'heptalogie[1] (*hepta* = « sept », en grec) autour du magicien Harry Potter, le « désanagrammage » de l'identité affichée par l'un des héros sombres, Tom Marvolo Riddle (*riddle* : « énigme, devinette ») permet de le démasquer : *« I am Lord Voldemort. »* Le nom de celui-qui-ne-doit-pas-être-prononcé est sûrement familier aux subtils lecteurs de cet opuscule, mais, à tout hasard : *Voldemort*, c'est le méchant !

Bien entendu, comme pour bon nombre de figures de style et de rhétorique évoquées, on trouve sur Internet des « générateurs » d'anagrammes ; il suffit d'entrer un nom ou un bout de

1. Comme les sept tomes du *Monde de Narnia* de C. S. Lewis, collègue du créateur du *Seigneur des anneaux*, J. R. R. Tolkien. Quels auteurs prolifiques !

phrase et, si l'anagramme est possible, la machine génère les correspondances. Si vous entrez un phrasillon comme : *Le Net fait tout*, une des solutions proposées évoque une situation que tout internaute connaît régulièrement, à savoir : *Attente fut loi.* En ces périodes de restrictions généralisées, beaucoup d'entre nous sont davantage capables d'afficher une *photo du caviar* qu'un vrai *pouvoir d'achat.*

Mais il est bien plus amusant d'en réaliser seul ; après tout, les vrais amateurs de sudoku ne regardent pas la solution avant de commencer ! Pour vous donner une aide utile, sachez que les lettres les plus fréquentes en français sont : a-l-e-n-i-r-o-s-u-t (dans l'ordre alphabétique des voyelles et des consonnes) ou encore : e-s-a-n-i-t-r-u-l-o (fréquence statistique pure).

À VOUS DE JOUER !

Dénichez les anagrammes :

- *amende*
- *ancre* (plus de 4...)
- *audace*
- *bonté*
- *chuterai*
- *débrouiller*
- *épris* (3 ou 4 au moins)
- *ruines* (au moins 2)
- *semaine* (au moins 2)
- Pas de *badinage* lors de la............... !

- À cause des nuisances sonores, le *Parisien* et l'............ semblent inséparables.
- On peut prendre l'*apéro* en............, mais pas à l'............ Bastille !
- Quel homme politique se cache derrière *naturel abusif* ?
- Et quel acteur de petite taille sous le *costumier* ?
- Ce maître de la plume était tout le contraire d'un *réel colin* !

Solutions :

- *amende* = damnée
- *ancre* = nacre = carne = crâne = écran = rance
- *audace* = cadeau
- *bonté* = béton
- *chuterai* = Autriche
- *débrouiller* = bredouiller
- *épris* = pires = prise = prisé = ripés
- *ruines* = réunis = urines
- *semaine* = amnésie = animées
- Pas de *badinage* lors de la *baignade*, évidemment !
- À cause des nuisances sonores, le *Parisien* et l'*aspirine* semblent inséparables.
- On peut prendre l'*apéro* en *paréo*, mais pas à l'*Opéra* Bastille !

- *naturel abusif* = Laurent Fabius
- *costumier* = Tom Cruise
- *réel colin* = Corneille

3. Les associations automatiques

La pile qui ne s'use que si…

Que toutes celles et tous ceux qui ont spontanément complété pour obtenir la formule mille fois parodiée « *ne s'use que si l'on s'en sert* » ne s'inquiètent pas, leur réaction est tout à fait normale. En effet, nous sommes tou(te)s conditionné(e)s par des associations très fréquentes de certains mots.

Tel nom se retrouve souvent avec tel adjectif, tel verbe *illico* associé à tel adverbe ou complément : une conduite est souvent… *exemplaire* ; sa copine, le *châtiment*, l'est tout autant, *exemplaire.*

Test :

Retrouvez ces associations à caractère médiatique, politique, historique ou sportif :

- La *défaillance* d'un système ou d'une centrale nucléaire. Elle ne peut qu'être …………………… .
- Je vous répondrai *incessamment* ……………………… .
- Excusez-moi, j'ai été ….. ….. *erreur* !
- Je suis *responsable, mais pas* …………….. .

- À *l'insu de* ....
- Il ne faut pas tout *prendre au pied de* ....
- En 1998, beaucoup ont cru au mirage d'une France *black*, ..., ...
- Il faut que *ça passe ou ça* ....
- C'est louche, il y *anguille sous* ....
- D'un qui lève les yeux en manière pour marquer la surprise ou l'étonnement indigné, on dit qu'il fait *des yeux de* .... (un poisson déjà cuisiné).
- Pour conserver son siège, cette sénatrice opportuniste a pris le train en ....
- *Sous les pavés, la* ....

Bien entendu, c'est au monde des « créatifs » de la publicité que nous devons un répertoire de formules toutes faites souvent indigentes, mais que le matraquage incessant suffit à faire entrer dans nos têtes et dans le patrimoine « culturel » commun. Quand nous parlons de patrimoine, il est frappant de constater la survie dans l'inconscient collectif de formules qui ne sont plus utilisées dans les médias mais qui, ayant marqué leur génération, ont été déclinées à l'infini.
Ainsi un slogan pour une marque de flans au chocolat semble toujours faire recette, même s'il n'est plus asséné à raison de cinq spots par heure sur les chaînes de télévision. Mais pour rare qu'il soit devenu, aussitôt qu'on l'entend, « *Tout le monde se lève pour...* » (si vous n'arrivez pas à compléter, vous avez droit à nos compliments, cette « ignorance » vous honore). Une marque de fromage à pâte (très) molle qui aujourd'hui vous complimente pour vos talents culinaires en vous décernant un brevet de « chef » (« *C'est pas compliqué,*

vous êtes un chef ») a bâti une partie de sa notoriété sur la rime interne « *Du pain, du vin, du B...* ».

SOLUTIONS :

- La *défaillance* d'un système ou d'une centrale.
  Elle ne peut être qu'*humaine.*

- Je vous répondrai incessamment *sous peu.*

- J'ai été *induit en erreur* (et non *enduit d'erreur* !).

- *Je suis responsable, mais pas coupable.*
  Cette piètre défense, dans le contexte de transfusions sanguines imprudentes et mortelles, a été proférée par Georgina Dufoix sur un plateau de télévision en 1991.

- À l'insu de *son plein gré* (comme quoi un cycliste peut parvenir à tout faire... ! Tous les espoirs restent donc permis.)

- Il ne faut pas tout *prendre au pied de la lettre.*

- En 1998, beaucoup ont cru au mirage d'une France *black, blanc, beur.*

- Il faut que *ça passe ou ça casse* !
  On voit dans ce type d'expression doublon un des procédés de fabrication ou plutôt d'imprégnation de ces automatismes : ils sont faciles à mémoriser.

- C'est louche, il y *anguille sous roche.*
  Beaucoup de métaphores et donc d'associations pour les pauvres pêcheurs : elle est *plate comme une* .... (si vous avez trouvé *limande*, bravo, mais la bonne éducation force à dire que vous êtes désobligeant avec la dame que vous décrivez ainsi).

- D'un qui lève les yeux pour marquer la surprise, on dit qu'il fait *des yeux de merlan frit.*

- Pour conserver son siège, cette sénatrice opportuniste a pris le train en *marche.*

- *Sous les pavés, la plage.*

2008 fut une curieuse année où des nostalgiques (occupant depuis longtemps des fonctions qui n'ont rien de révolutionnaires) ont célébré les quarante ans de ce qu'il faut bien appeler les « événements de Mai 1968 » ; beaucoup de slogans et mots d'ordre fameux sont nés à cette époque et restent curieusement vivaces.

Publicités :

- Le pays où la vie est *moins chère.*

- Parce que je le *vaux bien.*

- Plus t'en mets, plus *t'en as !*

- Vous n'imaginez pas ce que *six troënes peuvent faire pour vous* (variante orthographique voulue, pour éviter justement de faire de la publicité).

- Élevées en plein air, élevées *en plein Gers.*

- Quand c'est trop, c'est *trop d'picots* (toujours le même principe : pas de réclame, pas gratuite en tout cas…).

- Le poids des *gros mots,* le choc des *pornos* (toujours le même principe ; y voir un descriptif du contenu de certains magazines relèverait de la suspicion malveillante).

- Avec *Gare-Fours,* je …… négative (encore une variation délibérée).

Associations populaires :

• Cause toujours, tu *m'intéresses* !

Bien sûr, il s'agit là d'une **antiphrase** typique. Cette formule gouailleuse signifie à peu près le contraire : tu as beau me donner des conseils, voire m'intimer des ordres, je n'écouterai ni n'obéirai ! Elle est si populaire qu'elle a été recyclée dans des titres de films : *Cause toujours, tu m'intéresses*… d'Édouard Molinaro (1978), puis *Cause toujours*, de Jeanne Labrune (2004).

• Laisse pisser le *mérinos* !

Cette expression qui a (presque) statut de proverbe conseille de ne pas se tourmenter outre mesure, de laisser les choses se calmer d'elles-mêmes, en un mot de prendre les choses avec « philosophie ». Que vient faire le mouton là-dedans ? Il semblerait que l'expression est d'abord une déformation classique de « laisser p***a***sser », or passer d'un « *a* » au « *i* » n'est pas une prouesse inhabituelle ; ensuite, la référence aux animaux dont la miction est imposante, voire spectaculaire, n'est plus qu'affaire de poésie toute populaire.

• Et c'est r'parti comme *en 14* !

Cette expression moque l'aveuglement et la stupide allégresse des bellicistes. Elle rappelle l'optimiste **apocope** (☛ p. 184).

« *La der*… (il faut compléter par « *des der* », soit « *la dernière des dernières* » guerres mondiales) qui prend ses distances avec l'angélique naïveté des pacifistes plaçant une confiance ingénue dans l'humanité.

• Vu leur pouvoir d'achat, les Français ont le *moral dans les chaussettes.*

• Oh celui-là, il est pas net, il est complètement à *la masse* / *à l'ouest.*

• Il n'a rien compris, il s'est retrouvé vite fait dans les *choux* (variante plus douce et sucrée : dans les *fraises*).

• Elle est aimable comme *une porte de prison* !

• Ah ça, pour être grave l'accident était grave de *chez grave* !
Cette tournure superlative a connu des temps forts il y a quelques années, mais elle semble avoir des velléités de survie, même en 2009.

Associations à caractère culturel :

• Ce rottweiler a la mine *patibulaire* (en clair, il a une sale gueule).

• L'allégeance des députés à tel ministricule est nécessairement *flûtée.*

• Il a été élu, non pas dans un hémicycle, mais *dans un fauteuil.*

• Il avance à un train qui est forcément celui d'un *sénateur.*

• Une (demi-) victoire est forcément *à la Pyrrhus.*
Rappelons qu'une « *victoire à la Pyrrhus* » désigne une victoire amère : sur le strict terrain militaire, la bataille est gagnée, mais le coût matériel et surtout humain est si élevé qu'il eût sans doute été préférable de perdre !

• Labourage et pâturage sont les deux *mamelles de la France.*
La formule de Maximilien de Béthune, duc de Sully, est souvent présentée dans cette version simplifiée *ad usum delphini* (à l'usage des enfants et écoliers). L'original disait : « *Les labourage et pastourage* (graphie ancienne, on n'est après tout qu'au début du XVIIe siècle) *sont les deux mamelles dont la France est alimentée et les vraies mines et trésors du Pérou.* »

• La faucille et le *marteau* sont les symboles du Parti communiste.

• Le conte de Mme Leprince de Beaumont porté au cinéma par Jean Cocteau s'appelle *La Belle et la Bête.*

• *Un petit pas pour l'homme, un grand pas pour l'humanité.*

Cette formule mûrement préparée par les « linguistes » de la Nasa a été prononcée le 21 juillet 1969 par Neil Armstrong, qui fut le premier humain à poser le pied sur notre satellite naturel.

• Il veut être *calife à la place du calife.*

Les fanatiques de mangas ne peuvent pas suivre ; seuls les quinquagénaires amateurs de BD auront sans doute réagi « correctement » à cette association automatique, car ils ont été lecteurs des aventures du débonnaire calife Haroun El Poussah, créé par René Goscinny et Jean Tabary en 1961. Son premier vizir, le bien nommé Iznogoud, n'est effectivement pas *good* du tout et tente de renverser son souverain à l'aide de son pataud factotum Dilat Larath.

• Cette réforme, c'est vraiment la *chronique d'une mort annoncée.*

Si l'auteur de cette formule, qui est le titre d'un de ses romans (*Crónica de una muerte anunciada*, 1981), rapportait au lauréat du prix Nobel de littérature, Gabriel García Márquez, dix centimes d'euro à chaque fois qu'elle est parodiée, il pourrait à lui seul rééquilibrer la dette extérieure de son pays natal, la Colombie.

• Elle était coiffée comme *un dessous de bras.*

• Son dernier roman ne casse pas trois pattes *à un canard* (un comble pour une plumitive !).

4. La contrepèterie

Le VRP s'extasie devant le poids de la Chine.

Avertissement : pratiquement toutes les contrepèteries citées seront décryptées (ou leur lecture facilitée) à la fin de ce chapitre dans l'ordre de leur apparition ; ne trichez pas pour autant, vous connaissez la plupart d'entre elles si vous êtes un amateur du genre.

La **contrepèterie** consiste à *décaler les sons* (c'en est une, classique), non, restons sérieux, à déplacer certaines syllabes, voire certains sons (un mot comme *vécu* se terminant par *u* devient vite un mot en forme de *cul*).

Dans l'exemple en exergue on sent d'instinct que *Chine* (comme la plupart des termes en *-ine*) sert de prétexte à introduire, si l'on ose dire, un synonyme du membre viril masculin affublé de la même terminaison. Bref, le *poids de la Chine* devient très vite, par la magie du contrepet, un *choix de la p.ne* du meilleur effet ! Le plus drôle, c'est qu'il a été – volontairement ou non – proféré plusieurs fois par les médias durant un certain voyage officiel du mois de novembre 2007.

La plupart se contentent, avec talent il est vrai, de permuter (*La belle Susie permute* en serait un exemple) la première syllabe : *Le pont va casser*, et l'immortel : *Je ne peux pas avoir le choix dans la date.* D'autres permutent la dernière syllabe : *Ce recteur, quel bonhomme !* ou : *Cette étudiante linguiste a une page de version* et autres : *Arrêtez de me brouiller l'écoute* sont archirebattues.

Certaines exigent du doigté, si l'on peut dire, pour l'opération consistant à *couper les nouilles au sécateur.* D'autres sont vraiment sportives et sollicitent tous les neurones ; de là à proclamer le contrepet remède prophylactique contre la maladie d'Alzheimer…

L'aspirant habite Javel connaît toujours un certain succès en fin de soirée arrosée, surtout après avoir dégusté *une escalope sur une belle salade*... Quelque mœurs que l'on ait et quelque endurci que l'on soit, il est certainement moins plaisant *d'amputer d'une jambe* que d'*enjamber une p*...

Entre les *assiettes de Picasso* et les *assauts des pique-assiettes*, le choix est vite fait ! On le voit, *la vie des mots* est animée d'un appétit féroce. Souhaitons au pêcheur friand de poisson que *le poids de l'ablette* ne masque pas *le poil de la bête.*

Les milieux enseignants sont très prolifiques en contrepets : rien d'étonnant, les professeurs sont très joueurs. D'ailleurs, *quel beau métier, professeur !* Les élèves, eux, sont peut-être moins réceptifs à ce sport de seniors, et les garçons ne parviennent guère qu'à *empiler les lacunes.*

Très en vogue dans beaucoup de milieux et cultivée comme sport cérébral par certains intellectuels, la **contrepèterie** se présente quand même sous l'aspect d'un jeu futile et vain sur des phrases ou groupes de mots complètement artificiels. Le manège autour des noms terminés en *- ique, - ite*, et autres *- oune, - ouille,* sans compter les sonorités *en - u / - ul*, lasse vite. On l'aura compris, la dimension souvent paillarde du contrepet n'échappe à personne et c'est peut-être ce qui explique son succès.

Mais la **contrepèterie** entrant aussi dans le registre des langages cryptés, on en trouve à des époques troubles où le secret est vital (par exemple l'Occupation chez nous, où le contrepet permettait d'éviter les collaborateurs-qui-sont-partout et de se défouler au moins verbalement) ou dans des milieux tenant à conserver le secret pour des raisons de sécurité.

Dès qu'on s'intéresse à la question, on tombe sur le slogan : *« Il ne faut plus dire Metropolitain mais Pétain mollit trop »*, un des rares exemples où le contrepet donne sa solution.

Pour autant, cette forme de trait d'esprit n'est pas à dédaigner, surtout quand elle est le fait d'une production involontaire (révélatrice ou non de tendances profondes, sans entrer dans la psychanalyse de bas étage). Ce qui explique que certains produisent à leur insu de superbes contrepèteries, sans doute déjà consignées dans les innombrables recueils, sites correspondants, ou dans « l'Album de la Comtesse », rubrique incontournable et gymnastique hebdomadaire des lecteurs du *Canard enchaîné* (dont fait partie votre serviteur).

Ainsi, le 12 février 2007, l'auteur de ce modeste opuscule a-t-il entendu (j'ai des témoins !) un agent de sécurité de l'aéroport de Roissy-Charles-de-Gaulle avertir une passagère putative dont une orthèse métallique avait fait sonner un portique de sécurité qu'elle, je cite, allait devoir subir « *une fouille au corps* »...

Plus innocents, ces propos authentiques d'un président de jury se félicitant que, cette année, on avait réussi à « *faire venir plus de filles aux Ponts* » (*sic*) (le concours des Ponts et Chaussées).

Le même auteur à l'oreille exercée a repéré en novembre 2007 dans une publicité tentant de vendre les palpitantes péripéties d'une série télévisée un joli contrepet – involontaire bien sûr, ces contrepèteries-là sont les plus belles –, puisque la marchandise vantée porte le titre alléchant : « *La prophétie d'Avignon...* »

Une émission radiophonique très respectable, car elle se propose avec talent et succès de rendre accessible même au non-initié des contenus scientifiques parfois complexes, porte pourtant un titre dont la valeur « contrepétale » a pu échapper aux concepteurs dudit titre : en effet, une « *tête au carré* » peut se transformer en un clin d'œil en *quête aux tarés...*

Certaines contrepèteries sont de réels défis linguistiques, d'autres visent à triturer les mots pour en tirer à toute force, au prix d'approximations, l'illusion d'un contrepet qui a une senteur de pet contrefait. La contrepèterie sur la chanson enfantine « *Il court, il court, le furet* » en est un exemple classique (☛ « Décryptage », ci-dessous).

Certains titres de livres ou de films (la version française s'entend) sont parfois des contrepèteries involontaires, du moins espère-t-on que l'auteur de la traduction française de *Conan the Barbarian* (avec dans le rôle-titre l'Autrichien natif devenu depuis gouverneur de Californie) n'a pas fait exprès de conserver le titre somme toute logique et limpide *Conan le Barbare*...

La contrepèterie n'est pas réservée au seul français, bien d'autres langues s'y prêtent. L'encyclopédie en ligne Wikipédia en présente quelques-unes, classiques, mais oublie de façon symptomatique l'allemand, sans doute sous l'effet du tenace préjugé franchouillard qui en fait une langue lourdaude. Or, la langue allemande aussi possède des ressources plurielles pour la création de ce qui s'appelle alors *(der) Schüttelreim* (littéralement, « rimes passées au shaker », tout un programme) :

• *Aus der Rolle fallen*	(« avoir un comportement déplacé »)
Aus der Falle rollen	(« se tirer d'un mauvais pas »)
• Les lubriques ne manquent pas :	
Einst hatt' er einen forschen Pimmel	(« jadis il avait une b... avide »)
Jetzt hat er einen Porschefimmel	(« à présent, il est avide de Porsche »)
• Une philosophique :	
Es gibt so viele stumme Denker	(« on trouve tant de muets penseurs »)
Doch häufiger sind dumme Stänker	(« plus fréquents sont les stupides râleurs »)

Avant d'aborder la rubrique « Décryptage » qui suit, chers parents, veillez à occuper sainement votre progéniture.

Décryptage

Une sorte de convention tacite entre amateurs et auteurs de contrepets veut qu'on ne décrypte pas les contrepèteries conformément à la logique suivante : si le lecteur n'est pas capable de comprendre, tant pis pour lui, il n'a qu'à s'entraîner. En en réalisant soi-même, en faisant le ménage dans les syllabes, bref en nettoyant le *tout de son cru* (encore une classique), chacun peut progresser. Cet interdit n'est pas sans évoquer celui des prestidigitateurs et autres supposés magiciens qui bannissent les zététiciens (ce terme n'est pas une contrepèterie, en tout cas elle n'est ni connue ni facile...). Ce sont souvent des scientifiques qui débusquent les supercheries et démasquent les charlatans. Il existe même un laboratoire de zététique à l'université de Nice Sophia-Antipolis.

- *Décaler les sons* : *dessaler les c.ns.*
- *La belle Susie permute* : *la belle Susie, mère p.te.*
- *Le pont va casser : le c.n va passer.*
- *Ce recteur, quel bonhomme ! : ce rect.., quel bonheur !* (La terminaison latine *-um* dans sa prononciation usuelle, à savoir *-omme.*)
- *Cette étudiante linguiste a une page de version : il a une passion de ver.es.*
- *Quel beau métier, professeur ! : quel beau fessier prometteur !*
- *Faire venir plus de filles aux Ponts* : *plus de pies au fond.*
- *Une fin de série* : *une féerie de seins.*
- *La prophétie d'Avignon* : *la profession da Vinci.*

(Bon d'accord, j'ai un peu triché, il manque un son *s*, mais c'est un peu la règle du genre, comme le montre le curé qui court ci-dessous) :

• *Il court il court le furet* : la manip'.

(Ceci est une **apocope**, ☛ p. 180) doit en principe aboutir sur l'irrévérencieux : « *Il fourre, il fourre, le .uré* » ; hélas, trois fois hélas, il y a deux *c* et un seul *f*; donc il faut tempérer la fougue ecclésiastique (et iconoclaste) en se contentant d'un plus modeste : « *Il court, il fourre, le .uré.* »

Quelques-unes non décryptées :

(en intervertissant les segments en gras, même un non-initié peut y arriver)

- Vaut-il mieux *gliss**er** dans la **pisc**ine* ou .... ?
- On espère pour eux que les chasseurs ne coupent pas la *bi**che** en tren**te*** ....
- Certains Français ont une prédilection pour les *nich**oirs** en forme de p**onts*** ....
- Maladroit, il s'est retrouvé avec une *grosse **fr**ite dans son **b**ock* ....
- Quelle tranche voulez-vous, *la **f**ine ou l'é**p**aisse* ? ....
- Ce viticulteur tente de faire apprécier *le **g**oût de son **b**lanc* ....
- Peu de gens sont satisfaits de ce ***ch**amp de co**t**on* ....
- Il est tellement agité que son *en**tr**ain **g**êne* ....

Sans oublier les contrepèteries que d'aucuns prêtent de façon désobligeante et injuste aux Belges ou aux blondes (qu'en diraient les blondes belges ?) : « *Il fait **b**eau et **ch**aud…* »

5. La frime des citations

Churchill et de Gaulle en font tout un fromage.

Qui a inventé le « *rideau de fer* » évocateur de guerre froide ? Comment marche encore au juste cette citation au sujet de la *culture et* la *confiture* ?

Que d'approximatives réminiscences ! Pourtant notre quotidien est émaillé et le paysage audiovisuel saturé de citations plus ou moins justes du même tonneau ! Et pas la peine de faire confiance à Internet pour vous y retrouver : quatre citations sur cinq sont fausses.

Cherche-t-on à savoir précisément l'intitulé de cette brillante formule rappelant que toute vérité, loi, réglementation, est relative et subjective, vous savez bien, cette sentence parlant des Pyrénées, au-delà desquelles la vérité est plus vraie que chez nous, à moins que ce ne soit l'inverse ? On fouille dans sa mémoire, puis on se dit, pourquoi ne « googlerais-je » pas ? Et on retrouve dans le premier blog venu : « *Vérité en deçà des Pyrénées, erreur au-delà* », et on se dit : c'est bien celle-là, et on est conforté, on savait bien que c'était de Montaigne. Sauf que.

La phrase complète est : « *Plaisante justice qu'une rivière borgne. Vérité en deçà des Pyrénées, erreur au-delà.* » Et qu'elle émane de la plume de Blaise Pascal.

Pourquoi toutes ces fausses citations ? Parce que chacun répète et déforme ce qu'a dit quelqu'un d'autre. Ceux qui ne lisent jamais, ou seulement des résumés prédigérés (rédigés par leurs valets en écriture), veulent tout de même se donner un vernis culturel et émailler leurs allocutions, déclarations, voire leurs leçons publiques, de citations ; or celles-ci manquent leur but quand elles sont erronées, comme c'est le cas la plupart du temps.

Cela n'empêche pas ces « spécialistes » de s'ériger en pédagogues d'occasion en plaçant, comme une botte rhétorique fatale, l'expression : *« Cent fois sur le métier remettez votre ouvrage. »* Ces indigents de la culture suggèrent par là au contradicteur, qu'ils croient avoir ainsi « mouché », qu'il doit revoir sa copie et les laisser faire leur travail (de manipulation d'opinion).

Or, en l'espèce, cette frime inflationniste est vite éventée : il suffit de consulter l'ouvrage de Nicolas Boileau intitulé *L'Art poétique*, où l'illustre styliste, dans le *Chant I* (qui laisse entendre que pour le même prix, il poussait la chansonnette), précise :

Hâtez-vous lentement, et sans perdre courage,
Vingt fois sur le métier remettez votre ouvrage :
Polissez-le sans cesse et le repolissez ;
Ajoutez quelquefois, et souvent effacez.

Il est vrai qu'il n'est pas facile de démêler justement le vrai du faux ! L'exemple suivant illustre parfaitement la confusion généralisée et la même tendance inflationniste, que ce soit dans les publications écrites, les informations électroniques, voire les communications d'historiens du gaullisme ! Tout le monde, peu ou prou, a vaguement entendu, ou cru lire, l'un de ces bons mots dont feu le général avait le secret. Quant à savoir ce qu'il a dit réellement, piochez dans le florilège suivant (classé dans l'ordre numérique croissant !) :

• *« Comment voulez-vous que les Français s'entendent dans un pays où il y a 70 sortes de fromages ? »* (Fabien Perucca et Huguette Maure, *Le Meilleur du général de Gaulle*, 2005)

• *« Comment voulez-vous gouverner un pays où il existe 246 variétés de fromages ? »* (Ernest Mignon, *Les Mots du général*, 1962)

Divers sites du « oueb » :

• *« Comment voulez-vous gouverner un pays où il existe 258 variétés de fromages ? »*

• *« Comment voulez-vous gouverner un pays qui compte 360 fromages ? »*

• *« Comment diable voulez-vous gouverner un pays où l'on compte 365 sortes de fromages ? »*

• *« On ne peut pas gouverner un pays qui offre 365 variétés de fromages. »*

• *« Comment gouverner un pays qui possède plus de 400 sortes de fromages ? »*

On passe allègrement de 70 à 700 (certaines citations farfelues vont jusqu'à 600…). Et après, on dira que l'industrie fromagère manque d'esprit d'initiative, elle qui parvient à procéder à la multiplication des saints (albray, marcellin, nectaire, paulin…) !

L'inimitable Premier ministre britannique, sir Winston Churchill, tirait d'autres conclusions de la profusion fromagère dans l'Hexagone :

• *« Un pays capable de donner au monde 300 fromages ne peut pas mourir. »* (attribué à Winston Churchill, pendant l'occupation allemande)

Mais là encore, il est difficile de connaître la teneur exacte de ses propos. D'autant que certaines encyclopédies – autoproclamées – sur la Toile du vaste cyberespace où l'on trouve plus que des fromages périmés en guise d'information fiable prêtent... au général de Gaulle cette péremptoire assertion :

• *« Un pays qui produit plus de 365 sortes de fromages ne peut pas perdre la guerre. »*

Selon d'autres sources, c'est Churchill par contre qui aurait dit :

• *« Un pays aux 400 fromages ne peut être défait. »*

Là encore, on ne peut que constater la tendance inflationniste (300, 365, 400) encore générale.

On ne prête qu'aux riches, et il est vrai que le Premier ministre britannique avait souvent le mot juste. C'est le cas d'une autre création attribuée à l'incontournable Churchill, *« le rideau de fer »*. Mais les historiens ne lisent manifestement pas beaucoup les sources et se copient les uns les autres, si bien que le premier qui a affirmé que Churchill était l'inventeur de cette lumineuse formule a été servilement suivi.

Or, Churchill n'a fait que reprendre, mais en la plaçant au moment idoine (mars 1946 : *« From Stettin in the Baltic to Trieste in the Adriatic an iron curtain has descended across the continent »*), une expression qui datait de... 1914, soit quand même trente-deux ans plus tôt. En effet, en cette année de début du premier conflit mondial, la souveraine de Belgique créait cette métaphore pour commenter l'entrée des troupes allemandes dans son royaume ; toujours *avant* Churchill, le 18 février 1945, une manchette du journal berlinois *Das Reich* annonce que *ein eiserner Vorhang* (« un rideau de fer ») séparera le monde ancien tel qu'il était connu ; et cette même année 1945, le 25 février, c'est au ministre de la Propagande Goebbels que l'on doit l'image d'un « *rideau de fer* » séparant Russes et Allemands.

Mais ne le dites pas aux historiens, ils en sont à photocopier ce qu'a dit celui qui a dit qu'il l'a lu.

Le général de Gaulle a dressé avec un à-propos et un humour vachards un bilan sobre mais suggestif de la recherche hexagonale, après une visite dans les locaux du CNRS en son temps : *« Des chercheurs qui cherchent, on en trouve… des chercheurs qui trouvent, on en cherche. »* Selon d'autres sources, le même général aurait dit en réalité : *« Des chercheurs, on en trouve ; mais des trouveurs, on en cherche. »* La seconde formule n'est pas moins forte, mais on a beau chercher, on a du mal à trouver ce que le grand homme a réellement dit.

Il n'est plus besoin de démontrer les inepties des renseignements fournis sur le Net (y compris par des sites en principe au-dessus de tout soupçon), mais il n'est pas inutile de mettre *vingt fois sur le métier* la mise en garde. La première citation ci-dessus est ainsi froidement attribuée à… Julos Beaucarne ! L'artiste belge ne démérite en rien pour sa propre œuvre, elle se suffit d'ailleurs à elle-même pour que cet homme de plume n'ait pas à se parer de celles du général.

Plus fort encore : l'association euro-africaine pour l'anthropologie du changement social et du développement (ouf !) s'en prend aux, je cite, « *médiocrités* » qui osent déclarer « *qu'ils trouvent des chercheurs qui cherchent, mais point de chercheurs qui trouvent* ». Cette association critique sans citer de nom, mais les oreilles des « médiocres » qui ont inventé la formule doivent tinter…

Au risque de lasser les lecteurs avec la gaullomanie, voici une autre citation souvent reprise, ou plutôt une situation qui a inspiré au général une réponse décomplexée que beaucoup reprennent sans le savoir ou sans le dire. On pourrait l'intituler : « Les cons et comment s'en débarrasser. » Selon certaines sources – peu fiables et peu documentées –, un ministre aurait dit un jour au général-président : *« Et maintenant, Monsieur le Président, il faudrait qu'on s'occupe des cons. »* À quoi de Gaulle est censé avoir répondu : *« Vaste programme ! »* Les historiens du gaullisme se souviennent d'une anecdote du genre, mais la réplique semble avoir été : *« Lourde tâche ! »* Selon d'autres documents, un Français agacé aurait lancé, à l'encontre du général en tournée en province en 1967, un vigoureux et péremptoire : « *Mort aux cons !* », et c'est alors que serait tombée la sentence : « *Vaste programme !* » Si elle n'est pas vraie, elle est si bien trouvée qu'elle suscite beaucoup d'émules.

Plus près de nous, dans le temps, on assiste au même flou sur des citations incitant à la prudence face aux promesses des politocards : « *Les promesses des hommes politiques n'engagent que ceux qui les reçoivent* » (attribuée à Charles Pasqua sur un site prétendument spécialisé…).

« *Les promesses n'engagent que ceux qui les reçoivent* » (attribuée à Jacques Chirac sur le site etnoka.fr).

Bilan : avant de citer, les « nègres » des puissants auraient intérêt à ne puiser que dans des textes vérifiables et à remettre *vingt fois* sur leur métier… Il est vrai qu'il est plus facile de payer son auditoire de mots que ses électeurs d'actes efficaces et utiles…

Les **citations littéraires** font l'objet des mêmes hésitations, emprunts et fausses attributions, comme le prouve l'énoncé suivant, souvent proposé comme citation authentique dorée sur tranche alors qu'elle n'est attestée nulle part telle quelle ! « *Être dans le vent : une ambition de feuille morte.* » Cette citation qui plaisait beaucoup à notre ancien président cité *supra* est attribuée à Gustave Thibon ou Milan Kundera. Plus exactement, Gustave Thibon a écrit : « *La feuille morte voltige d'un lieu à l'autre, mais tous les lieux se valent pour elle, car son unique patrie est dans le vent qui l'emporte.* » Et il semblerait bien que l'écrivain tchèque Milan Kundera ait écrit dans sa *Biographie* : « *Vivre dans le vent est un destin de feuille morte.* »

Il peut arriver, même à de vrais auteurs, de se laisser abuser par leur propre mémoire. Ainsi Paul Léautaud aimait-il à citer le bon mot suivant qu'il attribuait faussement à Sainte-Beuve : « *Un membre de l'Académie française écrit comme on écrit ;*

un homme d'esprit écrit comme il écrit. » Or, c'est Montesquieu lui-même qui a conçu ce trait d'esprit.

Il en va de même de la fameuse citation de Pascal associant subtilement *cœur* et *raison.* Curieusement, l'original du grand philosophe mathématicien écrivain est travesti ainsi : « *Le cœur a ses raisons que la raison ignore.* » Le jeu sur le mot *raison* qui s'appelle une **diaphore**, fonctionne, certes, mais rappelons que dans les *Pensées*, on trouve : « *Le cœur a ses raisons que la raison ne connaît pas.* »

Même sur les sites s'affublant de l'épithète « littéraire » (qu'ils usurpent, de fait), on trouve quantité de citations littéraires aussi approximatives que la mémoire vacillante de leurs auteurs. Il en est ainsi de cette citation prétendumment de Molière : « *Qu'en termes élégants ces choses-là sont dites.* » Une visite même furtive sur le Net confirme de façon éclatante la prolifération de ce joli alexandrin… Joli, mais faux. Le personnage raisonnable, incarnant la mesure et l'amour amusé du prochain dans la pièce *Le Misanthrope* (il s'agit de Philinte, qui constitue le double positif du misanthrope Alceste), juge avec indulgence dans l'acte I, scène 2 des vers de mirlitons ridicules en affirmant : « *Ah ! qu'en termes galants ces choses-là sont mises !* » (vers 325).

Quoique n'étant pas intrinsèquement littéraire, un bon mot malicieux est régulièrement cité et repris : à une jeune actrice se piquant de ne jamais avoir éprouvé le trac avant d'entrer sur scène, une illustre personnalité des arts dramatiques aurait lancé : « *Ne vous inquiétez pas, ça viendra avec le talent !* » Seul petit couac, cette cinglante repartie est alternativement attribuée à Louis Jouvet (qui a effectivement fait montre d'un talent certain dans l'art de ciseler des formules assassines, sauf que celle-là n'est pas de lui), Sacha Guitry (elle n'est pas de lui non plus, mais dans la rubrique « On ne prête qu'aux riches », il faut bien reconnaître qu'elle pourrait être de lui). D'aucuns en attribuent la paternité à Jacques Brel (le jazzman Aldo Romano cite – à tort – l'immense et regretté chanteur belge en janvier 2006 comme étant l'auteur de la formule).

Il semble, avec toutes les réserves d'usage, que celle qui a forgé ou eu l'intuition géniale de cette amabilité n'ait été autre que la prodigieuse actrice française Sarah Bernhardt. Elle qui aurait mérité sans discussion un « césar », rendons-le-lui à cette occasion !

Dans la culture très populaire, sans connotation négative évidemment pour cet adjectif, on trouve aussi bon nombre d'approximations, notamment quant aux auteurs de citations. Ainsi, qui a dit quoi au sujet de la *culture* ? C'était comment déjà ? « *La culture c'est…* »

« La culture c'est comme la confiture, moins on en a, plus on l'étale. »

Il s'agit bien du regretté humoriste Pierre Desproges (1939-1988) (correctement cité par webtricheurs.net, ça ne s'invente pas !)

À une variante près, à savoir le coordonnant *et*, sur un autre site (un blog, il est vrai, lieu de crime quotidien contre l'orthographe et basse-fosse de l'étalage culturel, mais surtout pour l'étalage de la première syllabe de cet adjectif), cette phrase est attribuée à une grande amatrice de lignes, feue Françoise Sagan : *« La culture, c'est comme la confiture, moins on en a* ***et*** *plus on l'étale. »* Cette ligne-là n'est pourtant pas d'elle ! En plus, pour le même prix, on vous révèle que ce type de figure de rhétorique s'appelle **antanaclase** (☛ p. 168).

En revanche, celui qui a dit : *« La culture, c'est ce qui reste quand on a tout oublié »* est bien Édouard Herriot, académicien ayant rejoint les immortels en 1946.

La paternité des citations n'est pas si facile à établir, même en combinant moteurs de recherche, encyclopédies, et en relisant l'œuvre posthume de Kafka en version originale. La citation :

« L'éternité, c'est long… surtout vers la fin » est la plupart du temps associée à Woody Allen. D'autres attribuent cette jolie formule à Franz Kafka.

Le spirituel cinéaste a-t-il déterré cette perle de l'auteur tchèque ? Qu'il ait médiatisé la formule est indubitable, mais en est-il l'auteur ? Les sites de langue allemande (qu'ils soient tchèques ou allemands) n'apportent aucun éclairage décisif, au contraire, ils sont unanimes à citer Woody Allen ; il est vrai qu'il s'agit pour l'essentiel de blogs, autant dire qu'ils sont aussi fiables que des promesses d'hommes politiques, pour reprendre une des citations plus haut.

Le même et génial Woollywoodien ne dédaigne pas, semble-t-il, emprunter à l'occasion des trouvailles et les faire siennes en les adaptant. Ainsi sa définition du mélomane ressemble-t-elle à s'y méprendre à celle d'Yvan Audouard. Ce dernier avait en effet défini le mélomane en ces termes : *« Un vrai mélomane, c'est quelqu'un qui, entendant une très jolie femme chantant dans la salle de bains, se penche vers le trou de la serrure pour y coller l'oreille. »* Remastérisée par Woody Allen, on obtient : *« Un mélomane est un monsieur qui, lorsqu'il entend Ornella Mutti chanter dans sa salle de bains, s'approche du trou de la serrure… pour y coller l'oreille. »*

Terminons ce chapitre par le jeu très prisé des définitions. Si l'on prend un concept jouissant d'un – relatif – consensus, la démocratie, on a droit à un florilège impressionnant de contenus contradictoires.

Jeu

Attribuez aux personnages (plus ou moins) célèbres proposés les citations suivantes. Celles-ci sont toutes libellées en français, soit qu'elles émanent d'un(e) francophone, soit qu'il s'agisse d'une traduction, pour éviter de donner des indices :

1. Le meilleur argument contre la démocratie est une conversation de cinq minutes avec l'électeur moyen.
2. La dictature, c'est : « Ferme ta gueule ! » La démocratie, c'est : « Cause toujours ! »
3. Tout le rêve de la démocratie est d'élever le prolétaire au niveau de bêtise du bourgeois. Le rêve est en partie accompli.
4. La démocratie s'arrête là où commence la raison d'État.
5. Les démocraties ne préparent la guerre qu'après l'avoir déclarée.
6. Le plus grand nombre est bête, il est vénal, il est haineux. C'est le plus grand nombre qui est tout. Voilà la démocratie.
7. La démocratie est un très mauvais système, mais elle est le moins mauvais de tous les systèmes.
8. Démocratie : l'oppression du peuple, par le peuple, pour le peuple.
9. Démocratie est le nom que nous donnons au peuple chaque fois que nous avons besoin de lui.
10. La démocratie, c'est la moitié des cons plus un.
11. La démocratie, c'est le pouvoir pour les poux de manger les lions.

Dans l'ordre alphabétique (les joueurs avisés s'apercevront vite qu'un des dix personnages ci-dessous est l'auteur de deux citations) :
Jean-Louis Barrault / Philippe Bouvard / Winston Churchill / Georges Clemenceau (une clé orthographique : si on prononce effectivement « *Clémenceau* », il faut écrire « *Clemenceau* ») / Gustave Flaubert / Robert de Flers / Paul Léautaud / Georges Mandel / Charles Pasqua / Oscar Wilde.

SOLUTIONS :

1. Le meilleur argument contre la démocratie est une conversation de cinq minutes avec l'électeur moyen : *Winston Churchill.*
2. La dictature, c'est : « Ferme ta gueule ! » La démocratie, c'est : « Cause toujours ! » : *Jean-Louis Barrault.*
3. Tout le rêve de la démocratie est d'élever le prolétaire au niveau de bêtise du bourgeois. Le rêve est en partie accompli : *Gustave Flaubert.*
4. La démocratie s'arrête là où commence la raison d'État : *Charles Pasqua.*
5. Les démocraties ne préparent la guerre qu'après l'avoir déclarée : *Georges Mandel.*
6. Le plus grand nombre est bête, il est vénal, il est haineux. C'est le plus grand nombre qui est tout. Voilà la démocratie : *Paul Léautaud.*
7. La démocratie est un très mauvais système, mais elle est le moins mauvais de tous les systèmes : *Winston Churchill.*

8. Démocratie : l'oppression du peuple, par le peuple, pour le peuple : *Oscar Wilde.*
9. Démocratie est le nom que nous donnons au peuple chaque fois que nous avons besoin de lui : *Robert de Flers.*
10. La démocratie, c'est la moitié des cons plus un : *Philippe Bouvard.*
11. La démocratie, c'est le pouvoir pour les poux de manger les lions : *Georges Clemenceau.*

6. Les jeux de mots

Entre deux mots, il faut choisir le pire.

Cette citation du regretté Frédéric Dard exprime à la fois une certaine conception du jeu sur les mots en même temps qu'elle constitue un jeu sur les sons (la paire homophonique de Momo, pardon *maux/mots*). Elle se présente également comme un pastiche d'une citation de Paul Valéry (moins réputé pour avoir été un humoriste franc et massif) : *« Entre deux mots, il faut choisir le moindre »*, enjoignant ainsi à tout apprenti poète de rester concis.

Sport presque national, le jeu de mots est un vaste terrain d'expériences et possède une fabuleuse faculté d'échanges et de communication.

Décriée par Victor Hugo comme n'étant qu'un sous-produit, une « fiente de l'esprit », cette activité très populaire permet de se défouler, de pratiquer le rire comme thérapie ou simplement de résister, au moins verbalement, aux puissants. Le grand écrivain n'a pourtant pas rechigné à en distiller quelques-uns de la plus belle eau comme : *« Dans les champs s'affairaient des cultivatrices dont on ne voyait que la première syllabe. »* Plus modestement, et moins littérairement, les multiples rééditions et tomes des *Brèves de comptoir* prouvent l'intérêt de ce divertissement très répandu dans tous les milieux de la société française. Il s'agit de traits d'esprit populaires et spontanés que Jean-Marie Gourio affirme avoir réellement entendus dans les bistrots de la capitale, entre autres. Bon sens scientifique : *« La forme de l'eau, on la sait quand ça gèle »* ; clairvoyance sportive : *« La viande la plus chère, c'est le footballeur »* ; aveu linguistique : *« Le lama, je pige, dalaï, je vois pas ce que c'est »* ; lucidité humanitaire : *« Je n'achète rien quand c'est fabriqué par des enfants du tiers-monde, ça se casse tout de suite »* ; regrets littéraires : *« Je suis le plus grand auteur maudit, j'ai jamais écrit une ligne. »*

Mais comme, de toute façon, la seule chose qui vous intéresse, ami lecteur, c'est de découvrir des traits d'esprit que vous ne connaissiez pas encore ou que, au contraire, vous aimeriez relire, nous laisserons la parole aux usagers et joueurs. Bien entendu, ceux qui se sont aventurés jusqu'ici auront repéré des jeux de mots embusqués dans pratiquement tous les chapitres de cet ouvrage, sans qu'aucun ne soit décrypté : à vous de dénicher ces « perles ».

En guise de mise en bouche, Balzac nous a honorés d'une formule riche en sous-entendus : *« Il ne faut pas courir deux lèvres à la fois. »*

Les **acrostiches**, **anagrammes** et autres **palindromes** ont déjà été abondamment traités dans les chapitres correspondants.

Le calembour

Depuis plus d'un siècle, l'*Almanach Vermot* est un grand pourvoyeur entre autres de calembours, pas toujours très fins et subtils, mais toujours révélateurs d'un esprit frondeur et mutin bien français. *« J'ai pris mon rhume en grippe »* (Sacha Guitry) fonctionne sur la synonymie *rhume* et *grippe*, mais s'appuie sur le sens particulier de l'expression *prendre en grippe.*

La **polysémie** (le même mot a plusieurs acceptions différentes) est un des ressorts du calembour : *« Fasciné par le monde de la haute gastronomie, le petit rat embrasse la profession de cuisinier à pleine bouche. »*

Existe aussi ce jeu consistant à « déCaler les Sons[1] »… Un préjugé tenace veut que les langues étrangères ne soient pas friandes de ce type d'exercice cérébral. Ce n'est pas totalement faux, mais rien ne nous empêche d'exporter notre savoir-faire et de montrer la voie. Ainsi deux langues estimées – à tort – réfractaires peuvent-elles fournir matière à des calembours dans la plus pure tradition gauloise ?

Une fois qu'ils en ont acquis la maîtrise, les germanistes peuvent être à l'occasion facétieux et se venger gentiment du parcours du combattant que leur a fait subir la langue de Goethe ; transformer le *auf Wiedersehen !* allemand (« au revoir ! ») en *aux fines herbes* est un **calembour** indémodable.

Il en va de même du bonjour russe dans sa forme de tutoiement, « здравствуй », se prononçant en gros : « sdrasdvouillé ». La tentation est forte d'en faire « Strasbourg y est »…

1. Pour ceux qui ont compris, bravo ; les autres se reporteront sans être vexés à « La contrepèterie », p. 241 ; les majuscules doivent être interverties et les trois mots entre guillemets prennent un autre sens…

Les mots en situation

« Garçon, apportez-moi des fautes d'orthographe.
Le garçon, hébété :
— Monsieur, nous n'avons pas ça !
— Alors pourquoi en mettez-vous sur la carte ? »

Les mots pris au pied de la lettre

« *C'est bizarre*, se dit le directeur malheureux d'un théâtre, *quand le public reste froid en voyant une pièce, on dit que c'est un four.* » (1982)

Les approximations voulues

Elles font office de satire drôle et efficace, fustigeant les méchants : transformer le sinistre *Ku Klux Klan* en « cucul-clan » relève de cette intention (San-Antonio).

Parfois aussi, elles veulent simplement amuser, ambition hautement louable, surtout dans des périodes de désenchantement et plus encore quand elle est couronnée de succès (l'ambition) : *« À table, il existe un plat que je déteste : ne me servez surtout jamais du ragoût de la méduse ! »* (Francis Blanche)

Elles peuvent aussi porter sur des langues étrangères, essentiellement l'anglais (objet de moqueries répétées sans doute pour cause d'hégémonie linguistique) : « œuf corse » pour *of course* ; « cinq clous verts et moches » pour *thank you very much* (variante de Frédéric Dard : « Saint-Cloud Paris-Match » ; pas étonnant quand on sait que le domicile du commissaire San-Antonio est situé dans cette commune des Hauts-de-Seine).

La langue allemande fait l'objet d'attaques analogues (en guise de haut fait de « résistance », plus de soixante ans après que tout danger a été écarté), si l'on en croit des formules comme *Gruppier' ! Gruppier' !* – terme qui, évidemment, n'existe que dans un allemand de pacotille et relève plutôt de l'humour cocardier pesant. Sa prolifération provient partiellement du fait qu'il soit très répandu chez les guides touristiques d'un ancien protectorat français en Afrique du Nord-Ouest.

Lorsque quelqu'un propose de remettre *aux calanques grecques* (au lieu du correct *calendes grecques*), il remet en fait dans un futur le plus lointain possible une échéance (ou, si c'est un homme politique, la réalisation d'une promesse électorale). En effet, le rapprochement entre *calende* et *calendrier* est évident, or les Grecs n'avaient pas de *calendes*. Quant aux *calanques*, ce sont des reliefs maritimes bien connus dans le monde méditerranéen.

Les parodies de titres et figures de style déformées

Sport cérébral salutaire, l'usage de la **parodie** est une manière de revanche contre des formes convenues de langage comme moyen d'oppression de discrination sociale. *Pour le meilleur et pour le… rire* est devenu un classique du genre, puisque, même dans un journal de sports d'équipe, on en use et abuse dans les titres.

Parler de *miction impossible* à propos de personnes souffrant d'incontinence, voire, pire, de réels problèmes urinaires, se réfère à une série culte des années 1960 qui, au cinéma hollywoodien, a essaimé sous la forme des (jusqu'ici trois) épisodes de *Mission impossible.*

- *Tout est à lavement* = *tout est à l'avenant.*
- *Doré de l'avant* = *dorénavant.*
- Il *raisonne* comme une cloche = il *résonne* comme une cloche.
- *L'os qui pue* = *l'occiput.*
- *Le dôme des seins valides* = le *dôme des Invalides.*

Le même procédé consiste à détourner les proverbes et maximes, sans doute en guise de représailles contre des interdits moraux injustes. Au lieu du certes juste mais tristement banal et plat *Partir, c'est mourir un peu*, certains malicieux ont soit modifié juste un mot : *Partir, c'est mourir un pneu* (allusion aux crevaisons ou simplement à l'usure), soit carrément inversé la proposition : *Mourir, c'est partir un peu.*

La transposition du proverbe pesamment moralisant *« Chassez le naturel, il revient au galop*[1] *»* devient sous la plume – et là c'est le cas de le dire – du journaliste Jean-Paul Grousset du *Canard enchaîné* : *« Chassez le naturiste, il revient au bungalow. »*

Charade, devinette, tautogramme et Cie

Pourquoi les lézards recherchent-ils les vieux murs ?
Pour y trouver des lézardes.

Le **tautogramme** est un message (formule, proverbe, court texte) dont tous les mots commencent par la même lettre :

« Veni, vidi, vici » (« Je suis venu, j'ai vu, j'ai vaincu », formule que l'on prête à Jules César) est sans doute un des tautogrammes les plus connus. Dans les **vire-langues** (☛ p. 283), on en trouve évidemment beaucoup (on peut dans ce sens affirmer que le tautogramme est un des Legos du vire-langue).

Une **équivoque** est une plaisanterie fondée sur les multiples interprétations possibles d'un élément ou d'un mot. Elle porte essentiellement sur des notions critiques, des sujets tabous (Dieu, la religion, le sexe, l'argent). Dans son ouvrage *Petites Drôleries et autres méchancetés sans importance*, l'humoriste engagé et talentueux et fabuleuse « bête de scène » qu'est

1. Philippe Néricault, dit Destouches, dans sa glorieuse pièce intitulée *Le Glorieux* (XVIIIe siècle).

Guy Bedos lance : « *Dieu soit loué – et s'il est à vendre, achète, c'est une valeur en hausse !* »

Supplantée à l'heure actuelle par d'autres types de devinettes et tests (Monsieur et Madame, ☛ plus bas), la question « *Quel est le comble de* » a comblé des générations d'enfants, petits ou grands : « *Le comble pour un journaliste ? Être à l'article de la mort.* » (Jules Renard)

Jeu de sons et homophonie

Les jeux avec les sons proches constituent une variante parfois appréciée, souvent facile mais toujours prisée.

• *Un chat qui attend une souris n'est pas triste, puisqu'il aime la guetter* (guetter / gaieté).

• *Qu'est-ce qu'on donne à une mariée en cadeau ? En cas d'eau, on lui offre un parapluie.*

• *Un dalmatien qui, malgré sa robe tachetée, prend un air détaché manquerait d'attraits pour Cruella.*

• *Le TGV La Rochelle-Paris est arrivé à Montparnasse sans crier gare…*

Kakemphaton

En grec, ce mot aux consonances rigolotes signifie « qui sonne mal ». Et c'est effectivement le cas quand certains auteurs ou journalistes rédigent ou parlent vite, si bien que se heurtent dans la même phrase ou le même vers des constellations de sons cocasses. Parfois, le **kakemphaton** est volontaire.

Un doute subsiste sur l'intention malicieuse ou un oubli fâcheux de Corneille pour l'illustre exemple suivant. Dans sa tragédie *Polyeucte,* il fait dire à son héros :

« Vous me connaissez mal : la même ardeur me brûle
Et le désir s'accroît quand l'effet se recule. »
(Acte I, scène 1, vers 41-42)

Des oreilles affûtées entourant un esprit mal orienté ont bien sûr très vite entendu :
Et le désir s'accroît quand les fesses reculent.

Du même Corneille, dans sa pièce *Horace*, cette correction du vers d'origine :

« Je suis romaine hélas, puisque mon époux l'est. »

en :

« Je suis romaine hélas, puisque Horace est romain. »
(Acte I, scène 1, vers 25)

La variante est citée dans *Les Petits Classiques Larousse* ; Corneille semble s'être aperçu que *mon époux l'est* (« poulet ») assimile fâcheusement Horace à un volatile. Fâcheux pour un homme de plume, surtout si en plus il s'appelle Corneille…

La rencontre *Romaine hélas* et Ménélas (héros grec de la guerre de Troie) a été maintenue en revanche.

Un autre **kakemphaton** littéraire est très souvent à tort attribué alternativement à Alexandre Dumas ou à Victor Hugo (on ne prête qu'aux riches), et de fait il semblerait bien que ce soit Dumas qui ait écrit ces vers :

« Je sortirai du camp, mais quel que soit mon sort,
J'aurai montré du moins comme un vieillard en sort. »

Dumas, certes, mais… Adolphe Dumas (1806-1861), dans sa pièce immortelle et parfaitement inconnue : *Le Camp des croisés.*

Au-delà de la paternité littéraire, les trois derniers mots du deuxième vers cité, *vieillard en sort*, évoquent malencontreusement un poisson comestible mais atteint par la date de péremption : un « vieil harengsaur ». Ce dérapage a valu à ce poisson de finir dans un four.

Mot-valise et fausses définitions

Héberger = héler un gardien de troupeaux pour lui demander l'hospitalité (« *Hé ! Berger !* »)

Totalité = une personne qui se couche de bonne heure (« *tôt alitée* »).

Un gentleman est un monsieur qui sait jouer de la cornemuse, mais qui s'en abstient.

Dans cette logique, il est très tentant de corriger ou de modifier des définitions ou des mots existants. Preuve s'il en était besoin de la grande vitalité de la langue et de ses facétieux locuteurs que sont les francophones de tous pays, tous amoureux de la même langue, des faciles jeux sur les mots et des sons qui dérident toujours.

On ne dit plus / pas mais on dit

On ne dit plus *festif* mais *poil au cul* (décryptage : « fesse » + les « tifs »). Il s'agit, on l'a compris, de transcrire avec beaucoup d'approximations – voulues évidemment pour ne pas dire recherchées – un mot ou une expression connue pour lui faire dire autre chose ou pour démasquer un travers supposé. Ainsi, on ne dit plus : *Ce préposé s'est élevé à la force du poignet*, mais : *C'est un branleur* (allusion grivoise à l'onanisme en prime).

À VOUS !

Dans un premier temps avec un décryptage, puis dans un deuxième temps sans filet :

On ne dit pas	balcon	**mais**	soirée dansante stupide	*bal + con*
	acide aminé		ecstasy du chat	*acide à minet*
	donner c'est donner		repeindre ses volets	*donner c'est donner mais reprendre c'est voler*
	le ton monte		le laideron prend l'ascenseur	*le « thon » monte*
	le processus de paix est enclenché		ouvrez les fenêtres !	*les pets menacent…*
	un canif		un petit **f**ien	*caniche*
	l'idole des jeunes		Johnny casse la croûte	*l'idole déjeune*
	il manque de calcium		il a un dégât des eaux	*dégât des os*
	un enfoiré		une année de perdue	*an foiré*
	il est hallu-ciné		il est allé au cinématographe	*allé au ciné*
	dans l'op-tique du remanie-ment, c'est une secré-taire d'État putative		ce serait une prostituée pressée ?	*pute hâtive*

	un œno-logue		sexologue	*un nœud-nologue*
	il fait des courbettes		le prof est nul	*il fait des cours bêtes*
	concen-trique		eunuque idiot	*con sans trique*
	Il habite à l'île Maurice		Maurice habite près de Tourcoing	*il habite à Lille, Maurice !*
	le gospel		le gamin a un coup de soleil	*le gosse pèle*
	un chihua-hua		une crotte de chien	*un chie ouah-ouah*
	incarcéré		un bus bondé	*un car serré*
	javelliser		j'ai lu	*j'avais lisé*
	CD-Rom		des gens du voyage	*des Roms*
	scrutin		cet imbécile	*c'crétin*

Monsieur et Madame ont un fils / ont une fille

Encore un jeu très vivace et populaire, de nature à détendre l'atmosphère dans une rame de métro bondée, un ascenseur en panne ou quand on est bloqué dans une salle d'attente…

Voici quelques échantillons avec leur décryptage, si besoin était. Nous nous sommes cantonnés à des fils et des filles qu'on peut faire lire à des mains innocentes, pour reprendre une manie champignacienne évoquée plus bas, mais il en est bien sûr de grivoises et même au-delà du bon goût (évidemment celles portant sur les familles fictives aux patronymes terminés en « *kul* » par exemple).

Fille

Ézaispoir	Aude	(Ô rage ô désespoir)
Ayencoin	Laure	(L'oreille en coin)
Enckorsaiquilépamor	Sylvie	(S'il vit encore, c'est qu'il n'est pas mort)
Ancieux	Cécile	(C'est silencieux)
Cloison pour Agrandir lappart	Tabatha	(T'abats ta cloison pour agrandir l'appart)

Fils

Épéril	Astérix	(À tes risques et périls)
Enkorimpeu	Oreste	(Ô, reste encore un peu)
Nanas	Judas	(Jus d'ananas)
Aire	Axel	(Accélère)
Alapatt	Phil	(Fil à la patte)

Fils et fille / fille et fils

Table	Line et Luc	(L'inéluctable)
Froid	Sylvie, Aude Anne, Marc, Samson, Polo, Laura	(S'il vit au Danemark sans son polo, il aura froid)

Vous qui êtes joueurs, en voici d'autres :

(dont certains moins avouables, que la pudeur nous commande de ne pas décrypter…)

<u>Fille</u>

Cambronne	Maud
Chaite	Barbie
Zeublouze	Agathe
Ostik	Diane

<u>Fils</u>

Bombeur	Jean
Vedertshi	Harry
Demou	Alban

<u>Des fils</u>

Pachert	Yvan, Sam, Otto

<u>Des filles</u>

AnPhant	Hélène et Ludivine
Ibaralèr	Ella et Mylène

Lapsus

Le fameux lapsus d'un ancien Premier ministre à l'adresse des députés reste dans les annales : « *Vous n'êtes pas sans savoir…* » La double négation *ne pas* + *savoir* aboutit à une déclaration d'ignorance ! Ce que voulait dire feu Raymond Barre était bien sûr : « *Vous n'êtes pas sans ignorer.* » Mais il n'est pas le seul à s'être empêtré dans ce jeu de la négation double…

- « *Même quand je ne dis rien, cela fait du bruit.* » (Ségolène Royal)
- « *Même en avion, nous serons tous dans le même bateau.* » (Jacques Toubon)

• *« Mais voici que s'avance l'immobilisme et nous ne savons pas comment l'arrêter. »* (Edgar Faure)

• *« Il doit bien rester un angle de tir pour la paix. »* (Bernard Kouchner)

• *« Quand la France est forte, elle peut gagner ses batailles, elle peut montrer son élan, elle peut montrer ses valeurs, elle peut mettre du bleu-blanc-rouge dans le bleu avec les étoiles. »* (Jean-Pierre Raffarin)

• *« Nous ne pouvons pas rester isolés comme les Gaulois assis sur leur tas de fumier, juste bons à annoncer le jour qui se lève. »* (*Idem*)

• *« Le pétrole est une ressource inépuisable qui va se faire de plus en plus rare .»* (Dominique de Villepin)

Images aberrantes

Tous les amis de *Spirou* (donc tout le monde) connaissent les tics verbaux du maire de la bourgade fictive de Champignac, qui s'enhardit à émailler ses discours et allocutions de métaphores et d'images dont l'accumulation aboutit à des aberrations cocasses. Dans le présent ouvrage, nous avons déjà fait état du prix créé en Confédération helvétique pour couronner les abondantes citations authentiques – et bien évidemment involontaires – des potentats de ce monde.

Les campagnes électorales sont prodigues en trouvailles dignes du maire cité. En voici un exemple authentique (bulletin n° 9 de la *Tribune rochelaise*, janvier 2008) brillamment distillé par un candidat de la belle ville de La Rochelle : *« Depuis juin 2003, une voix claire, porteuse de vérité* [on le voit, c'est déjà une langue bien chargée qu'on nous donne à admirer ! Mais le festival se poursuit] *sans langue de bois. »* On demande le dessin d'une *voix sans langue*, fût-elle de bois… Le même propose des « *ronds-points* » pour « *mettre fin au terrifiant labyrinthe…* ». Effectivement : terrifiant ! Pas avare, ce brillant expert s'égare aussi dans les labyrinthes de la syntaxe française (☛ p. 164).

Mais revenons à l'original, les épigones ratés sont tout de même moins drôles :

• *« Le Champignacien qui, fier de son agriculture et de son industrie, lance d'une main sûre un regard plein de confiance vers l'avenir qui l'attend de pied ferme. »* (album *Le Dictateur et les Champignons*)

• *« Jamais, vous m'entendez, je ne laisserai la dent des démolisseurs fouler au pied ces vieilles pierres dont le front chargé d'histoire a bercé le cadre où nos pères ont fait leurs premiers pas et dans le sein desquelles dort un passé glorieux qui tient l'œil fixé sur ses fils respectueux… »* (*Le Voyageur du Mésozoïque*)

• *« Je suis heureux d'être aujourd'hui présent parmi toutes ces magnifiques bêtes à cornes à la tête desquelles Monsieur le Préfet nous fait l'honneur de s'asseoir, lui qui, debout à la proue du splendide troupeau de la race bovine du pays, tient d'un œil lucide et vigilant le gouvernail dont les voiles, sous l'impulsion du magnifique cheval de trait indigène, entraînent sur la route toute droite de la prospérité le Champignacien qui ne craint pas ses méandres, car il sait qu'en serrant les coudes il gardera les deux pieds sur terre afin de s'élever à la sueur de son front musclé, vers des sommets toujours plus hauts ! »* (*Le Prisonnier du Bouddha*)

Il ne reste plus qu'à poser la question de confiance : ami lecteur, à l'instar de Boby Lapointe, au fil de la lecture de ce chapitre, combien fus-tu *épaté de fois* ? Toi qui, comme Henri II, entends profiter des *quat'terrines de midi six*, bon appétit ! (D'accord, cet Henri-là jouit d'une notoriété inférieure à celle du quatrième Henri, mais, dans le civil, Henri II était l'époux de Catherine de Médicis…)

7. Les jeux de sons : allitération, assonance, allographe

Cet euro n'est pas t'a vous.

Fondées sur la répétition de sons qui se ressemblent (homophonies parfaites ou approximatives), ces figures sont très connues et pratiquées, même en dehors des cours de littérature française : l'**allitération** consiste à faire réapparaître les mêmes *consonnes* ou groupes de consonnes, l'**assonance** concerne les *voyelles.*

Exemple d'allitération : ***Tonton, ton thé t'a-t-il ôté ta toux ?***

Dans le chapitre sur les **vire-langues**, l'allitération (fondée sur le son *s* répété cinq fois, figuré par les lettres *s* et *c*) de Racine dans sa pièce *Andromaque* est également citée :

- *« Pour qui **s**ont **c**es **s**erpents qui **s**ifflent **s**ur vos têtes ? »* (vers 1638)

Grand humoriste devant l'éternel, Alphonse Allais a osé cette formule, recyclable assez régulièrement (surtout en approche de municipales…) :

- *« La mère **r**it de son a**rr**ondissement. »*

Exemple d'**assonance** :

- ***Là où la** houle **a ou**rlé la lame.*

Pour le même prix, on notera que cette assonance se double d'une allitération en « *l* ».

L'actualité écologique en ces temps de post-Grenelle nous fournit de la matière :

- ***L'îlot** de Tuvalu **va** à **vau-l'eau**.* (des *v*, des *l*, et beaucoup trop d'*o* !)

Ce genre d'astuces phonétiques permet[1] une mémorisation plus facile, les allitérations et assonances s'incrustent facilement dans nos cerveaux. C'est bien la raison pour laquelle on en rencontre beaucoup dans la publicité, que ce soit dans les slogans ou les noms de marques ou de produits.

SCEPTIQUE, AMI LECTEUR ?

Testez-vous donc sur les exemples suivants :

- *Quand c'est trop, c'est* ... (vous avez complété par quoi, avouez ?)
- *Le poids des mots, le choc des* ... .
- *À fond la f*.... (je sais, ce type d'exercice cérébral est très sportif...).
- *Il est fou A*....... .
- *Roule, ma* ... .

SOLUTIONS :

- *Quand c'est trop, c'est Tropi*. (Pas de pub ici, à moins que la société de débit de boissons ne passe commande de 10 000 exemplaires de cet ouvrage et règle... en liquide.)
- *Le poids des mots, le choc des* ... : assonance en *o* pour beaucoup de coups bas.
- *À fond la f*.... : si vous avez pensé à *caisse*, c'est que vous n'avez pas lu le *f*..., c'est le mot *forme* qui était attendu ici.

---

1. À propos du problème d'orthographe que pose cette structure (*un genre* + *des astuces* : faut-il accorder le verbe qui suit avec le singulier ou le pluriel ?), ☛ « Les pièges de l'orthographe », p. 130. Pour vous permettre de patienter, sachez que ça s'appelle une **syllepse**.

• *Il est fou A*.....?? : si vous ne voyez pas, c'est qu'il vous faut une deuxième paire de lunettes...

• *Roule, ma ...* : *poule*, bien sûr.

On trouve beaucoup de ces jeux de sons anglais dans la langue courante : demandez donc dans votre entourage comment s'appelle au juste l'*explosion originelle* dont serait issu notre univers (selon une théorie très répandue). Sans trop d'hésitation, on vous répondra bien sûr « big bang ».

Un singe géant, qu'on remercie d'être velu, présente la même particularité phonétique, nous avons nommé : King Kong.

Les **allographes** sont à la fois difficiles à réaliser et à déchiffrer, pour qui n'a pas cet entraînement : il s'agit d'un jeu un peu plus subtil, mais dont l'humour n'est jamais tout à fait absent. Il consiste à écrire différemment des mots ou des groupes de mots de façon à faire émerger un sens nouveau ou à faire simplement réfléchir.

Le grand Jacques Prévert en a réalisé de fameux, comme cette transcription de *Sodome et Gomorrhe*, en « sceau d'hommes égaux morts » ou encore « seaux d'eau mégots morts ».

On le voit, pour être poétique, l'allographe s'épuise parfois en jeu futile et vain.

Dans une langue plus pratique, il est devenu assez commun d'écrire *K7* pour « cassette » audio (même si ce dernier n'a plus qu'une survie limitée). On en trouve quelques exemples illustres dans le chapitre « Abréviations ». Les **allographes alphabétiques** mais aussi **numériques** (voire **symboliques** comme ceux qui sont basés sur la lettre π = pi) se rapprochent aussi d'une forme de rébus sonore, comme *719 KC* (qui peut se lire « sept-un-neuf-cas-cé », soit « c'est un œuf cassé »).

Nous vous proposons quelques exemples avec leur décryptage immédiat, mais ensuite vous devrez faire travailler vos méninges (les réponses seront inversées) :

LMDB	Elle aime des baies
A 1 2 C 4 !	À un de ces quatre !
-2N = + 2 P	Moins de haine égal plus de paix
20 100 M 10 QT	Vincent aime discuter
$\frac{6}{100}$	Sans souci (cent sous six, prononcé *si* il est vrai)
6 C 10 C 10	Si c'est dit c'est dit
é π 6 é	Épicier (é pi six é)
U 2	*You Two* ou *You too* (= vous deux ou vous aussi, comme le groupe de musique)
BBQ	Barbecue
H E V	Achever / achevé
O 10 T	Auditer / audité
7 AC ou 1 7 AC	C'est assez ou un cétacé
L N A R I T	Hélène a hérité

À VOUS DE JOUER !

- 1 H A 100 C
- 1 I π
- L A 6000
- 1 6 V Q I
- D 10 KC
- L A 20 Q

Réponses :

- un achat sensé
- un hippie
- Elle assimile
- un civet cuit
- dédicacer/ dédicacé
- Elle a vaincu

Les faucons sont des va-t-en-guerre. Les habitués des médias et grands consommateurs de *niouzes* (news prononcé à l'anglaise et retranscrit en graphie française volontairement cocasse : ce type de procédé fait partie des jeux courants sur les sons, en particulier étrangers) savent désormais que l'image du faucon est utilisée pour désigner des hommes politiques bellicistes, désireux d'en découdre ou persuadés qu'il n'y a d'autre solution que l'affrontement armé. Une périphrase française pour ces « faucons » est justement le *va-t-en-guerre.* Il ne s'agit nullement d'un pataquès ni de ce qu'on appelle un cuir. Dans *va-t-en-guerre,* le *t* surajouté n'a pas de justification grammaticale mais bien une justification phonétique. La constellation « va-en » n'est pas très heureuse ni jolie pour l'oreille : pour obtenir un son plus audible, on ajoute ce *t,* dit alors **euphonique** (*eu* : « beau, bien » en grec). Mis en cause pour une expression malvenue et maladroite (des mauvaises langues diraient bien à droite), un ministre anciennement médecin a même cru bon pour se justifier de (ré)inventer l'expression *va-t-en-paix* pour se redonner le lustre d'un pacifiste. Ce faisant, il mérite droit de cité dans ce chapitre sur les jeux consistant à franchir le mur des sons.

Dans le chapitre 8 intitulé « Bataille », du roman de cape et d'épée *Le Bossu* (l'auteur en est Paul Féval), se trouve une réplique sans *t* qui a hanté tous les acteurs jouant le rôle (Daniel Auteuil campe magnifiquement le héros positif dans la dernière version cinématographique en date). Le chevalier Lagardère – c'est le gentil – vient de marquer de son épée la main de

Gonzague – c'est le méchant vilain – qui réussit à s'échapper mais qui entend tout de même la fameuse menace (et promesse tenue en fin de roman) :

« Qui que tu sois, ta main gardera ma marque. Je te reconnaîtrai. Et, quand il sera temps, si tu ne viens pas à Lagardère, Lagardère ira à toi ! » D'aucuns acteurs conservent la prononciation d'origine « *ir**a-a**-toi* », d'autres ont rajouté un beau « *t* » de toute… beauté (« *ira-**t**-à-toi* »), même s'il ne respecte ni le texte originel ni la grammaire.

Il n'y a plus de grands zéros ? De grands *héros* plutôt. Ce genre de liaison abusive (avec des *s* et des *z*, mais aussi et surtout avec des *t*) s'appelle un **pataquès**. Le pataquès consiste à faire-*t*-une liaison mal-*t*-à-propos en rajoutant des *t*. Bien sûr, vous l'aurez corrigé : il faut écrire « consiste à faire une liaison mal à propos » ! L'erreur s'explique car le système de conjugaison français impose ce *t* dans certaines formes : *L'a-t-il vu ?* (Le *t* permet d'éviter le désagréable et bizarre « laïlvu ».)

Pour éviter ce *t* ressenti comme une allitération à l'étoffe rugueuse et râpeuse, certains locuteurs ont la fâcheuse propension à l'adoucir comme un velours en le transformant en *z* : *Il s'était z-assis* (au lieu du correct « Il s'était assis » prononcé « tassi »).

Certes, ce *z* est ajouté par assimilation avec d'autres formes où il se justifie : *Il ne s'était jama**is ha**bitué / il ne s'était pa**s ha**bitué*, etc. Il n'en est pas moins faux. Le nom de cette faute : on vous le dit entre *quatre zyeux* : le **velours**, justement. Le procédé peut être volontaire (chez Frédéric Dard, entre autres, qui utilise Alexandre-Benoît Bérurier comme maître *ès* **velours**, **pataquès** et **allographes**) pour des motifs humoristiques ou zironiques.

Justement, un des problèmes récurrents, même des locuteurs francophones, est le *h* aspiré : *Les haies n'ont pas été taillées* (ce qui peut donner l'amusant mais faux : « Les zaies n'ont pas tété taillées »). Par imitation des Anglais, transformés phonétiquement en *Zanglais, les zabitants de la Hollande deviennent des Zollandais* à la vitesse d'une rotation d'aile de moulin. Rappelons les transcriptions phonétiques correctes : *Les habitants* (lézabitants) *de la Hollande* (la-ollande) *deviennent des Hollandais* (déollandais). Il s'agit là d'une faute de prononciation (courante) dont le nom évoque plutôt d'une maladie inavouable : la **psilose**.

Comme son nom le révèle immédiatement, l'**épenthèse** vient d'une combinaison de termes grecs qui signifie que l'on surajoute quelque chose. Par rapport à quoi, me direz-vous ? D'une part à la langue ou l'orthographe codifiée, ou encore à l'étymologie du mot en question. Quand on parle de *numération* par exemple, on surajoute un *e* qui n'existe pas dans l'étymologie (qui est *numru*) ; quand on invoque des *nombres*, on surajoute même un *b* ; en anglais ce *b* se retrouve dans « *number* », mais en allemand il y a seulement deux *m* (*Nummer*).

8. Les palindromes

Élu par cette crapule…

Ne craignez rien, ami lecteur, vous n'avez pas mis les doigts dans un pamphlet politique. Imaginez-vous Moïse ou simplement lecteur hébreu et parcourez cette formule de droite à gauche, vous obtiendrez… « *élu par cette crapule* ». Vous avez certainement déjà rencontré ce type de figure qui s'appelle **palindrome** (littéralement : « qui court à l'envers, qui parcourt de nouveau », en grec).

Un **palindrome** est un jeu sur les mots somme toute assez subtil, voire mathématique. Il consiste à générer une phrase ou une combinaison de chiffres pouvant se lire du début à la fin et inversement. Bien entendu, il existe dans la « nature » des lettres, mots et chiffres palindromes (qui vient du grec *palin*, « de nouveau », et *dromos*, « la course »). Les termes *gag / ici / rotor* et les dates *1991* ou *2002* sont des exemples banals.

Les noms propres, de personnes (*Anna*) ou de villes (*Laval*) se prêtent aussi au jeu du palindrome.

Il existe même des exemples extrêmes de textes entiers, comme celui rédigé par l'écrivain et expérimentateur Georges Perec : 5 566 lettres en tout ! Nous renvoyons le lecteur intéressé à la grande Toile informatique s'il a vraiment envie de se plonger dans cette « lecture » à contre-courant ; il faut bien reconnaître que la lecture n'est guère édifiante et que c'est là un jeu qui paraît bien futile et d'un intérêt limité à quelques joueurs.

Dans le département de mathématiques de certaines universités, on s'ingénie à créer des générateurs de palindromes (de chiffres comme de lettres, les mathématiciens ne sont pas sectaires !).

La fascination pour le palindrome (entre autres formes de manipulation des lettres et des mots, mais la même remarque vaut pour l'**anagramme**) s'explique par une conception quasi magique du langage. Derrière les lettres se cacherait une vérité universelle, intangible, mais surtout cachée, qu'il s'agit de révéler, de décrypter façon davincicoderie. Cette thèse veut que, même quand nous écrivons et parlons, nous croyons maîtriser le langage alors que nous ne serions que le jouet de forces occultes. Ça fait peur !

Certains palindromes classiques sont plus spectaculaires que d'autres :

- *Mon nom.*
- Et logiquement, sur ce nom on trouve par exemple : *Trace là mon nom à l'écart.*

- Également connu et abondamment cité : *Esope reste ici et se repose.*
  Un franc-maçon qui se prénommerait Luc ne désapprouverait certainement pas le palindrome.
- *Et Luc colporte trop l'occulte* (Michel Laclos cite ce palindrome dans un recueil *ad hoc*).
- En guise d'avertissement pour les amateurs de mariages et d'enterrements : *À l'autel elle alla, elle le tua là.* Et son corollaire : *La mariée ira mal.*
- Remarquez, c'est parfois compréhensible : *Noce – l'adoré roda le con.*
- *Engage le jeu, que je le gagne* ! pourrait servir de devise à tout joueur d'échec ou de rugby.
- *Etna : lave dévalante.*

Bien sûr, les palindromes ne « fonctionnent » que si l'on s'affranchit généreusement de certaines contraintes (accents en particulier) :

- *L'âge légal.*
- *Léon a erré à Noël.*

Le palindrome n'est pas réservé au français, d'autres langues en produisent également, tout aussi artificiels :

Allemand

- *Rentner* (« retraité ») / *neben* (« à côté »).
- *Ein Neger mit Gazelle zagt im Regen nie* (« un nègre avec une gazelle n'hésite jamais sous la pluie »).
- *Eine güldne, gute Tugend : Lüge nie !* (« une bonne vertu en or : ne mens jamais ! ». Pour le construire, il faut toutefois rameuter le ban et l'arrière-ban des archaïsmes et préciosités en tout genre : « doré, d'or », *golden*, en vieil allemand ; on peut « déterrer », *gulden, gülden*).
- *Eine treue Familie bei Lima feuerte nie* (« une famille fidèle près de Lima ne fit jamais feu »).

Anglais

Outre les sobres « *civic / deified* », on peut dénicher des phrasillons d'intérêt discutable :

• *Madam, I'm Adam* (« madame, je suis Adam »).

• *Star comedy by democrats* (« comédie étoilée jouée par des démocrates »).

• *Step on no pets* (« ne marchez pas sur les animaux »).

Michel Laclos en cite un grand nombre, tous plus ébouriffants les uns que les autres : « *Rats live on no evil star* » (« les rats ne vivent pas sur une mauvaise étoile »). L'auteur laisse les lecteurs juges de l'utilité éminente d'un tel phrasillon dans une conversation…

Espagnol

• *Reconocer* (« reconnaître »).

• *Luz azul* (« lumière bleue », titre d'un poème « palindromique »).

• *Dábale arroz a la zorra el abad.* (« donnait du riz à la renarde l'abbé »).

On le voit, ces phrases sont du plus haut intérêt pour apprendre la syntaxe et le lexique d'une langue étrangère.

Italien

• *Otto* (« huit »).

9. Les vire-langues

Fruits frais, fruits frits, fruits cuits, fruits crus

Qui d'entre nous n'a pas déjà trébuché ou cherché à faire trébucher un membre de sa tribu chérie sur des phrases remplies de *chaussettes de l'archiduchesse sans cesse asséchées* ?

Entraînez-vous (à jeun de préférence) ou mieux : tentez d'entraîner des amis dans cette tentante aventure et chronométrez-les. *Que lit Lili sous ces lilas-là ? Lili lit* l'Iliade *!*

Du reste, ce genre d'exercice est profitable pour soigner son élocution, notre époque de gens pressés générant des discours et autres allocutions négligées. Un des atouts – et la marque de fabrique – de maîtres à parler remarquables, comme Fabrice Luchini, réside justement dans cette volonté de prendre son temps pour savourer et faire déguster les mots. C'est aussi un signe de respect pour son public.

Un vers d'école comme « *Pour qui sont ces serpents qui sifflent sur vos têtes ?* » (*Andromaque*, vers 1638) – fournit la preuve que même d'illustres auteurs « classiques » comme Racine ne dédaignaient pas à l'occasion de jouer eux aussi avec les mots et les sons. Ce vers est l'un des derniers prononcés par Oreste juste avant de sombrer dans la folie. Il est suivi d'un vers qui poursuit l'allitération des sifflantes en *s* :

- *« À qui destinez-vous l'appareil qui vous suit ? »* (vers 1639)

Moins « classe » et plus profane, pour ne pas dire au-dessous de la ceinture :

- *Six slips chic, six chic slips.*

Dans la famille des sifflantes, les **vire-langues** en *s* sont légion :

• *Combien ces six saucissons-ci ? – C'est six sous, ces six saucissons-ci.*

• *Si six scies scient six cyprès, six cent six scies scient six cent six cyprès.*

• *Bonjour madame Sans Souci, combien sont ces six cent six saucissons-ci ? – Ces six cent six saucissons-ci sont six sous. – Six sous, ces six cent six saucissons-ci ! Si ces six cent six saucissons-ci sont six sous, ces six cent six saucissons-ci sont trop chers.*

• *Donne-lui à midi huit fruits cuits et si ces huit fruits cuits lui nuisent, donne-lui à minuit huit fruits crus.*

Un standard des soirées où une quantité (modérée SVP) d'alcool entrave les libres mouvements élocutoires de la langue est le réputé et redoutable :

• *Petit pot de beurre, quand te dé-petit-pot-de-beurreras-tu ? – Je me dé-petit-pot-de-beurrerai quand tous les petits pots de beurre se dé-petit-pot-de-beurreront.*

(À prononcer et chronométrer a) en début de soirée, b) en milieu de soirée, c) après le digestif. Ce vire-langue vaut tous les éthylomètres !)

Les sons *ch* et *gé* entrecroisés posent les mêmes problèmes dans les mêmes situations :

• *Suis-je chez ce cher Serge ?*
• *Je veux et j'exige d'exquises excuses.*

Le monde des vire-langues est tout naturellement par les mots en « *t* » hanté :

• *Ton thé t'a-t-il ôté ta toux ?*
• *Trois très gros, gras, grands rats gris grattent.*

Sans oublier le célèbre – presque – proverbe latin :
• *Qu'a bu l'âne au lac ? L'âne au lac a bu l'eau !*

En voici encore un, moins répandu dans les multiples recueils :
• *Trois bonnes grosses grasses grand-mères aux beaux gros bras blancs croquent trois gros ronds radis roses.*

Immortalisé et surtout étendu à l'infini par l'incomparable Gaston Lagaffe, dont le père spirituel nous a quittés, cet **axiome** qui amuse toujours les petits enfants qui en redemandent, (même en 2008 !) :

> • *Chez les Papous, y'a des papas Papous et des papas pas Papous ; or parmi les Papous, il y a des Papous papas à poux et des Papous pas papas à poux, parmi les Papous papas à poux, il y a des Papous papas à poux papas et des Papous papas à poux pas papas,* etc.

Évidemment, de grands et inimitables orfèvres de la langue comme Boby Lapointe ne pouvaient manquer dans ce palmarès des **vire-langues** : sa chanson « Ta Katie t'a quitté » (1975) regorge de vire-langues à tire-larigot et est à ce titre redoutée par les chorales :

> *Tic-tac tic-tac*
> *Ta Katie t'a quitté…*

Même des étrangers au-dessus de tout soupçon s'ingénient à piéger leurs semblables à l'aide de tels traquenards phonétiques : les Allemands les appellent *Zungenbrecher* (« casse-langue ») :

• *Fischers Fritze fischt frische Fische, frische Fische fischt Fischers Fritze* (« Le petit Fritz de la famille Fischer pêche des poissons frais »).

• *In Ulm um Ulm und Ulm herum* (« à Ulm, autour d'Ulm et en contournant Ulm » ; rappel : le *u* se prononce *ou* comme dans toutes les langues latines, sauf le français, donc *Ulm* se prononce « Oulme »).

• *Blaukraut bleibt Blaukraut und Brautkleid bleibt Brautkleid* (« Chou rouge reste chou rouge et robe de mariée reste robe de mariée »).

• *Ob über Oberammergau oder aber über Unterammergau* (« Que l'on passe par O ou par U… »).

Les Britanniques aussi sont très joueurs et adorent les *tongue twisters* (« enrouleurs, tordeurs de langue »), comme le prouvent les échantillons suivants. Commençons par un *tongue twister* (involontaire) à très haute fréquence et pour cause, le *World Wide Web*. Les « *subprimes* » généreusement et inconsciemment distribués par les banques américaines ne créent pas seulement une crise économique, mais suscitent aussi des affres phonétiques chez nos journalistes. Plus poétiques et amusants :

• *Peter Piper picked a peck of pickled peppers ;*
A peck of pickled peppers Peter Piper picked ;
If Peter Piper picked a peck of pickled peppers ;
Where's the peck of pickled peppers Peter Piper picke ?

Plus océaniquement gastronomique :

• *How can a clam cram in a clean cream can ?*

La boîte de conserve (*a can*) semble un standard dans les virelangues *british*, comme le suggère la question défi (une mise en boîte en quelque sorte…) :

• *Can you can a can as a canner can can a can ?*

Le monde hispanique semble adorer ce genre de jeux également :

• *Tres tristes tigres tragaban trigo en un trigal.*

• *Hay chicas chachareras que chacotean con chicos chazos. Y un chico mete al chillón de la chepa un chichón por chirrichote, y el chiste, y la chocante, es que la chepa se le ha chafado co la hinchazón der chirlo.*

Un petit tour en Italie ?

• *Trentatré Trentini entrarono a Trento, tutti e trentatré, trotterellando.*

Qui a dit que les gens du nord sont mornes et ennuyeux ? Nous vous servons le gratin du finnois, dont c'est, paraît-il, le plus long mot (lexicalisé ; il est toujours facile et parfaitement futile de créer façon tricheur au scrabble des mots à rallonge) :

• *Järjestelmällistämättömyydelläänsäkäänköhän.*

Glossaire

Cher lecteur, vous êtes arrivé au bout de ce périple à travers les mots. Il se peut que vous soyez rompu à ce type de lecture et d'exercice, il est possible aussi que vous ayez, dans un accès de faiblesse, mis la main sur cet ouvrage et accessoirement votre carte bancaire dans le lecteur idoine (comment s'appelle déjà cette figure consistant à associer un mot – ici le verbe « mettre » – à deux compléments sans rapport évident ou logique, la main et la carte ? Bien sûr, le lecteur et maître en rhétorique que vous voilà devenu aura reconnu un zeugme). Nous espérons que vous y aurez pris plaisir.

Dans un but purement didactique, nous vous proposons ce glossaire où sont reformulées les définitions des figures, procédés et tropes évoqués dans cet ouvrage, définitions assorties – autant que faire se pouvait – d'exemples originaux.

Acronyme (n. m.) C'est une suite de lettres, souvent initiales, prononçable comme un mot à part entière : la Halde = **H**aute **A**utorité de **l**utte contre les **d**iscriminations et pour l'**é**galité / la Midiluves = **Mi**ssion interministérielle **d**e v**i**gilance et de **lu**tte contre les déri**ve**s **s**ectaires.

Acrostiche (n. m.) Texte (souvent poème) dont l'initiale de chaque ligne, lue de haut en bas, donne un mot, en général en rapport avec le sujet du texte.

Acrotéleuton (n. m.) Comme l'acrostiche, sauf que ce sont les lettres terminales de chaque ligne ou vers qui, lues verticalement, donnent un mot.

Allégorie (n. f.) Représentation imagée d'un concept, souvent puisée dans le patrimoine culturel ; par exemple l'allégorie de la mort comme une faucheuse ou de la justice sous les traits d'une femme aveugle munie d'une balance.

Allitération (n. f.) Figure de style répétant la même consonne ou une combinaison de consonnes : *le **tic-tac** du réveille-ma**t**in **t**'a**tt**a**que**.*

Allographe (n. m.) Lettres qui, prononcées à la suite, donnent une phrase souvent ironique ou comique ; l'allographe est très utilisé dans la langue des sms : *pas la peine de s'NRV !* = de *s'énerver.*

Amphibologie (n. f.) Phrase, ou segment de phrase, construite de manière à lui donner un double sens. *Le joueur de tennis ne s'est pas investi pour quitter le tournoi si tôt.* 1er sens : il a manqué de pugnacité et a logiquement perdu ; 2e sens : il a décidé de perdre, peut-être en vue d'épargner ses forces pour la suite.

Anacoluthe (n. f.) Rupture de construction qui peut être une faute, ou délibérée afin de donner plus de force expressive ; anacoluthe fautive : *Ne voulant pas se perdre, la boussole fut utile à l'explorateur* ; anacoluthe expressive *: « Exilé sur le sol au milieu des huées / Ses ailes de géant l'empêchent de marcher. »* Baudelaire, « L'Albatros », *Les Fleurs du Mal.*

Anadiplose (n. f.) Un mot situé en fin de phrase est repris au début de la suivante : *L'an passé, la croissance était dite négative. Négative elle reste cette année.*

Anagramme (n. f.) Elle consiste à inverser parfois, et le plus souvent à permuter les lettres constituant un mot (voire un groupe de mots) ; avec les six lettres de *mirage*, on peut ainsi obtenir entre autres *imager / émigra / germai / maigre.*

Analepse (n. f.) En art narratif et stylistiquement parlant, c'est l'équivalent du *flash-back* ou retour en arrière au cinéma.

Anaphore (n. f.) Elle consiste à répéter le même mot au début d'une série de phrases (ou de vers) ; le texte du fameux pamphlet de Zola intitulé « J'accuse » use de ce procédé.

Antanaclase (n. f.) Reprise dans la même phrase de deux termes homophones mais qui n'ont pas le même sens. *Le cœur a ses raisons que la raison ne connaît pas* de Blaise Pascal est cité dans le chapitre correspondant.

Anté-occupation (n. f.) Figure de style (souvent oratoire) par laquelle on anticipe des objections : *« Je devine ce que vous allez me reprocher…* » Elle est proche de la *prolepse.*

Antiphrase (n. f.) Formulation positive à forte charge ironique : *« Encore bravo le goal ! »* si le gardien de but n'a tenu ni ses promesses ni le ballon… La formulation en apparence positive distingue l'*antiphrase* de la *litote* qui ne fonctionne, elle, qu'avec un négateur.

Antonomase (n. f.) Elle consiste à désigner une réalité (ou une personne) par un nom propre, entré dans le patrimoine culturel commun ; le *Quai d'Orsay* a réagi vivement (= le ministère des Affaires étrangères) / jouer les *Cassandre*s de l'écologie / Le *Grenelle* du lait…

Aphérèse (n. f.) Elle fait partie des altérations de mots, classées dans la famille des *métaplasmes* ; l'aphérèse est la suppression en *début* de mot d'une lettre ou syllabe : *M'sieur* pour « *Monsieur* » par exemple.

Apocope (n. f.) Autre métaplasme très fréquent, elle consiste à couper la *fin* : « *mégalo* » au lieu de « *mégalomane* », « *croco* » au lieu de « *crocodile* ».

Assonance (n. f.) Répétition ou accumulation voulue de voyelles identiques, pour mettre en relief un son ou obtenir un effet poétique / comique : « ***En** av**an**t, mon comm**an**d**an**t !* »

Barbarisme (n. m.) Faute consistant à employer un terme ou une forme qui n'existe pas (ou dans un sens fautif) : le « *pestacle* » pour le « spectacle » / La crise qui « *impacte* » les achats (ce terme n'existe qu'en médecine). Cela différencie le *barbarisme* du *solécisme.*

Boustrophédon (n. m.) Procédé d'écriture très utilisé dans l'Antiquité consistant à écrire (et donc à forcer à lire) une ligne de gauche à droite, puis la suivante de droite à gauche, la troisième de gauche à droite et ainsi de suite (à la manière d'un « bœuf creusant son sillon dans un champ ») :

Un lapin
malin pas
fit un bond
route la sur

Calembour (n. m.) Jeu de mots construit sur une analogie de sons (homophonie) ou de graphie (homonymie) : un *concerné* n'est pas forcément un *imbécile encerclé* (*con cerné*).

Catachrèse (n. f.) Métaphore devenue usuelle : le soleil *se couche* (*soleil* n'est pas un humain) ; une progression en *dents* de scie (la scie n'a pas de « dents ») ; le *nœud* du problème.

Charade (n. f) Ce jeu consiste à faire deviner un mot à partir de la définition d'un homonyme (exact ou approximatif) de chacun de ses constituants : *Mon premier miaule ; mon deuxième abrite des navires, mon tout est une devinette.* Réponse : *une charade* (= chat + rade).

Chiasme (n. m) Ce procédé consiste à placer une terme en relation symétrique mais inversée : « *Ce n'est pas moi qui ai choisi le talent, c'est le talent qui m'a choisi.* »

Chleuasme (n. m.) Procédé oratoire consistant à formuler une autoaccusation, à pratiquer l'autodérision de manière si exagérée qu'elle force en retour le compliment. Comme entendre de la bouche d'un sportif archifavori : « *L'amateur que je suis n'a que peu de chances…* »

Contrepèterie (n. f.) Jeu consistant à permuter certains sons ou certaines syllabes dans une phrase ou un segment de phrase afin d'aboutir à une nouvelle phrase souvent drôle et encore plus souvent polissonne : les **p**eurs des **l**oups = les **l**eurres des **p**oux / la **p**aix des **tr**ipes = l'a**ttr**ait des **p**ipes.

Devinette (n. f.) Jeu consistant à faire deviner la réponse à une question, souvent avec une intention comique. *Que cherchent les lézards dans les vieux murs ?* Réponse : des lézardes !

Ellipse (n. f.) Figure de style consistant à omettre volontairement un mot ou une structure dans l'intention de donner une impression d'accéléré, de raccourci.

Épanadiplose (n. f.) Un mot en début de phrase est repris à la fin : « *L'homme est un loup pour l'homme.* » C'est en somme le contraire de l'anadiplose citée *supra.*

Épanorthose (n. f.) Autocorrection qui vise à renforcer, à intensifier une formulation jugée trop « molle » : *« Il a commis une erreur,* ***que dis-je****, une erreur : une faute ! »*

Épenthèse (n. f.) Addition d'un son ou d'une syllabe sans raison (étymo)logique ; cet ajout est soit fautif (dire un « *peneu* » au lieu d'un « *pneu* » par exemple), soit voulu et littéraire (le fameux juron « *merdre* » d'Ubu).

Épitrochasme (n. m.) Accumulation de mots courts, souvent dans un but de provocation et d'invective, on le trouve notamment dans le rap : *pas cap / d'avoir l'bac / d'èt'à la fac.*

Euphémisme (n. m.) Reformulation d'un énoncé ou choix d'un terme tendant à rendre plus convenable ou supportable une réalité ressentie comme dure : il est *parti* = décédé ; le *boulevard des allongés* = le cimetière.

Exergue (n. m.) Citation hors texte, le plus souvent en tête de chapitre, qu'elle illustre ou dont elle annonce le contenu.

Homophonie (n. f.) Sont homophones des mots comportant les mêmes phonèmes, c'est-à-dire se prononçant (parfois à de petites approximations près) de la même manière : *le Pô, le pot, la peau, l'appeau ; littérature, lis tes ratures.*

Hypallage (n. f.) Figure attribuant à certains mots d'une même phrase une qualité se rapportant en fait à d'autres. *Elle est partie lointaine vers ces contrées solitaires* (c'est elle qui est solitaire et les contrées qui sont lointaines).

Hyperbole (n. f.) Exagération d'une idée ou d'un concept afin de lui conférer plus d'importance. *« J'ai trois tonnes de boulot. »*

Hypocoristique (adj / n. m.) Terme, ajout ou déformation d'un mot qui permet d'exprimer une nuance affective ; les *mimines* pour les chats par exemple (ou minet, minou) ; un *p'tit bout'chou* pour un enfant.

Lallation (n. f.) Faute de prononciation consistant à doubler artificiellement la lettre *l* dans un mot ou dans une liaison n'en comportant logiquement qu'un : *je llignore* (*jeulle lignore*) pour *je l'ignore.*

Lambdacisme (n. m.) Synonyme du précédent ; avec parfois une tendance au zézaiement ou une prononciation du *r* comme un *l* : c'est *ligolo* (rigolo).

Lapalissade (n. f.) Affirmation énonçant une vérité immédiatement compréhensible, la lapalissade est souvent ridicule et logiquement un effet comique répandu : *« Quand on est mort, c'est pour la vie. »*

Lapsus (n. m.) Faute (à l'oral mais aussi à l'écrit) consistant à remplacer un mot par un autre (voire à intervertir deux mots, aboutissant donc à une contrepèterie) : « non aux produits *merde* in... » (au lieu de *made*) ; « le VRP se réjouit du **p**oids de la **Ch**ine » (le **ch**oix de la ...ine).

Litote (n. f.) Cette figure de style dit moins pour suggérer davantage et s'articule la plupart du temps autour d'une négation (ce qui la distingue de l'antiphrase) : *ce n'est pas mal du tout* au lieu de *c'est très bien !*

Métaphore (n. f.) Figure de style fondée sur l'analogie (elle se distingue de la comparaison qui recourt à « comme » ou « a l'air de »), elle condense en un terme ou une périphrase des caractères spécifiques : un *flot* de paroles ; un *dos* d'âne ; ce *vieux renard* de la politique a échappé aux poursuites.

Métaplasme (n. m.) Modification phonétique d'un mot par ajout ou suppression, au début, au centre ou à la fin d'un mot ; parmi les métaplasmes les plus usités, on trouve l'*aphérèse,* l'*apocope* et la *syncope.*

Métonymie (n. f.) Figure de style qui consiste à remplacer un mot par un autre qui lui est équivalent pour le sens qu'il a dans la phrase concernée : les *visages pâles* contre les *tuniques bleues* est une constellation classique du western.

Mot-valise (n. m.) Nouveau mot, néologisme créé par télescopage entre des mots existants : un *alicament* = un *ali*(ment ayant les vertus d'un médi)*cament.*

Oxymore (n. m.) Association voulue de termes que leur sens usuel ou leur emploi normal devrait opposer : un *illustre inconnu.*

Palindrome (n. m.) Succession de lettres (dans un mot voire une phrase entière) qui peut se lire indifféremment de gauche à droite et de droite à gauche : *l'âge légal* ; *Léon n'osa rêver à son Noël.*

Palinodie (n. f.) Se livre à une palinodie une personne qui se contredit publiquement ; la palinodie est aussi une volte-face, un changement surprenant d'opinion.

Parataxe (n. f.) Construction de phrase où les éléments sont simplement juxtaposés : *je suis venu, j'ai vu, j'ai vaincu.*

Paronomase (n. f.) Proximité phonétique ou graphique entre deux mots alors que leur sens est différent : *conjoncture/conjecture.*

Pataquès (n. m.) Faute de liaison dans la prononciation, consistant le plus souvent à remplacer un *t* par un *s* (*il lui parle-z-à elle,* *pas t-à toi !*), mais on appelle aussi pataquès d'une façon plus globale une faute de liaison : *Je ne suis pas un z-héros.*

Périssologie (n. f.) Mot sophistiqué pour décrire la langue dite « de bois », c'est-à-dire une redondance, une répétition de la même idée sans justification : *au jour d'aujourd'hui.*

Pléonasme (n. m.) Très proche de la précédente, le pléonasme consiste à rajouter à une idée plusieurs remarques qui tombent sous le sens et n'apportent rien ; il peut être fautif (*s'avérer vrai* = s'avérer signifie déjà *se révéler vrai*) ou explicatif (*j'ai vu la soucoupe, de mes yeux vu*).

Prétérition (n. f.) Figure de style consistant à annoncer que l'on ne va pas parler de quelqu'un ou de quelque chose pour aussitôt s'empresser d'en parler avec force détails : *On ne présente plus le champion...*

Prolepse (n. f.) En rhétorique, c'est une réfutation anticipée d'une objection ou d'une critique : *vous ne comprendriez pas...* ; *on va encore me dire : « Il en fait des tonnes »* ; en narration, c'est une anticipation : *On verra plus tard que...*

Prosopopée (n. f.) Figure de style consistant à faire parler une abstraction (la vérité), un objet voire un défunt.

Redondance (n. f.) Rajout souvent injustifié : *monter en haut.*

Rétro-acronymie (n. f.) Un acronyme existant est re-décrypté d'une façon humoristique ou ironique : Ena = **Ê**tre **né** **a**risto.

Sigle (n. m.) Raccourci forgé à partir des initiales d'un mot : *Personne n'a pu chasser cette VIP de son nid...* (***v**ery **i**mportant **p**erson*).

Solécisme (n. m.) Faute consistant à utiliser une forme ou un terme qui existe mais dans un emploi ou un contexte fautif : *Malgré qu'il fait froid…* (*malgré, que, il fait froid* existent et sont corrects, séparément). Cela le distingue du **barbarisme**.

Sophisme (n. m.) Raisonnement qui a une apparence et la structure logiques mais qui n'est pas recevable : *Tout ce qui est rare est cher ; un cheval bon marché est rare ; donc un cheval bon marché est cher.*

Syllepse (n. f.) Synthèse ou rapprochement parfois abusif de termes : *elle a l'air soucieuse* (mais : elle a *un air soucieux*).

Syllogisme (n. m.) Raisonnement trompeur, qui se rapproche du **sophisme**.

Symbole (n. m.) Chose, signe, figure qui représente autre chose, qui se substitue à une autre ; l'aigle est souvent le symbole du pouvoir, de la puissance. Mais la valence du symbole est variable en fonction de l'époque et de la culture.

Syncope (n. f.) Disparition d'un phonème à l'intérieur d'un mot : *v'là* pour *voilà*. Voir aussi le **métaplasme**.

Synecdoque (n. f.) Procédé consistant à élargir ou au contraire à restreindre le sens prêté à un mot : *un vison.*

Tautogramme (n. m.) Texte dont tous les mots commencent par la même lettre. Ce qui en fait une forme particulière de l'**allitération**.

Téléstiche (n. m.) Forme de jeu sur les lettres mettant en valeur les lettres finales d'un poème qui, lues verticalement, forment alors un mot.

Translittération (n. f.) Procédé de transcription d'un mot d'une langue (étrangère ou ancienne) dans les lettres de la langue maternelle : le compositeur russe Шостакович se transcrit par exemple « Chostakovitch » en français et « Schostakowitsch » en allemand.

Truisme (n. m.) Banalité ou vérité tellement évidente que sa formulation discrédite celui qui la prononce.

Vire-langue (n. m.) Jeu phonétique consistant à accumuler dans une formule ou un (petit) poème des suites de phonèmes proches et/ou difficiles à prononcer : *les chaussettes d'archiduchesse archi sèches en ont fait sécher* plus d'un.

Zeugme (n. m.) Association incongrue de termes différents avec un autre terme, commun : *il battit sa femme puis le pavé.* Le zeugme recherche souvent un effet comique.

CHEZ LE MÊME ÉDITEUR

Pierre Merle

LE FRANÇAIS MAL-T-À-PROPOS

« C'est l'histoire d'une langue qu'on n'aimerait plus dans un pays qui ne s'aimerait pas. Un français mal bâti, mal fagoté, perdant comme à plaisir sa grammaire, son orthographe, son sens légendaire des nuances et le reste, un français fait d'à-peu-près, un français que l'on qualifierait volontiers de mal-t-à-propos. »

Le français, victime d'un usage pauvre et dégradé, sombre dans les eaux froides du je-m'en-foutisme. Les « nouveaux sabirs de proximité », furieusement à la mode, n'ont plus vocation, comme l'argot de jadis, à secouer le français et à lui réchauffer le sang : ils ne visent qu'à l'abâtardir jusqu'à le rendre méconnaissable. Il est devenu moins important de se faire comprendre que de s'exprimer à n'importe quel coût. Principaux facteurs de cette déliquescence : la prolifération des SMS, du *globish*, de la culture « pipole » et du djeunisme absolu, entre autres déchets de l'industrie de la communication.

Le bon français n'est pas seulement égratigné, il est assailli par les fautes, négligences, barbarismes en tout genre, mais aussi et surtout par l'autodénigrement. Fossilisée, ringardisée, placardisée, notre langue se mue peu à peu en *slang* uniforme et inexpressif. Paradoxalement – ou significativement ? –, le français n'a jamais été autant défendu : la Journée internationale de la Francophonie et la dictée de Pivot en sont la preuve.

Pierre Merle est né à Paris. Il est l'auteur d'une quarantaine d'ouvrages dont de nombreux livres *consacrés au langage et à son évolution, du* Dico du français qui se cause *(Milan, 1998) au fripon* Florilège des mots de l'amour *(Plon, 2000) en passant par le* Dictionnaire du français branché *(Seuil, rééd. 1999). Les éditions de l'Archipel ont publié son* Argus des mots *(1997), son* Bréviaire du cynique *(2001) et son* Petit traité de l'injure *(2004).*

ISBN 978-2-84187-823-9 / H 50-4127-2 / 264 p. / 17,95 €

Jacques Capelovici

LE FRANÇAIS SANS FAUTES

Pourquoi faut-il dire *un candidat talentueux* et non *émérite* ; un danger *couru* et non *encouru* ; une *visite officielle* et non une *visite d'État* ? Comment prononcer *aiguiser, carrousel, dégingandé, interpeller, jungle* ? Saviez-vous que l'on peut orthographier ainsi *ailloli, alcotest, ballucbon, bagou, cymaise, grizzli* ? L'*impétrant* désigne-t-il le postulant à une fonction ? Un ingambe celui qui n'a pas l'usage de ses jambes ? Vous saura-t-on gré de dire *je vous serai gré* ?

Vocabulaire, orthographe, prononciation grammaire : un quarteroon – pardon, un quatuor – de disciplines semées d'embûches. Jacques Capelovici a débusqué ces milles erreurs que nous commettons chaque jour à notre insu, et les commente avec humour et pugnacité. Bizarreries de la langue, barbarismes, pléonasmes, acronymes imprononçables et liaisons dangereuses sont répertoriés et commentés en plus de cinquante tableaux.

Polyglotte – agrégé d'anglais, certifié d'allemand, diplômé d'italien et de scandinave ancien –, ***Jacques Capelovici*** *a arbitré près de cinq mille jeux télévisés en vingt ans. Il a souvent pris position contre le « massacre de la langue française » dans les médias et dans le système éducatif.*
Il a publié notamment En plein délire scolaire *(Carrère-Lafon, 1984),* Le Guide du français correct *(Archipel, 1992, Livre de Poche, 1994). Ce livre constitue une réédition sous une nouvelle couverture du livre paru en 1994 aux éditions de l'Archipel.*

ISBN 978-2-909241-61-6 / H 50-2077-1 / 312 p. / 15,95 €

Jean-Pierre Colignon

AILLE AIL AÏE

Qui a dit que grammaire et orthographe étaient rébarbatives ? Chacun sait que la maîtrise de la langue française est une nécessité, mais elle peut devenir un plaisir ! Les mots nous donnent à connaître le monde et le genre humain. Jean-Pierre Colignon se propose donc de nous remémorer agréablement les règles clés de l'expression orale ou écrite.

Aille ail aïe… ma langue est malade ! rassemble tests, QCM et jeux divers, mais aussi conseils et astuces pour mieux repérer les pièges du français. De l'orthographe des mots d'usage à la ponctuation, en passant par la grammaire et la conjugaison, des centaines d'exercices – regroupés en huit chapitres thématiques – permettent d'ouvrir avec bonne humeur les portes d'accès à la langue française et de tester nos connaissances en les enrichissant.

Rassemblées en fin d'ouvrage, les réponses sont détaillées — au point de constituer un véritable petit manuel de révision de ses connaissances. Un livre de distraction intelligent… à mettre entre toutes les mains !

Chef du service correction du *Monde* pendant vingt ans, **Jean-Pierre Colignon** est rédacteur et conseiller linguistique attaché à la direction générale des rédactions du groupe Le Monde. Il est l'auteur de nombreux livres consacrés à la langue française dont *L'orthographe, c'est logique*, *Étonnantes étymologies* et *La majuscule, c'est capital* (Albin Michel, coll. Bernard Pivot présente, 2003, 2004 et 2005).

ISBN 978-2-84187-951-9 / H 50-4951-5 / 240 p. / 17,95 €

Jean-Pierre Colignon
Hélène Gest
101 JEUX
LANGUE FRANÇAISE
CULTURE GÉNÉRALE
LOGIQUE

Quiz, énigmes, QCM, phrases à trous, mots croisés, suites numériques et autres réjouissances : ces trois petits livres mettent au défi votre culture générale, votre maîtrise de la langue française et votre sens logique. Littérature, musique, histoire, sciences, orthographe, étymologie, politique, mythologie, cinéma, sport, calcul de probabilités... : les jeux sont originaux et les thèmes abordés variés.

Trois ouvrages pour se distraire tout en se cultivant ! En fin de volume, vous trouverez les réponses détaillées à tous les jeux. À vos crayons !

ISBN 978-2-5287-037-1 / H 50-4806-1/ 160 p. / 6 €
ISBN 978-2-3528-7036-4 / H 50-4805-3 / 160 p. / 6 €
ISBN 978-2-3587-035-7/ H 50-4804-6 / 160 p. / 6 €

Cet ouvrage a été composé
par Atlant'Communication
aux Sables-d'Olonne (Vendée)

Impression réalisée par

MAESTRO

en juillet 2009
pour le compte des Éditions de l'Archipel
département éditorial
de la S.A.S. Écriture-Communication

Imprimé en Italie
Dépôt légal : août 2009